深圳市人文社会科学重点研究基地成果
国家高端智库综合开发研究院（中国·深圳）出品

China's Financial
Center Index (CFCI 15)

中国金融中心指数（CFCI）报告（第十五期）

张祥◎著

中国经济出版社
CHINA ECONOMIC PUBLISHING HOUSE
北京

图书在版编目(CIP)数据

中国金融中心指数(CFCI)报告. 第十五期 / 张祥著. —北京: 中国经济出版社,2024. 5
ISBN 978-7-5136-7703-5

Ⅰ. ①中… Ⅱ. ①张… Ⅲ. ①金融事业-研究报告-中国 Ⅳ. ①F832

中国国家版本馆 CIP 数据核字(2024)第 062851 号

责任编辑 赵静宜
责任印制 马小宾
封面设计 久品轩

出版发行 中国经济出版社
印 刷 者 北京艾普海德印刷有限公司
经 销 者 各地新华书店
开　　本 710mm×1000mm 1/16
印　　张 16. 25
字　　数 242 字
版　　次 2024 年 5 月第 1 版
印　　次 2024 年 5 月第 1 次
定　　价 98. 00 元
广告经营许可证 京西工商广字第 8179 号

中国经济出版社 **网址** http://epc. sinopec. com/epc/ **社址** 北京市东城区安定门外大街 58 号 **邮编** 100011

序

强大的金融中心是我国金融强国建设的重要支撑。2009 年以来，我院研究团队持续编制和发布中国金融中心指数至今已有 15 期，全面记录了国内金融中心这段时间的演化变迁，同时也展现了金融中心建设的一些规律和趋势。我们可以看到，金融中心的规模效应正在发挥重大作用，北京、上海、深圳三大全国性金融中心的地位更加凸显，广州、成都、杭州等一批区域性金融中心则呈现异军突起的态势，36 个金融中心城市金融业增加值在当地国民生产总值中所占比重均在 6.5%以上，且不断有所提升，这反映了当前国内金融中心城市集中配置资源、疏通金融血脉、服务实体经济的功能持续得到强化。

加快金融中心建设的关键在于集聚金融资源。其中，全国金融市场、国家金融机构等金融资源配置，具有较强的国家战略导向性和政策倾斜性，各大金融中心城市的主动可为空间相对较小。然而，对全国金融市场的参与利用、对所在地金融机构的发展促进、对金融资本和人才的吸引集聚，则是各大城市可以发挥自主性、能动性和创造性的领域。要坚持金融服务实体经济的根本宗旨，遵循金融发展的本质和规律，营造市场化、法治化、国际化一流营商环境，科学引导金融围绕实体经济需要而守正创新、高效服务和实现自身的保值增值，大力支持实体企业、人民群众用好金融工具、政策实现高质量发展，久久为功，建设各具特色的金融中心。

是为序。

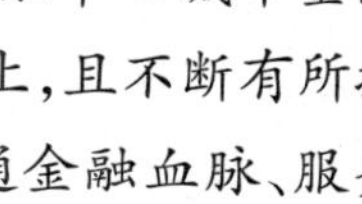

2024 年 1 月 25 日

报告摘要

中国金融中心指数(China Financial Center Index,CFCI)构建了一套适应我国金融中心发展特点的竞争力评价体系①,旨在跟踪研究我国金融中心发展状况,为相关决策部门提供政策优化的参考依据,为社会各界提供我国金融中心建设的前沿观察窗口。首期 CFCI 报告于 2009 年发布,其后每年更新一次。

本书继续沿用往期的 4 级架构共计 95 项指标评价体系,围绕金融产业绩效、金融机构实力、金融市场规模和金融生态环境等四个方面对我国 36 个具有代表性的金融中心城市综合发展情况进行了全面、深入的竞争力评估。

以下是本期核心观点摘要:

1. 综合竞争力排名

- 本期综合竞争力 TOP 10 分别是上海、北京、深圳、广州、杭州、成都、重庆、南京、天津和武汉。

表 1　第 15 期中国金融中心综合竞争力 TOP 10

城市	CFCI 15		CFCI 14		变化	
	得分	排名	得分	排名	得分	排名
上海	328.03	1	312.12	1	▲15.91	—
北京	285.98	2	277.56	2	▲8.42	—
深圳	194.79	3	182.24	3	▲12.55	—
广州	88.66	4	88.92	4	▼0.26	—
杭州	77.24	5	76.81	5	▲0.43	—

① 详见附录一“中国金融中心指数评价方法”。

续表

城市	CFCI 15		CFCI 14		变化	
	得分	排名	得分	排名	得分	排名
成都	68.91	6	67.29	6	▲1.62	—
重庆	65.26	7	67.07	7	▼1.81	—
南京	65.26	7	66.74	8	▼1.48	▲1
天津	62.59	9	61.73	9	▲0.86	—
武汉	57.85	10	59.28	10	▼1.43	—

注:“▲”代表上升,“▼”代表下降,“—”代表示不变。下表同。

● 本期报告主体数据统计时点为2022年,国内遭受了将近三年的新冠肺炎疫情的冲击,各地正值疫情防控政策调整转换的过渡阶段,疫情余波对部分金融中心带来的负面影响犹存。本期36个金融中心中有17个中心的综合竞争力得分实现了不同程度的增长,19个中心的综合竞争力得分出现小幅减少。

● 在33个区域金融中心中,本期得分增长较快的前3个城市分别是苏州、成都和宁波,三者分别较上期增长2.18分、1.62分和1.61分,大幅领先国内其他区域金融中心。

● 武汉、苏州、郑州和西安四者较各自所在区域的其他金融中心有较为明显的比较竞争优势,本期继续保持住了各自的领先地位。不过本期武汉和苏州综合竞争力得分一降一升,两者分差已经缩小至1%以内。

2. 金融产业绩效排名

● 金融产业对一个城市的社会经济发展有着重要的推动力,是金融竞争力的直接和综合体现。CFCI报告根据产业经济的乘数理论将金融产业绩效评价划分为产出带动水平和业务发展水平两个评价维度。

● 本期金融产业绩效TOP 10依次是北京、上海、深圳、广州、杭州、成都、南京、重庆、苏州和天津。

表2 第15期CFCI金融产业绩效TOP 10

城市	CFCI 15		CFCI 14		变化	
	得分	排名	得分	排名	得分	排名
北京	328.80	1	319.59	2	▲9.21	▲1
上海	319.28	2	320.28	1	▼1.00	▼1

续表

城市	CFCI 15		CFCI 14		变化	
	得分	排名	得分	排名	得分	排名
深圳	224.97	3	222.63	3	▲2.34	—
广州	148.03	4	144.78	4	▲3.25	—
杭州	130.24	5	124.31	5	▲5.93	—
成都	118.00	6	113.11	7	▲4.89	▲1
南京	116.99	7	112.13	8	▲4.86	▲1
重庆	113.34	8	114.09	6	▼0.75	▼2
苏州	102.97	9	97.35	10	▲5.62	▲1
天津	101.18	10	100.47	9	▲0.71	▼1

- 本期各城市金融产业发展延续良好增长势头，36个城市中有29个城市分项得分实现正增长，仅7个城市得分出现小幅减少。

- 本期金融产业绩效排名格局变化较大，15个城市分项排名上升，11个城市排名下降，10个城市排名不变。其中，分项排名进步最大的宁波上升了4个名次，排第20位；排名降幅最大的兰州下降了4个名次，本期排第31位。

- 国内金融中心的金融产业集聚度进一步提升，2022年36个金融中心的金融业增加值总和达到6.07万亿元，占当年全国金融业增加值的比重达到了62.7%，创历史新高。

- 2022年是我国统筹三年疫情防控和经济社会发展的收官之年，金融中心对各自所在区域经济社会稳增长保民生方面起到了有力的保障支持作用。2022年，36个金融中心城市的金融业增加值占GDP比重均超过了6%，平均值达到了10.9%。与此同时，36个金融中心中仅3个城市金融业增速低于同期GDP增速，其余城市金融业增速均大幅高于GDP增速，为拉动本地经济增长作出了重要贡献。

3. 金融机构实力排名

- 金融机构是地方金融产业发展承载的主体，有影响力的金融机构的集聚对于推动金融创新和城市金融业的发展能够起到支撑作用。

- 本期金融机构实力TOP 10依次是北京、上海、深圳、天津、杭州、广州、重庆、成都、南京和武汉。

表 3　第 15 期 CFCI 金融机构实力 TOP 10

城市	CFCI 15		CFCI 14		变化	
	得分	排名	得分	排名	得分	排名
北京	522.47	1	482.23	1	▲40.24	—
上海	325.46	2	309.68	2	▲15.78	—
深圳	259.22	3	236.10	3	▲23.12	—
天津	60.48	4	56.15	6	▲4.33	▲2
杭州	59.78	5	58.81	5	▲0.97	—
广州	56.96	6	59.47	4	▼2.51	▼2
重庆	50.96	7	50.43	7	▲0.53	—
成都	41.46	8	40.09	8	▲1.37	—
南京	39.08	9	36.69	10	▲2.39	▲1
武汉	37.88	10	37.36	9	▲0.52	▼1

● 适应阶段性的疫情防控、金融减费让利等需要,2022 年国内主要金融机构发展复苏进程放缓,本期 20 个城市的金融机构实力得分出现小幅减少,16 个城市得分均实现正增长。本期 9 个金融中心的排名小幅上升,12 个金融中心排名小幅下降,15 个金融中心的排名维持不变。

● 国内金融机构资源进一步向排名领先金融中心加速集聚的趋势更加明显。本期分项排名前 18 的城市中有 2/3 得分是保持正增长,分项排名后 18 的城市中仅 1/5 得分实现微弱增长。本期得分增长前 3 的北京、深圳和上海,分别较上期增长了 40.24 分、23.12 分和 15.78 分,而本期金融机构实力分项 36 个金融中心得分增长总和仅为 83.1 分。

● 36 个金融中心中,三大全国性金融中心实力最强。其中,北京、上海的法人金融机构数量接近,都超过了 250 家;相对北京、上海,深圳法人金融机构数量和规模实力还有较大差距。

● 除北京、上海、深圳外,杭州、广州和天津表现相对突出,持牌金融机构门类最为齐全,11 项大类中均只缺少 1 类牌照。2022 年三者的各类法人金融机构数量分别达到了 43 家、37 家和 34 家,法人金融机构整体实力处于第一发展梯队。

4. 金融市场规模排名

● 金融市场的规模和交易活跃程度是吸引和集聚金融交易者、金融机构和金融人才的重要因素，对于提升城市金融辐射力起着至关重要的作用。

● 本期金融市场规模 TOP 10 依次是上海、深圳、北京、大连、郑州、广州、苏州、杭州、成都和武汉。

表 4　第 15 期 CFCI 金融市场规模 TOP 10

城市	CFCI 15		CFCI 14		变化	
	得分	排名	得分	排名	得分	排名
上海	475. 13	1	467. 42	1	▲7. 71	—
深圳	149. 09	2	136. 18	2	▲12. 91	—
北京	53. 25	3	52. 67	3	▲0. 58	—
大连	40. 33	4	46. 47	4	▼6. 14	—
郑州	33. 87	5	36. 54	5	▼2. 67	—
广州	25. 03	6	24. 48	6	▲0. 55	—
苏州	18. 08	7	17. 62	8	▲0. 46	▲1
杭州	16. 96	8	21. 49	7	▼4. 53	▼1
成都	14. 69	9	12. 93	12	▲1. 76	▲3
武汉	14. 29	10	14. 63	10	▼0. 34	—

● 受 IPO 发行节奏放缓等因素影响，本期多数城市资本市场利用水平得分出现了一定程度的减少。其中，13 个金融中心的金融市场规模得分实现增长，23 个城市得分出现小幅减少。本期得分增长最多的前三城市是深圳、上海和成都，分别较上期增长了 12. 91 分、7. 71 分和 1. 76 分。

● 本期分项排名前 10 城市中，前 6 城市均是国内少数几个具备全国性金融市场的城市，分项排名维持不变。除此之外，杭州、苏州、武汉等上榜城市则主要凭借在资本市场利用以及区域股权交易市场方面的突出表现继续保持 10 强地位。10 强成员中，本期成都排名上升 3 名进入前

10 行列,南京则下滑 2 名跌出前 10 行列。

● 2022 年 A 股市场首发上市公司达到 382 家,年末上市公司总数达到 5079 家,全年 A 股市场股权融资总额达 14683 亿元。其中,36 个金融中心合计拥有 A 股市场上市公司 3363 家,占全国总量的 66.2%,全年新增 A 股市场首发上市公司 298 家,约占当年全国总量的 70.4%,全年股票市场融资总和达到 9449 亿元,约占全国总量的 64.4%。

● 除北京、上海、深圳外,33 个区域金融中心中杭州、苏州在资本市场利用方面有亮眼表现。2022 年,杭州和苏州全年新增 IPO 上市公司数分别达到 15 家和 25 家,年末 A 股上市公司数分别达到 215 家和 197 家,各项指标分别排名全国第 4 和第 5,仅次于三大全国性金融中心。

5. 金融生态环境排名

● 城市金融业发展不仅仅依赖于金融产业本身,更与城市社会经济发展的各个方面息息相关。城市金融业发展的外部环境统称为金融生态环境,是城市金融竞争力的解释性因素。CFCI 评价体系中主要通过金融人才环境、商业环境以及国际化环境三个维度来反映金融业发展所需外部环境的优良度。

● 本期金融生态环境排行榜 TOP 10 依次是北京、上海、广州、深圳、成都、杭州、南京、武汉、重庆和青岛。

表 5　第 15 期 CFCI 金融生态环境 TOP 10

城市	CFCI 15		CFCI 14		变化	
	得分	排名	得分	排名	得分	排名
北京	185.67	1	185.24	1	▲0.43	—
上海	178.59	2	176.69	2	▲1.90	—
广州	135.15	3	137.41	3	▼2.26	—
深圳	127.52	4	123.41	4	▲4.11	—
成都	110.76	5	111.90	5	▼1.14	—
杭州	108.40	6	105.40	7	▲3.00	▲1
南京	101.80	7	99.04	9	▲2.76	▲2
武汉	99.53	8	110.04	6	▼10.51	▼2

续表

城市	CFCI 15		CFCI 14		变化	
	得分	排名	得分	排名	得分	排名
重庆	92.72	9	99.91	8	▼7.19	▼1
青岛	92.14	10	91.41	11	▲0.73	▲1

- 本期国内多数城市金融生态环境得分恢复增长势头，19个金融中心得分实现正增长，17个中心得分出现下降。其中，得分增长最多的三个城市是昆明、长沙和石家庄，分别较上期增长了8.26分、5.50分和5.19分。

- 值得注意的是，受疫情影响较直接的地方政府债务、国际旅游收入等指标仍面临较大评分下降压力。

- 值得注意的是，上期受疫情影响较大的地方风险控制方面，本期各地该方面指标有所改善。本期36个城市中仅5个城市在该分项的得分出现了下降，表明多数城市在经历了2021年大规模的地方政府债务扩张后进入了平稳过渡阶段，政府负债率和债务率等指标上升趋缓改善，地方金融风险防控的压力也趋稳。

6. 不同地区金融中心竞争格局

- 上海、北京、深圳三大全国性金融中心继续保持了强大的发展韧性，综合得分依然保持较高增长势头。其中，上海得分增长重回全国第1，本期得分增长15.91分；深圳和北京继续保持全国前三增幅。

- 东北地区金融中心综合竞争力已整体落后于全国平均水平。其中，大连表现相对最好，本期综合竞争力排名东北区域第1、全国第15。

- 北部沿海地区金融中心综合竞争力整体水平差异明显，天津处于全国领先水平，济南、青岛处于全国平均水平，石家庄则落后于平均水平。本期天津在北部沿海地区排名第1、在全国排名第9。

- 东部沿海地区杭州、南京、苏州处于全国领先水平，宁波、温州、无锡排名相对靠后。其中，杭州、南京均跻身综合竞争力全国10强，分别排名第5和第7。

- 南部沿海地区金融中心综合竞争力与全国33个区域金融中心平

均水平总体相当,其中广州综合竞争力一枝独秀,高于全国平均水平,福州、厦门则与全国平均水平相当。

- 中部地区各金融中心已形成武汉、郑州、长沙、合肥、南昌依次递减的梯队格局。其中,武汉和郑州的综合竞争力明显高于33个区域金融中心的平均水平,长沙最近两期综合竞争力得分也逐步超过平均水平。

- 西部地区金融中心成渝双城领跑,持续巩固在西部地区的领先地位,本期两者综合竞争力分别排名全国第6和第7。西安紧随其后,从CFCI 6开始表现优于全国区域金融中心的平均水平;第三梯队的昆明、南宁、乌鲁木齐整体排名靠后,综合实力相对薄弱,与其他区域金融中心有较大差距。

目录 CONTENTS

第 1 章　中国金融中心竞争力评价

1.1　综合竞争力

1. 综合竞争力整体排名

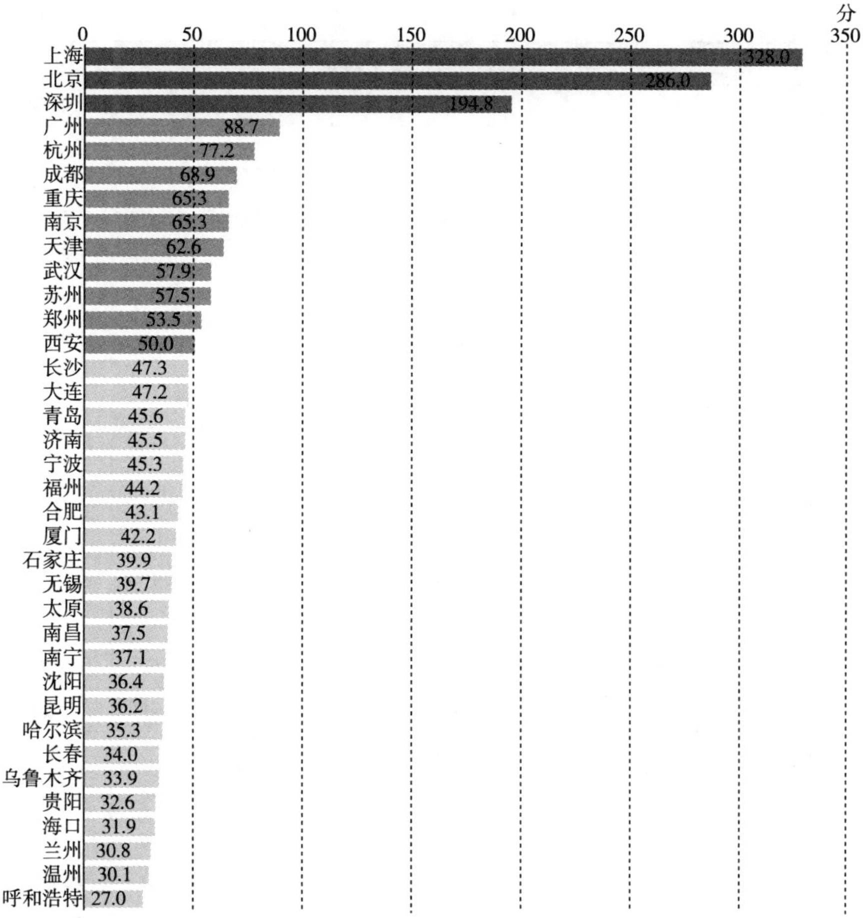

图 1.1.1　第 15 期 CFCI 综合竞争力得分

本期36个金融中心城市综合竞争力排名依次是上海、北京、深圳、广州、杭州、成都、重庆、南京、天津、武汉、苏州、郑州、西安、长沙、大连、青岛、济南、宁波、福州、合肥、厦门、石家庄、无锡、太原、南昌、南宁、沈阳、昆明、哈尔滨、长春、乌鲁木齐、贵阳、海口、兰州、温州和呼和浩特。

2. 综合竞争力排名变化情况

- 本期整体排名相对稳定,36个金融中心中有23个城市排名维持不变,前10榜单成员仅南京排名发生变动。
- 本期排名上升幅度最大的是昆明,较上期提升3个名次,上升至第28位。本期排名降幅最大的是海口,较上期下跌了6个名次,排名第33。

表1.1.1 第15期CFCI综合竞争力排行榜

城市	CFCI 15		CFCI 14		变化	
	得分	排名	得分	排名	得分	排名
上海	328.03	1	312.12	1	▲15.91	—
北京	285.98	2	277.56	2	▲8.42	—
深圳	194.79	3	182.24	3	▲12.55	—
广州	88.66	4	88.92	4	▼0.26	—
杭州	77.24	5	76.81	5	▲0.43	—
成都	68.91	6	67.29	6	▲1.62	—
重庆	65.26	7	67.07	7	▼1.81	—
南京	65.26	7	66.74	8	▼1.48	▲1
天津	62.59	9	61.73	9	▲0.86	—
武汉	57.85	10	59.28	10	▼1.43	—
苏州	57.46	11	55.28	11	▲2.18	—
郑州	53.49	12	53.95	12	▼0.46	—
西安	50.00	13	50.67	13	▼0.67	—
长沙	47.26	14	46.54	15	▲0.72	▲1
大连	47.24	15	48.53	14	▼1.29	▼1
青岛	45.61	16	45.95	16	▼0.34	—
济南	45.48	17	44.98	17	▲0.50	—
宁波	45.29	18	43.68	20	▲1.61	▲2
福州	44.18	19	44.06	18	▲0.12	▼1

续表

城市	CFCI 15		CFCI 14		变化	
	得分	排名	得分	排名	得分	排名
合肥	43.11	20	43.92	19	▼0.81	▼1
厦门	42.18	21	43.04	21	▼0.86	—
石家庄	39.94	22	38.77	24	▲1.17	▲2
无锡	39.71	23	39.53	22	▲0.18	▼1
太原	38.60	24	39.43	23	▼0.83	▼1
南昌	37.51	25	38.09	25	▼0.58	—
南宁	37.06	26	37.05	26	▲0.01	—
沈阳	36.44	27	35.62	28	▲0.82	▲1
昆明	36.21	28	35.19	31	▲1.02	▲3
哈尔滨	35.33	29	35.22	29	▲0.11	—
长春	34.03	30	35.20	30	▼1.17	—
乌鲁木齐	33.89	31	34.12	33	▼0.23	▲2
贵阳	32.63	32	34.43	32	▼1.80	—
海口	31.95	33	35.76	27	▼3.81	▼6
兰州	30.81	34	33.31	34	▼2.50	—
温州	30.07	35	30.30	35	▼0.23	—
呼和浩特	26.99	36	28.01	36	▼1.02	—

3. 综合竞争力得分变化情况

- 本期报告主体数据统计时点为 2022 年，国内遭受了将近三年的新冠肺炎疫情的冲击，各地正值疫情防控政策调整转换的过渡阶段，疫情余波对部分金融中心带来的负面冲击影响仍然较明显。本期 36 个金融中心中有 17 个中心的综合竞争力得分实现了不同程度的增长，19 个中心的综合竞争力得分出现小幅减少。

- 北京、上海、深圳保持了强大的发展韧性，综合得分依然保持较高增长势头。其中，上海得分增长重回全国第 1，本期得分增长 15.91 分；深圳和北京继续保持全国前 3 增幅。

- 在 33 个区域金融中心中，本期得分增长较快的前 3 个城市分别是苏州、成都和宁波,三者分别较上期增长 2. 18 分、1. 62 分和 1. 61 分,大幅领先国内其他区域金融中心。

- 杭州金融中心综合竞争力已经较排名在其之后的区域金融中心有明显优势,本期综合竞争力分差优势继续保持。
- 本期重庆、南京两者得分均小幅减少,受此影响,两者首次出现得分和排名并列的情况。
- 本期天津得分较上期增长 0. 86 分,继续扭转前些年增长失速态势,暂时巩固住了第 9 的排名。
- 武汉、苏州、郑州和西安四者较各自所在区域的其他金融中心有较为明显的比较竞争优势,本期继续保持住了各自的领先地位。不过本期武汉和苏州综合竞争力得分一降一升,两者分差已经缩小至 1 分以内。
- 长沙、大连两者得分十分接近,本期长沙以微弱的分差优势超过大连。
- 青岛、济南、宁波、福州、合肥和厦门综合竞争力处于同一水平,存在赶超排名靠前区域金融中心的发展基础,未来它们之间的排名变动将随时有可能发生。
- 其他综合竞争力得分不足 40 分的区域金融中心,各中心间的分差基本维持在 1%~3%,得分轻微的波动就容易引起排名的变化,区域金融中心竞争将越发激烈。

1. 2　金融产业绩效

金融产业是一个城市的社会经济发展的重要推动力,根据产业经济乘数理论,这一推动力的大小依赖于金融产业的直接产出及其所控制的金融资源。CFCI 评价体系从产出带动水平和业务发展水平两个维度评估各金融中心的金融产业绩效。

1. 金融产业绩效分项排名

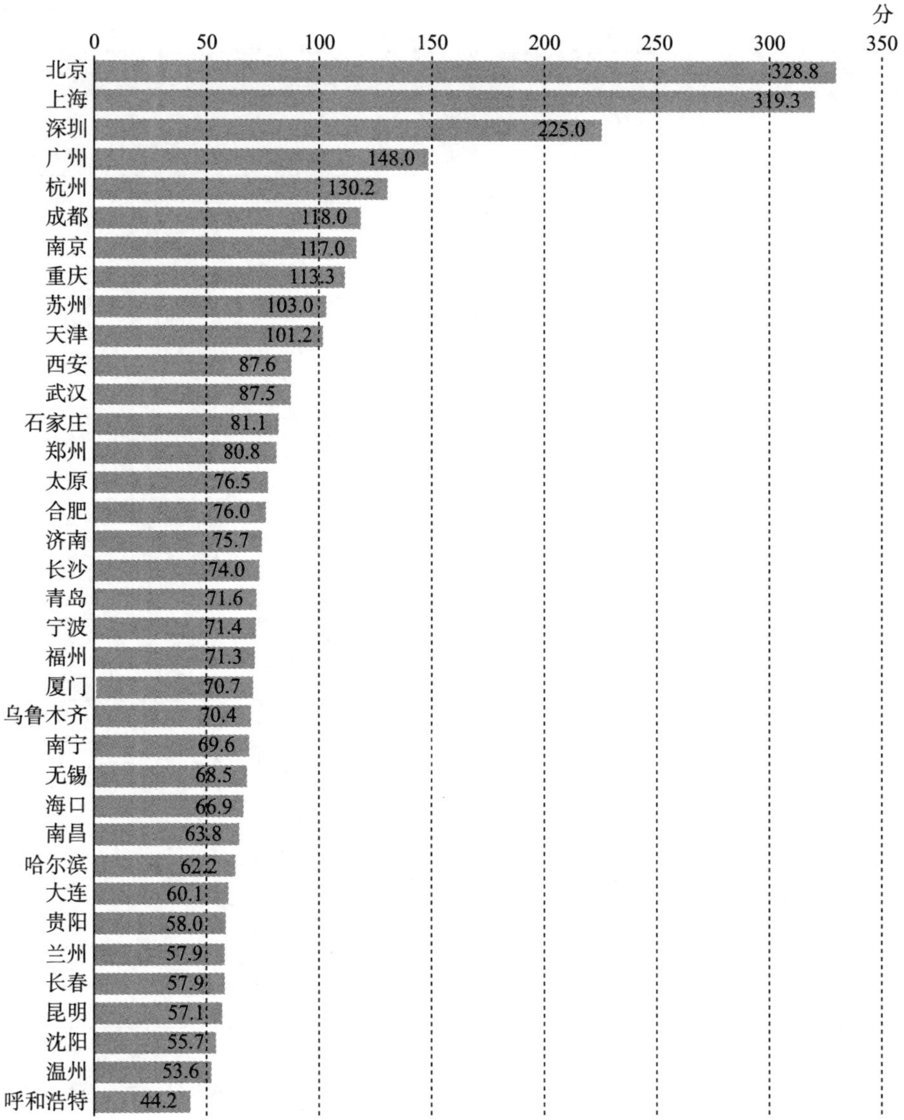

图 1.2.1　第 15 期 CFCI 金融产业绩效排名

本期 36 个金融中心城市金融产业绩效分项排名分别是北京、上海、深圳、广州、杭州、成都、南京、重庆、苏州、天津、西安、武汉、石家庄、郑州、太原、合肥、济南、长沙、青岛、宁波、福州、厦门、乌鲁木齐、南宁、无锡、海口、南昌、哈尔滨、大连、贵阳、兰州、长春、昆明、沈阳、温州和呼和浩特。

表 1.2.1　第 15 期 CFCI 金融产业绩效排名与得分变化

城市	CFCI 15		CFCI 14		变化	
	得分	排名	得分	排名	得分	排名
北京	328.80	1	319.59	2	▲9.21	▲1
上海	319.28	2	320.28	1	▼1.00	▼1
深圳	224.97	3	222.63	3	▲2.34	—
广州	148.03	4	144.78	4	▲3.25	—
杭州	130.24	5	124.31	5	▲5.93	—
成都	118.00	6	113.11	7	▲4.89	▲1
南京	116.99	7	112.13	8	▲4.86	▲1
重庆	113.34	8	114.09	6	▼0.75	▼2
苏州	102.97	9	97.35	10	▲5.62	▲1
天津	101.18	10	100.47	9	▲0.71	▼1
西安	87.56	11	87.30	12	▲0.26	▲1
武汉	87.49	12	87.34	11	▲0.15	▼1
石家庄	81.08	13	79.03	14	▲2.05	▲1
郑州	80.80	14	80.53	13	▲0.27	▼1
太原	76.50	15	74.92	15	▲1.58	—
合肥	76.04	16	74.31	16	▲1.73	—
济南	75.67	17	73.95	17	▲1.72	—
长沙	74.01	18	72.75	18	▲1.26	—
青岛	71.56	19	69.85	21	▲1.71	▲2
宁波	71.36	20	66.15	24	▲5.21	▲4
福州	71.29	21	69.91	20	▲1.38	▼1
厦门	70.66	22	71.06	19	▼0.40	▼3
乌鲁木齐	70.36	23	69.26	22	▲1.10	▼1
南宁	69.58	24	65.72	25	▲3.86	▲1
无锡	68.47	25	65.36	26	▲3.11	▲1
海口	66.89	26	67.19	23	▼0.30	▼3
南昌	63.80	27	63.39	28	▲0.41	▲1
哈尔滨	62.21	28	62.23	29	▼0.02	▲1
大连	60.09	29	59.59	30	▲0.50	▲1
贵阳	57.97	30	57.77	32	▲0.20	▲2

续表

城市	CFCI 15		CFCI 14		变化	
	得分	排名	得分	排名	得分	排名
兰州	57.89	31	64.29	27	▼6.40	▼4
长春	57.86	32	56.58	33	▲1.28	▲1
昆明	57.06	33	58.18	31	▼1.12	▼2
沈阳	55.70	34	54.07	34	▲1.63	—
温州	53.61	35	51.86	35	▲1.75	—
呼和浩特	44.18	36	42.35	36	▲1.83	—

2. 金融产业绩效排名得分变化情况

- 本期各城市金融产业发展延续良好增长势头，36个城市中有29个城市分项得分实现正增长，仅7个城市得分出现小幅减少。
- 本期得分增长前3城市分别是北京、杭州和苏州，分别较上期增长9.21分、5.93分和5.62分；本期得分减少前3城市是兰州、昆明和上海，分别较上期减少6.40分、1.12分和1.00分。
- 本期金融产业绩效排名格局变化较大，15个城市分项排名上升，11个城市排名下降，10个城市排名不变。其中，分项排名进步最大的宁波上升了4个名次，排第20位；排名降幅最大的兰州下降了4个名次，本期排第31位。
- 本期分项前10成员与上期完全一致，仅部分城市互换了位次。其中，北京再次超越上海，排分项榜第1位；成都、南京、苏州均上升1位，分别排在第6、第7和第9位。

3. 金融产业绩效具体指标表现

- 2022年是我国统筹三年疫情防控和经济社会发展的收官之年，金融中心对各自所在区域经济社会稳增长保民生起到了有力的保障支持作用，金融资源进一步向各区域金融中心集聚。2022年，36个金融中心的金融业增加值总和达到6.07万亿元，占当年全国金融业增加值的比重达到了62.7%，比重较上一年提高0.3个百分点，创历史新高。

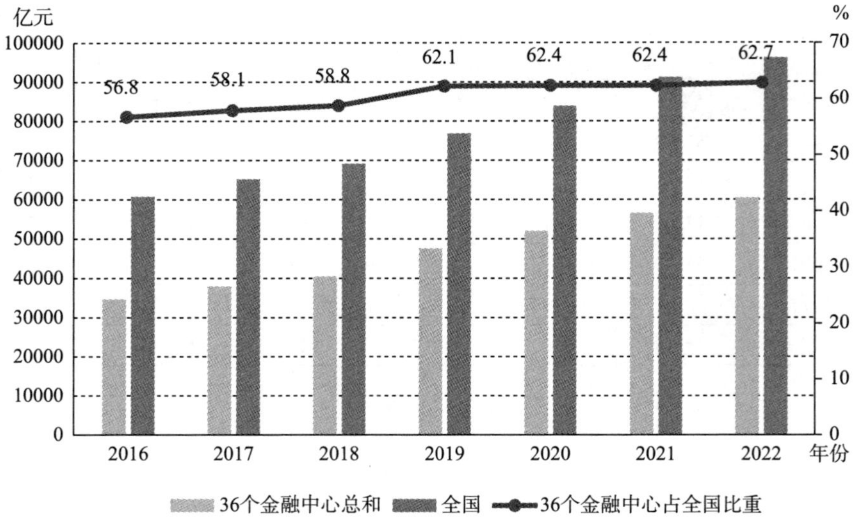

图 1.2.2　36 个金融中心金融业增加值之和占全国比重

• 金融业无疑已成为各个金融中心城市的优势支柱产业,在各地疫情防控之后的经济稳增长中发挥了重要的"压舱石"作用。2022 年,36 个金融中心城市的金融业增加值占 GDP 比重均超过了 6%,平均值达到了 10.9%,北京和上海更是达到了近 20%的水平。与此同时,36 个金融中心中仅 3 个城市金融业增加值增速低于同期 GDP 增速,其余城市金融业增加值增速均是大幅高于 GDP 增速,

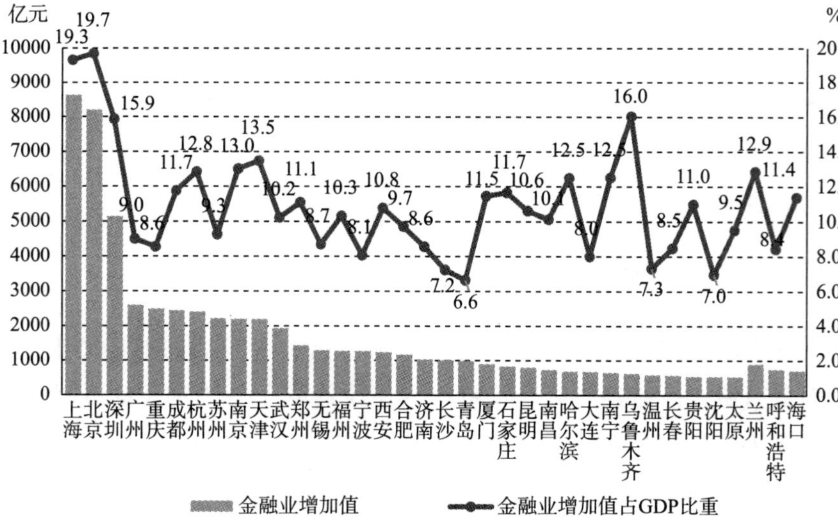

图 1.2.3　36 个金融中心金融业增加值规模及占 GDP 比重

为拉动本地经济增长作出了有力贡献。其中,苏州、石家庄和合肥的 2022 年金融业增加值增速在 36 个金融中心中排名前 3,分别达到了 9.2%、9.0%和 8.7%。

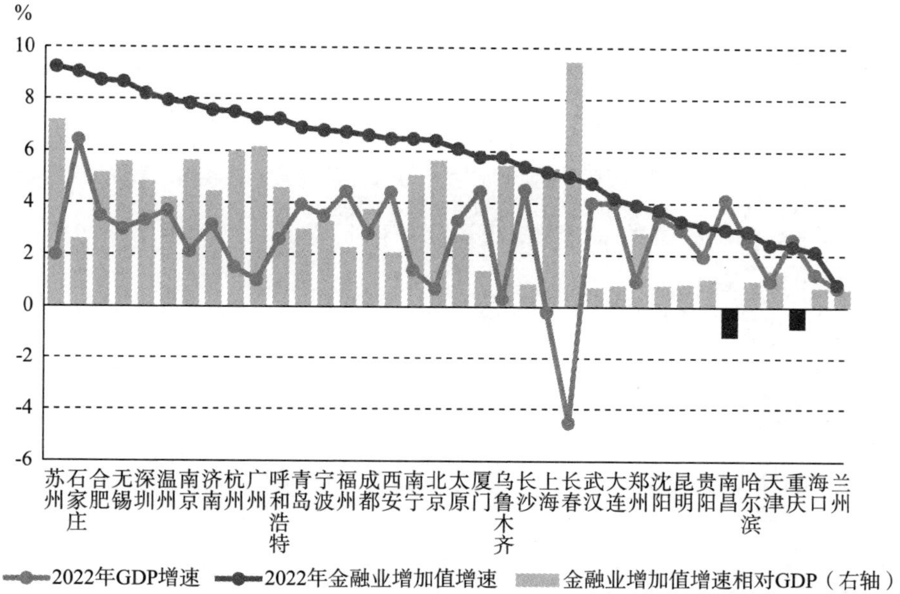

图 1.2.4　36 个金融中心金融业增加值增速与 GDP 增速对比

• 具体来看,分项排名前 3 的北京、上海、深圳继续保持遥遥领先的优势。2022 年,北京和上海国内金融业增加值突破 8000 亿元大关,分别达到了 8197 亿元和 8626 亿元,金融业增加值占 GDP 比重分别达到了 19.7%和 19.3%;深圳金融业增加值则首次突破了 5000 亿元大关,达到了 5138 亿元,同比增速为 8.3%,金融业增加值占 GDP 比重达到了 15.9%。

• 值得注意的是,本期杭州、成都、南京和苏州的金融产业绩效得分保持了几乎一致的增长。2022 年,四地金融业规模和增速比较接近。其中,杭州和成都金融业增加值率先突破 2400 亿元大关,分别达到了 2407 亿元和 2445 亿元,南京和苏州则双双突破 2200 亿元大关;四地金融业增加值近三年平均增速均达到了 7%左右。

1.3　金融机构实力

有影响力的金融机构的集聚对于推动金融创新和城市金融业的发展能

够起到支撑作用，一个城市金融机构的综合实力很大程度反映了该城市的金融竞争力。CFCI 评价体系主要从银行、保险、证券以及地方金融组织四个方面评估各金融中心的法人金融机构实力。

1. 金融机构实力整体排名

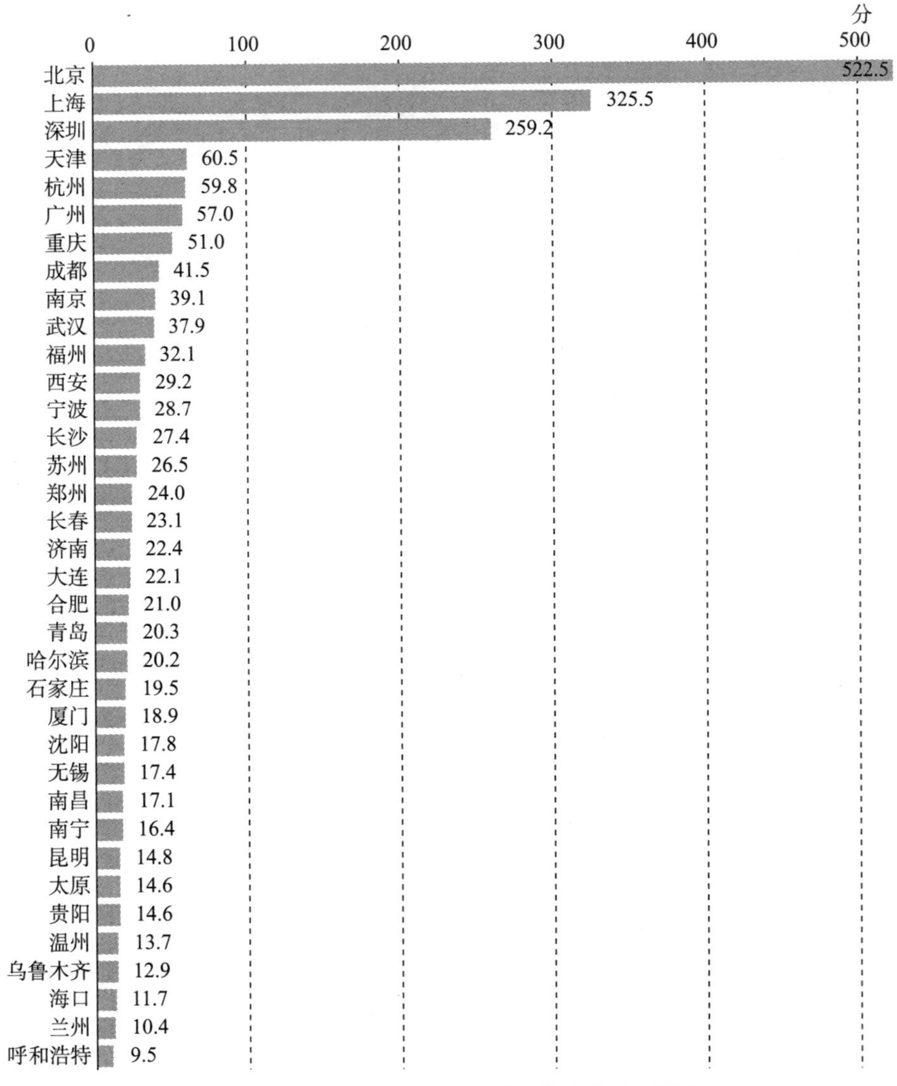

图 1.3.1　第 15 期 CFCI 金融机构实力分项排名

本期 36 个金融中心城市金融机构实力分项排名依次是北京、上海、深圳、天津、杭州、广州、重庆、成都、南京、武汉、福州、西安、宁波、长沙、苏州、郑州、长春、济南、大连、合肥、青岛、哈尔滨、石家庄、厦门、沈阳、无锡、南昌、南宁、昆明、太原、贵阳、温州、乌鲁木齐、海口、兰州和呼和浩特。

表 1.3.1　第 15 期 CFCI 金融机构实力排名与得分变化

城市	CFCI 15		CFCI 14		变化	
	得分	排名	得分	排名	得分	排名
北京	522.47	1	482.23	1	▲40.24	—
上海	325.46	2	309.68	2	▲15.78	—
深圳	259.22	3	236.10	3	▲23.12	—
天津	60.48	4	56.15	6	▲4.33	▲2
杭州	59.78	5	58.81	5	▲0.97	—
广州	56.96	6	59.47	4	▼2.51	▼2
重庆	50.96	7	50.43	7	▲0.53	—
成都	41.46	8	40.09	8	▲1.37	—
南京	39.08	9	36.69	10	▲2.39	▲1
武汉	37.88	10	37.36	9	▲0.52	▼1
福州	32.10	11	33.12	11	▼1.02	—
西安	29.17	12	28.56	12	▲0.61	—
宁波	28.74	13	27.40	14	▲1.34	▲1
长沙	27.41	14	27.77	13	▼0.36	▼1
苏州	26.46	15	22.75	19	▲3.71	▲4
郑州	24.01	16	24.06	15	▼0.05	▼1
长春	23.08	17	23.51	17	▼0.43	—
济南	22.39	18	23.69	16	▼1.30	▼2
大连	22.13	19	21.14	22	▲0.99	▲3
合肥	21.03	20	23.17	18	▼2.14	▼2
青岛	20.27	21	21.60	21	▼1.33	—
哈尔滨	20.24	22	21.69	20	▼1.45	▼2
石家庄	19.52	23	20.16	23	▼0.64	—
厦门	18.91	24	19.07	25	▼0.16	▲1
沈阳	17.76	25	19.11	24	▼1.35	▼1
无锡	17.37	26	14.86	30	▲2.51	▲4
南昌	17.13	27	17.17	27	▼0.04	—
南宁	16.36	28	17.20	26	▼0.84	▼2

续表

城市	CFCI 15		CFCI 14		变化	
	得分	排名	得分	排名	得分	排名
昆明	14.79	29	15.31	28	▼0.52	▼1
太原	14.62	30	14.56	31	▲0.06	▲1
贵阳	14.61	31	15.12	29	▼0.51	▼2
温州	13.69	32	14.32	32	▼0.63	—
乌鲁木齐	12.93	33	13.18	33	▼0.25	—
海口	11.68	34	11.85	34	▼0.17	—
兰州	10.36	35	10.30	36	▲0.06	▲1
呼和浩特	9.48	36	10.75	35	▼1.27	▼1

2. 金融机构实力分项排名得分变化情况

• 适应阶段性的疫情防控、金融减费让利等需要,2022 年国内主要金融机构发展复苏进程放缓,本期 20 个城市的金融机构实力得分出现小幅减少,16 个城市得分实现正增长。

• 国内金融机构资源进一步向排名领先金融中心加速集聚的趋势更加明显。本期分项排名前 18 的城市中有 2/3 得分是保持正增长,分项排名后 18 的城市中仅 1/5 得分实现微弱增长。本期得分增长前 3 的北京、深圳和上海,分别较上期增长了 40.24 分、23.12 分和 15.78 分,而本期金融机构实力分项 36 个金融中心得分增长总和仅为 83.1 分。

• 本期 9 个金融中心的排名小幅上升,12 个金融中心排名小幅下降,15 个金融中心的排名维持不变。

• 本期分项排名进步最大的是苏州和无锡,均上升 4 个名次,分别排名全国第 15 和第 26 位;本期分项排名降幅较小,广州、济南、合肥、哈尔滨、南宁和贵阳等名次降幅最大但也仅 2 个名次。

3. 金融机构实力具体分项指标表现

• 36 个金融中心的金融机构资源集聚度较上年进一步提升。截至 2022 年年底,36 个金融中心金融机构总资产规模占全国比重超过 3/4。其中,银行业机构总资产占全国总量的 77%,保险业机构总资产占全国的

96%，公募基金资产管理规模占全国的 88%，法人证券公司总资产占全国的 99%，均较上年提高 1~3 个百分点。

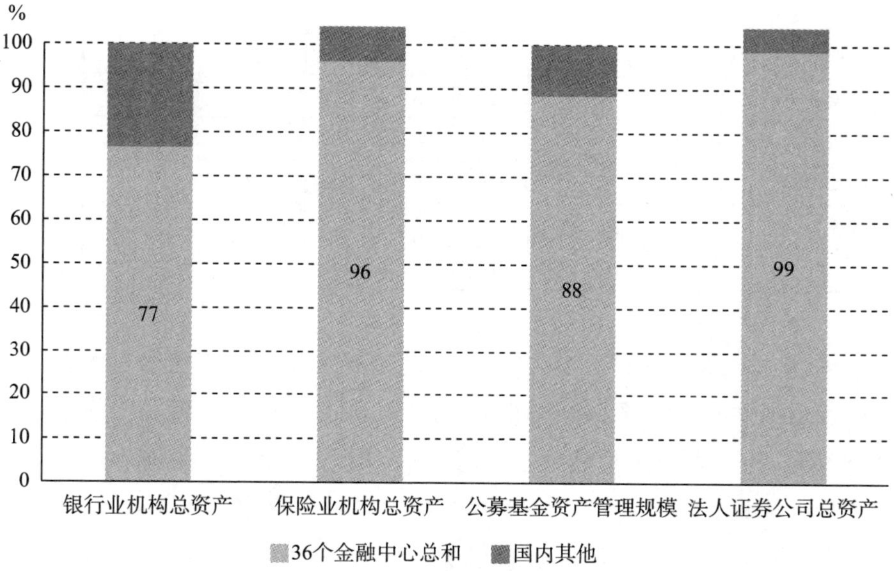

图 1.3.2　36 个金融中心金融机构资产规模全国占比

• 36 个金融中心中，三大全国性金融中心实力最强。其中，北京、上海的法人金融机构数量接近，都超过了 250 家；相对北京、上海，深圳法人机构数量和规模实力还有较大差距。

• 除北京、上海、深圳外，33 个区域金融中心中，杭州、广州和天津表现相对突出，持牌金融机构门类最为齐全，11 项大类中均只缺少 1 类牌照。2022 年三者的各类法人金融机构数量分别达到了 43 家、37 家和 34 家，法人金融机构整体实力处于第一发展梯队。

表 1.3.2　法人金融机构实力排名前十城市概况

法人机构类型	北京	上海	深圳	杭州	广州	天津	济南	南京	重庆	成都
商业银行	22	26	9	11	3	7	9	9	4	4
信托公司	11	7	2	4	3	2	1	2	2	2
财务公司	74	22	9	7	10	5	11	3	3	4
汽车金融公司	7	7	0	1	1	2	1	0	1	0
消费金融公司	4	3	1	1	1	1	0	1	3	2

续表

法人机构类型	北京	上海	深圳	杭州	广州	天津	济南	南京	重庆	成都
证券公司	17	19	17	3	4	1	1	2	1	4
证券公司专项业务子公司	2	15	5	2	1	0	0	0	0	0
公募基金公司	22	65	32	1	3	1	0	0	2	1
期货机构	19	36	14	10	6	7	2	5	4	3
保险公司	57	41	22	3	5	7	3	3	5	4
保险资管公司	17	9	5	0	0	1	0	0	0	0
合计	252	250	116	43	37	34	28	25	25	24

- 在法人商业银行规模实力方面,北京因为集中了多数国有大型商业银行和全国性股份制商业银行的法人机构,其商业银行规模实力表现一枝独秀,2022 年总资产规模达到了创纪录的 182.1 万亿元。上海本地法人商业银行数量最多,达到 26 家。深圳凭借招商银行、平安银行等品牌大机构,整体资产规模达到了 16.8 万亿元,排名全国第 3。福州单凭兴业银行一家,本地法人商业银行资产总规模就达到了 9.7 万亿元,仅次于北京、上海和深圳。

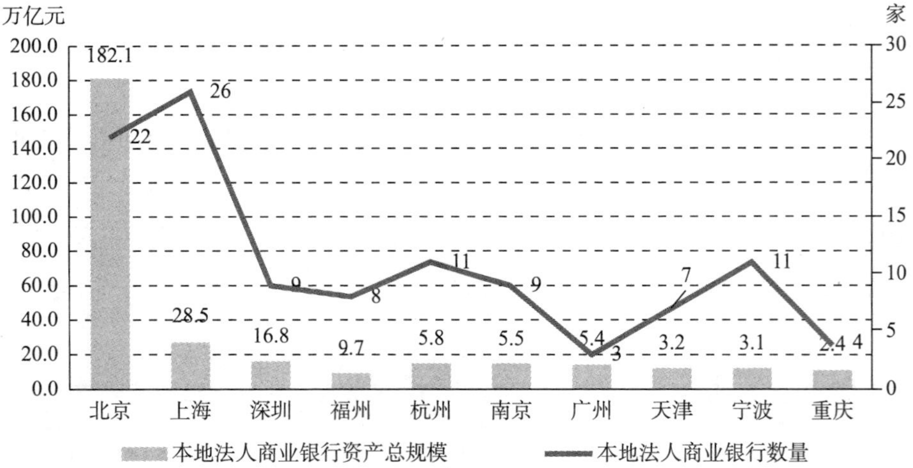

图 1.3.3 法人商业银行规模实力前 10 城市

- 在法人证券公司规模实力方面,深圳表现相对最优。深圳、上海、北京三大全国性金融中心本地法人证券公司发展大幅超过其他金融中心城市，上海、深圳分别拥有 19 家和 17 家法人证券公司，但深圳规模实力更强。2022 年，深圳法人证券公司总规模达到了 3.27 万亿元。除北京、上海、深圳外，南京表现相对突出，虽然仅有 2 家法人证券公司，但拥有行业龙头机构华泰证券，2022 年总资产规模达到了 0.90 万亿元。

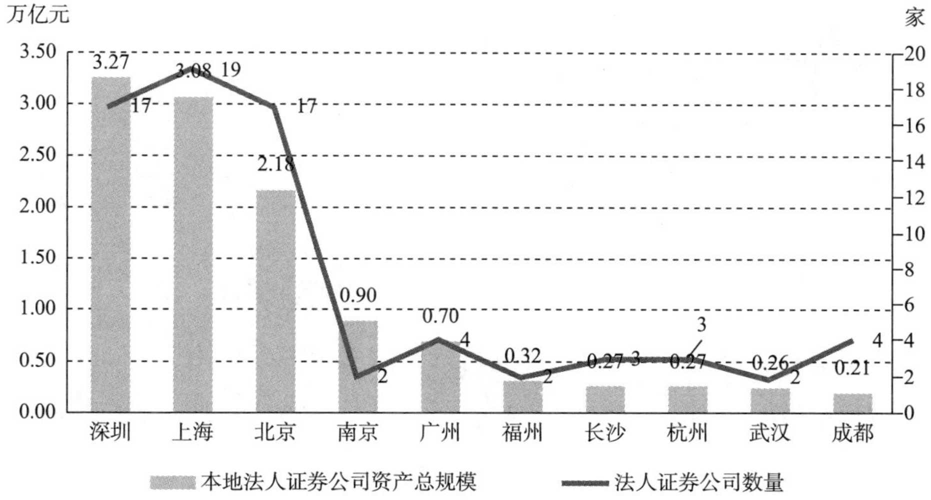

图 1.3.4　法人证券公司规模实力前 10 城市

- 在法人公募基金规模实力方面，上海整体实力最强。截至 2022 年年底，上海法人公募基金管理机构数量达到了 65 家，几乎占到全国总数的一半。深圳表现仅次于上海，2022 年法人公募基金数达到了 32 家，管理的资产规模达到 6.81 万亿元。值得一提的是，天津仅靠 1 家法人公募基金管理机构资产管理规模就超过了万亿元，排名全国第 4，其背后应归功于天弘基金管理公司。天弘基金通过推出首只互联网基金——余额宝，改变了整个公募基金行业，也对天津的财富管理行业和金融中心建设起到了积极的促进作用，充分体现出法人金融机构对于地方金融业发展的巨大引领带动作用。
- 在法人保险公司规模实力方面，保险行业体现出的“马太效应”更为明显。截至 2022 年年底，北京、上海、深圳三个城市的法人保险公司总数和资产总规模分别占全国总量的 62% 和 86%。北京拥有多达 57 家法人保险公司（不含保险资管），总资产规模达到 12.45 万亿元，数量和资产总规模均远远超过了其他 9 个金融中心城市。

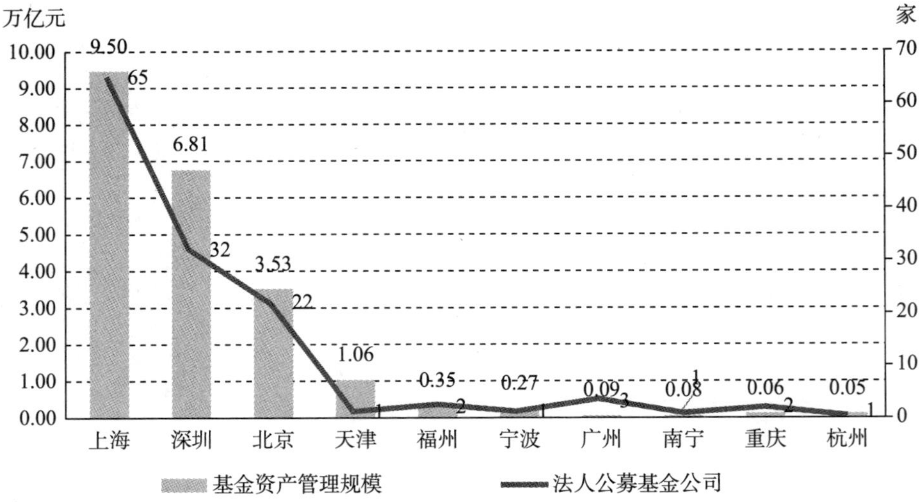

图 1.3.5　法人公募基金资产管理规模前 10 城市

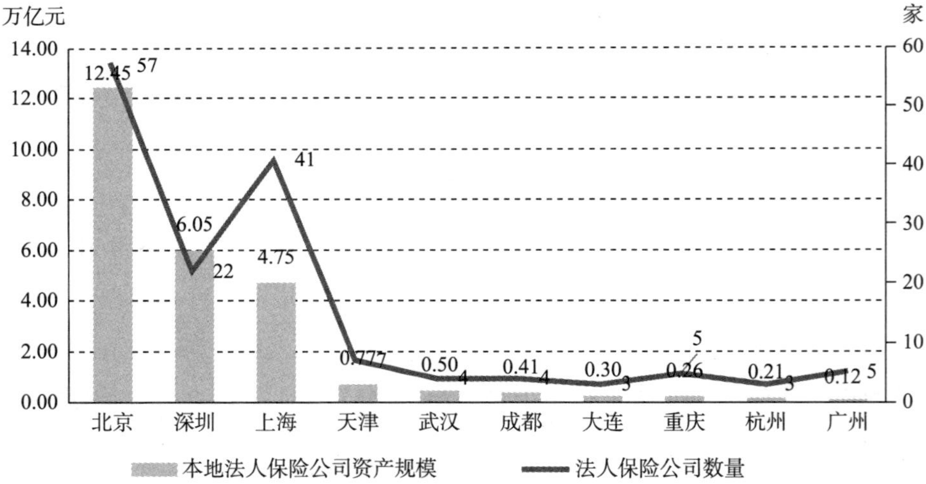

图 1.3.6　法人保险公司规模实力前 10 城市

1.4　金融市场规模

金融市场的规模和交易活跃程度是吸引和汇聚金融交易者、金融机构和金融人才的重要因素，对于提升城市金融辐射力起着至关重要的作用。CFCI 评价体系主要从货币市场、股票市场、债券市场、黄金外汇及衍生品市场、资本市场利用等维度评估各金融中心发展情况。

1. 金融市场规模整体排名

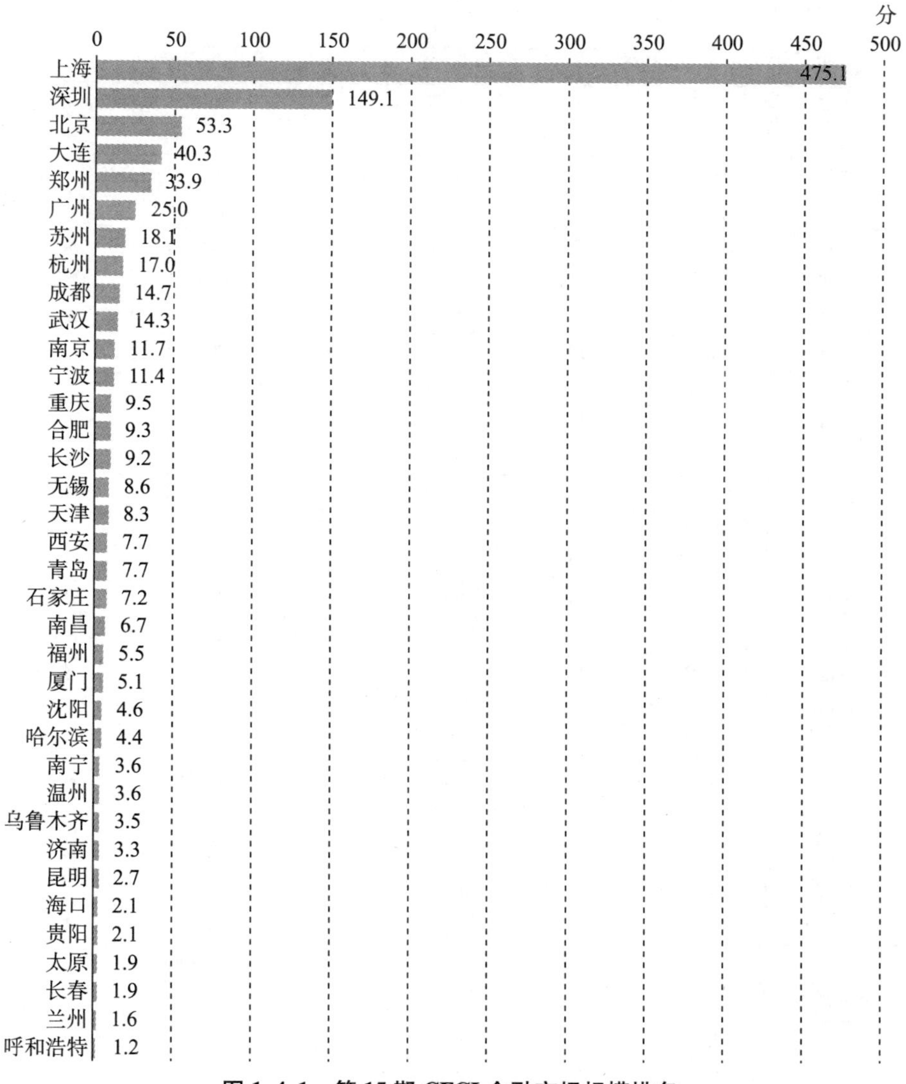

图 1.4.1　第 15 期 CFCI 金融市场规模排名

本期 36 个金融中心城市金融市场规模分项排名依次是上海、深圳、北京、大连、郑州、广州、苏州、杭州、成都、武汉、南京、宁波、重庆、合肥、长沙、无锡、天津、西安、青岛、石家庄、南昌、福州、厦门、沈阳、哈尔滨、南宁、温州、乌鲁木齐、济南、昆明、海口、贵阳、太原、长春、兰州和呼和浩特。

表 1.4.1 第 15 期 CFCI 金融市场规模排名与得分变化

城市	CFCI 15		CFCI 14		变化	
	得分	排名	得分	排名	得分	排名
上海	475.13	1	467.42	1	▲7.71	—
深圳	149.09	2	136.18	2	▲12.91	—
北京	53.25	3	52.67	3	▲0.58	—
大连	40.33	4	46.47	4	▼6.14	—
郑州	33.87	5	36.54	5	▼2.67	—
广州	25.03	6	24.48	6	▲0.55	—
苏州	18.08	7	17.62	8	▲0.46	▲1
杭州	16.96	8	21.49	7	▼4.53	▼1
成都	14.69	9	12.93	12	▲1.76	▲3
武汉	14.29	10	14.63	10	▼0.34	—
南京	11.69	11	16.84	9	▼5.15	▼2
宁波	11.36	12	11.47	14	▼0.11	▲2
重庆	9.47	13	8.86	17	▲0.61	▲4
合肥	9.26	14	14.59	11	▼5.33	▼3
长沙	9.22	15	12.54	13	▼3.32	▼2
无锡	8.60	16	9.84	15	▼1.24	▼1
天津	8.34	17	9.63	16	▼1.29	▼1
西安	7.74	18	6.97	20	▲0.77	▲2
青岛	7.73	19	8.63	18	▼0.90	▼1
石家庄	7.24	20	8.23	19	▼0.99	▼1
南昌	6.67	21	6.94	21	▼0.27	—
福州	5.51	22	4.52	25	▲0.99	▲3
厦门	5.11	23	4.43	26	▲0.68	▲3
沈阳	4.60	24	4.43	27	▲0.17	▲3
哈尔滨	4.42	25	3.61	29	▲0.81	▲4
南宁	3.59	26	5.70	23	▼2.11	▼3
温州	3.59	27	1.97	36	▲1.62	▲9
乌鲁木齐	3.47	28	6.93	22	▼3.46	▼6
济南	3.27	29	4.56	24	▼1.29	▼5
昆明	2.73	30	3.11	31	▼0.38	▲1
海口	2.13	31	3.09	32	▼0.96	▲1
贵阳	2.09	32	3.95	28	▼1.86	▼4
太原	1.94	33	3.20	30	▼1.26	▼3
长春	1.87	34	2.82	33	▼0.95	▼1
兰州	1.55	35	2.81	34	▼1.26	▼1
呼和浩特	1.24	36	2.62	35	▼1.38	▼1

2. 金融市场规模分项排名得分变化情况

● 受 IPO 发行节奏放缓等因素影响，本期多数城市资本市场利用水平得分出现了一定程度的减少。其中，13 个金融中心的金融市场规模得分实现增长，23 个城市得分出现小幅减少。

● 本期得分增长最多的前三城市是深圳、上海和成都，分别较上期增长了 12. 91 分、7. 71 分和 1. 76 分。

● 本期排名上升的城市有 12 个，排名下降的城市有 16 个。其中，排名上升幅度最大的是温州，提升 9 个名次，本期排第 27 位；排名下降幅度最大的是乌鲁木齐，下滑 6 个名次，排第 28 位。

● 本期分项排名前 10 城市中，前 6 城市均是国内少数几个具备全国性金融市场的城市，分项排名维持不变。除此之外，杭州、苏州、武汉等上榜城市则主要凭借在资本市场利用以及区域股权交易市场方面的突出表现继续保持 10 强地位。10 强成员中，本期成都排名上升 3 名进入前十行列，南京则下滑 2 名跌出前 10 行列。

3. 金融市场规模具体指标表现

● 上海的金融市场得分超过了其他 30 个金融中心的得分总和。目前，上海集聚了包括货币市场、股票市场、债券市场、黄金市场、外汇市场、衍生品市场等在内的几乎所有全国性金融市场。

● 本期深圳金融市场规模分项得分较上期继续保持较快增长，得分增长排名第 1。2022 年，深市上市公司达到 2743 家、总市值 32. 4 万亿元，全年股票市场累计成交额达到 128 万亿元，市值规模、市场交易量指标均位居全球前列。

● 2022 年，北京证券交易所年末上市公司数达到 162 家，交易所上市公司总市值达到 2110 亿元。不过，新三板市场继续出现萎缩，年末市场挂牌公司数量进一步萎缩至 6580 家，较上年末减少 352 家，缩减数量在不断收窄。

● 大连、郑州依靠商品期货市场表现，本期继续稳固分项排名第 4、第 5。

● 2022 年 A 股市场首发上市公司达到 382 家，年末上市公司总数达到

5079 家,全年 A 股市场股权融资总额达 14683 亿元。其中,36 个金融中心合计拥有 A 股市场上市公司 3363 家,占全国总量的 66.2%,全年新增 A 股市场首发上市公司 298 家,约占当年全国总量的 70.4%,全年股票市场融资总和达到 9449 亿元,约占全国总量的 64.4%。

- 北京、上海、深圳在上市公司数量和规模方面遥遥领先国内其他城市。2022 年,北京、上海、深圳分别拥有境内上市公司 458 家、417 家和 406 家,是国内唯三 A 股上市公司数量突破 400 家的城市。尽管深圳境内上市公司总数少于上海,但在上市公司市值规模总量上要大于上海,截至 2022 年年末深圳上市公司总市值达到 8.5 万亿元,同期上海为 7.2 万亿元。

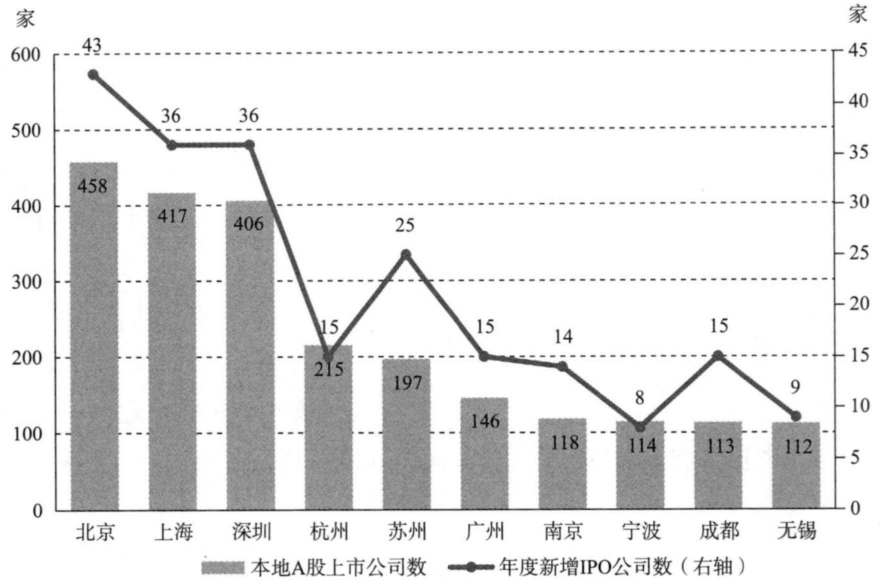

图 1.4.2　A 股市场上市公司数前 10 金融中心

- 除此之外,33 个区域金融中心中杭州、苏州在资本市场利用方面有亮眼表现。2022 年,杭州和苏州全年新增 IPO 上市公司数分别达到 15 家和 25 家,年末 A 股上市公司数分别达到 215 家和 197 家,各项指标分别排名全国第 4 和第 5,仅次于三大全国性金融中心。

1.5　金融生态环境

城市金融业发展不仅有赖于金融产业本身,更与城市社会经济发展的各个方面息息相关。城市金融业发展的外部环境统称为金融生态环境，是城市金融竞争力的解释性因素。CFCI 评价体系中，金融生态环境主要通过金融人才环境、商业环境以及国际化程度来衡量，是对金融中心发展潜力和发展后劲的反映。

1. 金融生态环境整体排名

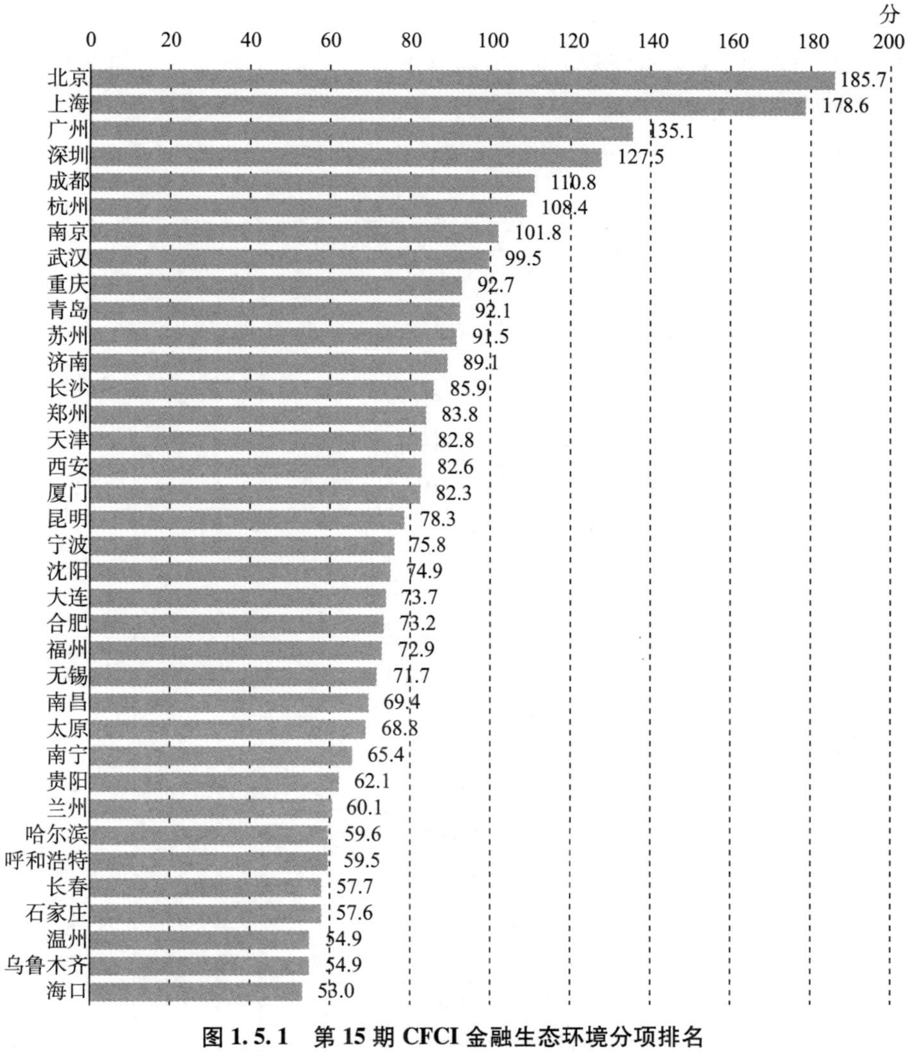

图 1.5.1　第 15 期 CFCI 金融生态环境分项排名

本期 36 个金融中心城市金融生态环境分项排名依次是北京、上海、广州、深圳、成都、杭州、南京、武汉、重庆、青岛、苏州、济南、长沙、郑州、天津、西安、厦门、昆明、宁波、沈阳、大连、合肥、福州、无锡、南昌、太原、南宁、贵阳、兰州、哈尔滨、呼和浩特、长春、石家庄、温州、乌鲁木齐和海口。

2. 金融生态环境分项排名得分变化情况

- 榜单前五成员格局相对稳固,排名相比上期维持不变,青岛首次跻身前十,上期前十成员苏州则下滑 1 个名次至第 11 位。
- 本期 36 个金融中心中 13 个城市排名上升,9 个城市排名维持不变,14 个城市排名下降。
- 本期昆明排名进步最显著,上升 7 个名次排在全国第 18 位。

表 1.5.1　第 15 期 CFCI 金融生态环境排名及得分变化

城市	CFCI 15		CFCI 14		变化	
	得分	排名	得分	排名	得分	排名
北京	185.67	1	185.24	1	▲0.43	—
上海	178.59	2	176.69	2	▲1.90	—
广州	135.15	3	137.41	3	▼2.26	—
深圳	127.52	4	123.41	4	▲4.11	—
成都	110.76	5	111.90	5	▼1.14	—
杭州	108.40	6	105.40	7	▲3.00	▲1
南京	101.80	7	99.04	9	▲2.76	▲2
武汉	99.53	8	110.04	6	▼10.51	▼2
重庆	92.72	9	99.91	8	▼7.19	▼1
青岛	92.14	10	91.41	11	▲0.73	▲1
苏州	91.50	11	93.22	10	▼1.72	▼1
济南	89.13	12	84.47	13	▲4.66	▲1
长沙	85.85	13	80.35	17	▲5.50	▲4
郑州	83.76	14	82.94	15	▲0.82	▲1
天津	82.79	15	83.36	14	▼0.57	▼1
西安	82.63	16	85.67	12	▼3.04	▼4
厦门	82.32	17	82.71	16	▼0.39	▼1
昆明	78.34	18	70.08	25	▲8.26	▲7
宁波	75.78	19	73.28	19	▲2.50	—

续表

城市	CFCI 15		CFCI 14		变化	
	得分	排名	得分	排名	得分	排名
沈阳	74.91	20	69.73	26	▲5.18	▲6
大连	73.67	21	73.07	20	▲0.60	▼1
合肥	73.22	22	70.94	23	▲2.28	▲1
福州	72.88	23	70.58	24	▲2.30	▲1
无锡	71.71	24	73.50	18	▼1.79	▼6
南昌	69.36	25	71.00	22	▼1.64	▼3
太原	68.83	26	72.37	21	▼3.54	▼5
南宁	65.40	27	63.03	28	▲2.37	▲1
贵阳	62.10	28	65.58	27	▼3.48	▼1
兰州	60.14	29	62.62	29	▼2.48	—
哈尔滨	59.64	30	55.63	34	▲4.01	▲4
呼和浩特	59.46	31	60.05	31	▼0.59	—
长春	57.66	32	61.92	30	▼4.26	▼2
石家庄	57.57	33	52.38	36	▲5.19	▲3
温州	54.87	34	57.42	33	▼2.55	▼1
乌鲁木齐	54.86	35	52.57	35	▲2.29	—
海口	52.99	36	59.79	32	▼6.80	▼4

• 本期国内多数城市金融生态环境得分恢复增长势头，19个金融中心得分实现正增长，17个中心得分出现减少。其中，得分增长最大的3个城市是昆明、长沙和石家庄，分别较上期增长了8.26分、5.50分和5.19分。

3. 金融生态环境分项具体指标表现

• 值得注意的是，受疫情影响较直接的地方政府债务、国际旅游收入等指标仍面临较大评分下降压力。

• 占据分项榜单前四的北上广深四大一线城市中，深圳得分增长最为显著。本期深圳在金融人才环境和国际化水平方面均有改善，分项得分增长明显。不过，金融人才环境仍是制约深圳金融生态环境得分上升的最大短板，该分项深圳排名维持在28名，主要是受到教育、医疗等公共服务资源不足以及房价过高等因素的影响。

• 北京和上海的金融生态环境依然保持最优,两者在金融人才环境、商业环境和国际化程度方面,均是全国前 3 水平。其中,北京的金融人才环境和商业环境全国第 1,上海在国际化程度方面保持全国第 1。

• 33 个区域金融中心中,广州、成都、杭州和南京得分表现相对优异,分项得分均突破了百分大关。其中,广州继续保持金融人才环境排名第 2、金融商业环境和国际化程度均排名第 4,成都金融商业环境排名第 5,南京金融人才环境排名第 6,杭州国际化程度排名第 5。

• 本期武汉在金融商业环境和国际化程度方面得分降幅明显,特别是在 2022 年实际利用外资总额、国际航班连通国际城市数量等指标方面表现不及预期。

• 值得注意的是,地方风险控制方面有明显改善。本期 36 个城市中仅 5 个城市在该分项的得分出现了减少,表明多数城市在经历了 2021 年大规模的地方政府债务扩张后进入了平稳过渡阶段,政府负债率和债务率等指标上升趋缓改善,地方金融风险防控的压力也趋稳。

第 2 章　全国性金融中心评价

2.1　总体评价

按照 CFCI 分类方法，上海、北京和深圳拥有全国性金融交易市场，本地法人机构业务覆盖全国，具备调配全国金融资源功能，金融辐射力和影响力遥遥领先于国内其他金融中心城市，是全国性金融中心。

1. 综合竞争力表现

表 2.1.1　全国性金融中心在 CFCI 15 中的评价结果

城市	综合竞争力		金融产业绩效		金融机构实力		金融市场规模		金融生态环境	
	得分	排名	得分	排名	得分	排名	得分	排名	得分	排名
上海	328.03	1	319.28	2	325.46	2	475.13	1	178.59	2
北京	285.98	2	328.80	1	522.47	1	53.25	3	185.67	1
深圳	194.79	3	224.97	3	259.22	3	149.09	2	127.52	4

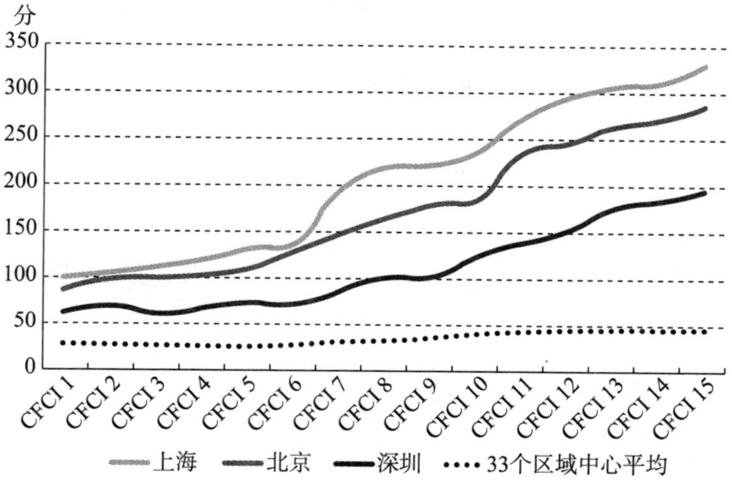

图 2.1.1　全国性金融中心综合竞争力得分历期变化

• 与 33 个区域金融中心平均水平相比,上海、北京和深圳三个全国性金融中心仍然保持绝对领先地位,上海、北京和深圳三者综合竞争力优势十分明显,且呈现逐渐拉大趋势。

• 从近几期全国性金融中心综合竞争力得分来看,上海、北京的差距正逐步缩小,而深圳受自身规模和体量较小的影响,金融中心竞争力没有明显提升,追赶上海和北京的步伐相对缓慢,差距有逐渐拉大的趋势。

2. 金融产业绩效分项表现

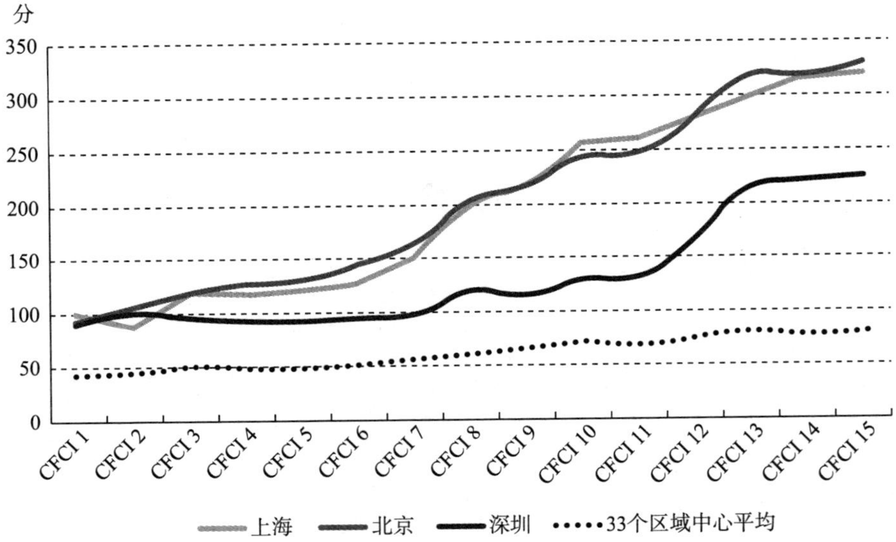

图 2.1.2　全国性金融中心金融产业绩效得分历期变化

• 北京金融产业绩效得分近年来保持快速增长,本期得分 328.80 分,超过上海,排名全国第 1。

• 上海金融产业绩效本期得分 319.28 分,较上期基本持平,被北京反超,排名全国第 2。

• 深圳金融产业绩效得分保持平稳上升,本期 224.97 分,排名全国第 3。

3. 金融机构实力分项表现

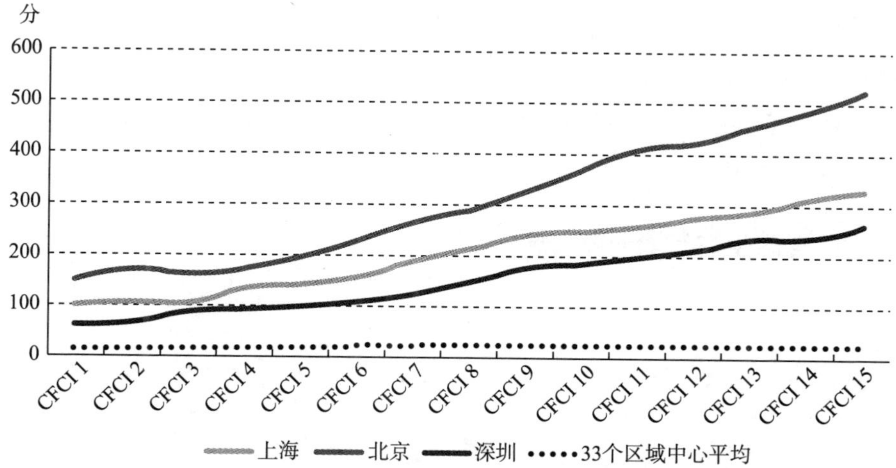

图 2.1.3　全国性金融中心金融机构实力得分历期变化

• 北京作为多家全国性金融机构总部所在地，金融机构实力得分 522.47 分，保持并扩大对上海和深圳的领先优势。

• 上海金融机构实力本期得分 325.46 分，较上期增长 15.78 分，排名仍保持全国第 2。

• 深圳金融机构实力本期得分 259.22 分，较上期增长 23.12 分，与上海差距有所缩小。

4. 金融市场规模分项表现

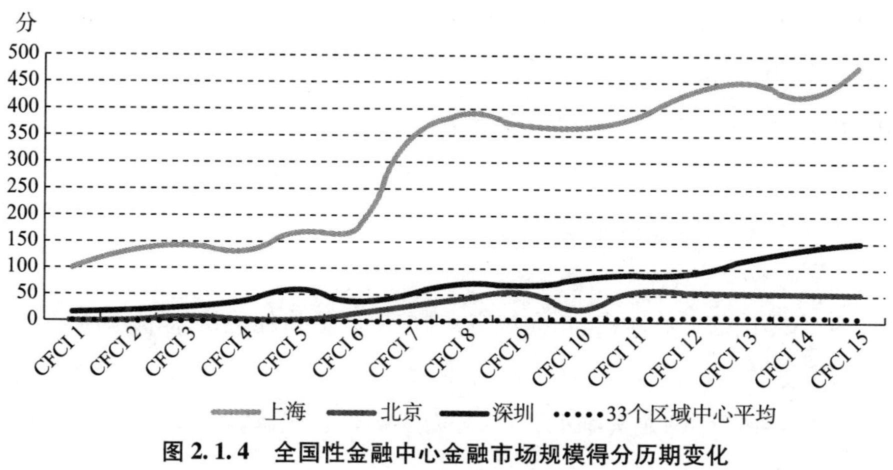

图 2.1.4　全国性金融中心金融市场规模得分历期变化

• 上海拥有较为健全的各类金融市场,金融市场规模得分 475.13 分,领先于深圳和北京,排名全国第 1。

• 深圳金融市场规模得分近年来保持平稳增长,本期得分 149.09 分,较上期增长 12.91 分,稳居全国第 2 位。

• 北京金融市场规模得分 53.25 分,与上期基本持平,落后于上海和深圳,排名全国第 3。

5. 金融生态环境分项表现

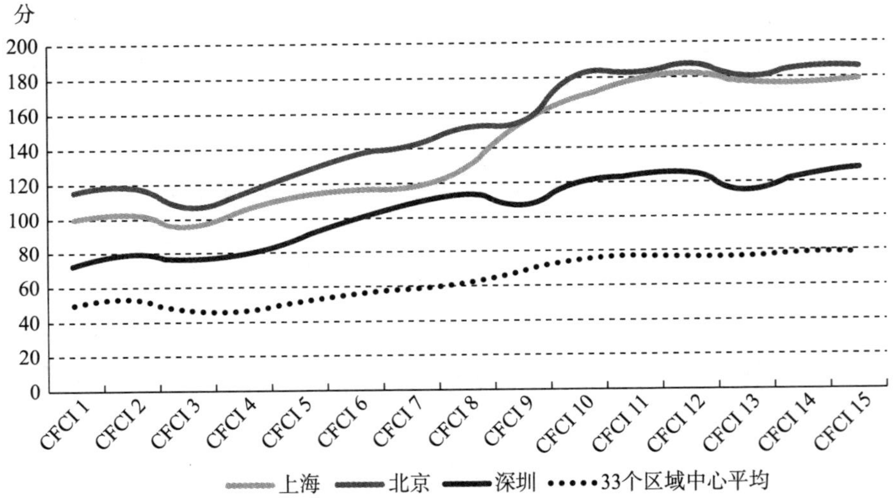

图 2.1.5　全国性金融中心金融生态环境得分历期变化

• 北京、上海金融生态环境优越,得分差距不大,本期得分与上期相比均小幅增长,分别排名全国第 1 和第 2。

• 深圳公共服务短板凸显,金融生态环境得分与上海、北京的差距明显,本期得分 127.52 分,排名全国第 4。

2.2　上海金融中心评价

上海是国家中心城市、超大城市,也是中国最大的经济城市,国际经济、金融、贸易、航运、科技创新中心,首批沿海开放城市。上海地处长江入海口,是长江经济带的龙头城市、G60 科创走廊核心城市。上海是近代中国金融业的重要发祥地，随着我国经济金融改革开放深化发展，建设上海国际金融中心逐步上升为重要的国家战略。

1. 上海金融中心综合竞争力表现

自首期进入 CFCI 榜单以来，上海金融中心综合竞争实力一直稳居全国第 1。根据第 15 期 CFCI 评价结果，上海金融中心综合竞争力得分 328.0 分，较上期增长 15.91 分。

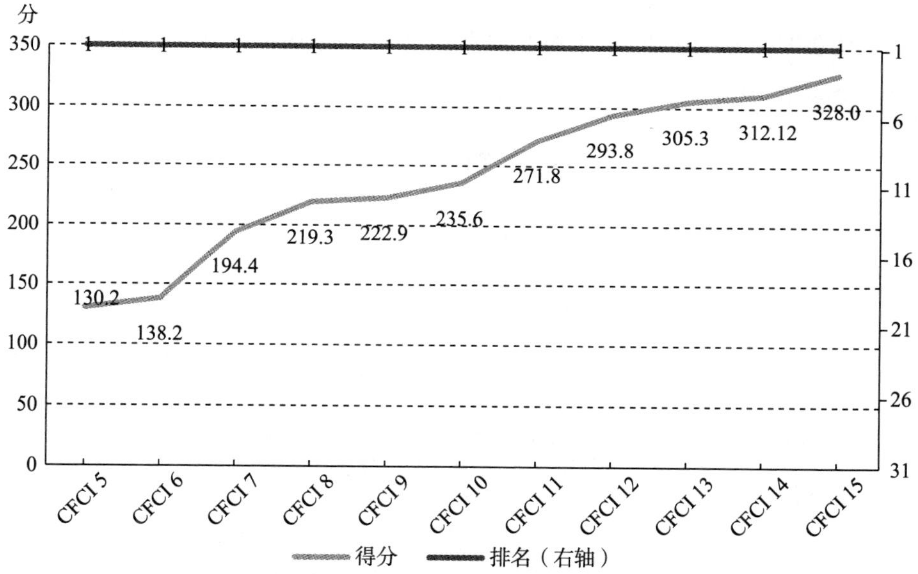

图 2. 2. 1　上海金融中心综合竞争力历期得分与排名

在本期 CFCI 指标评价方面，上海金融机构实力、金融市场规模、金融生态环境得分均有所增长，分别较上期上升 5. 10%、1. 65%、1. 07%，全国排名保持不变。但与此同时，上海金融产业绩效得分与上期基本持平，略降 0. 31%，排名下降 1 位。

表 2. 2. 1　上海在 CFCI 15 中的评价结果

评价分类	CFCI 15 得分	同比上期	得分增幅	CFCI 15 排名	排名变化
金融产业绩效	319. 28	−1. 00	−0. 31%	2	−1
金融机构实力	325. 46	15. 78	5. 10%	2	0
金融市场规模	475. 13	7. 71	1. 65%	1	0

续表

评价分类	CFCI 15 得分	同比上期	得分增幅	CFCI 15 排名	排名变化
金融生态环境	178.59	1.90	1.07%	2	0
金融人才环境	10.51	-0.31	-2.88%	3	0
金融商业环境	13.52	-0.90	-6.26%	2	0
国际化环境	15.52	1.63	11.77%	1	0

2. 上海金融中心金融产业绩效表现

在金融产业绩效方面,上海金融业增加值得分具备一定比较优势,高于全国金融中心的平均水平,如图 2.2.2 所示。

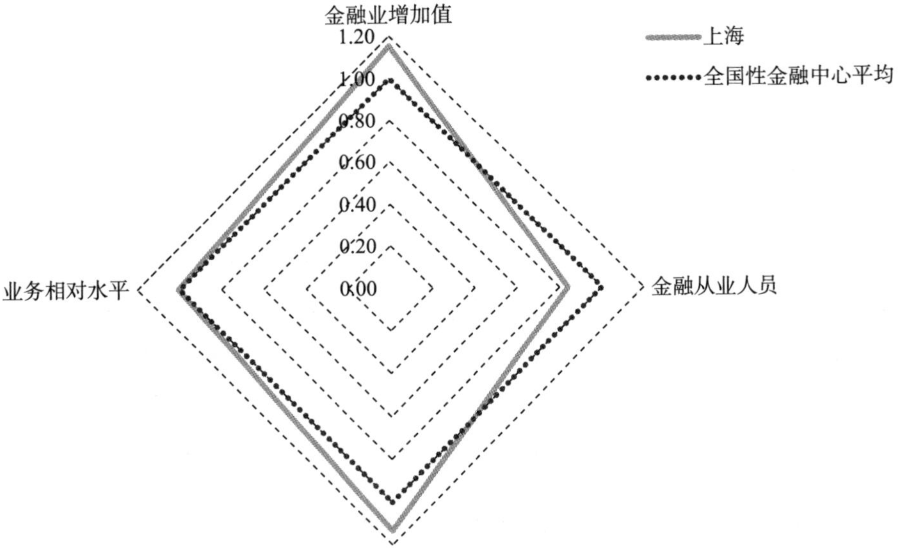

图 2.2.2　上海金融产业绩效与全国性金融中心平均水平的比较

- 2022 年上海金融业实现增加值 7973.3 亿元,三年平均增长率达到 7.0%,超过北京。上海金融业增加值占地方生产总值的 19.3%,仅比北京低 0.4 个百分点。
- 2022 年上海金融从业人员数量达到 43.7 万人,三年平均增长率为 7.1%,高于北京,但低于深圳。
- 截至 2022 年年底,上海金融机构本外币存贷款余额与北京基本相同,但相对深圳规模优势明显。

- 与北京、深圳相比,上海保险深度和保险密度指标不具备优势,其中 2022 年保险深度为 4.7%,保险密度为 8462 元/人,远低于北京。

3. 上海金融中心金融机构实力表现

在金融机构实力方面,上海仅在证券类机构发展方面具有较强的比较优势,在银行类机构、保险类机构和地方金融组织方面均处于劣势地位,如图 2.2.3 所示。

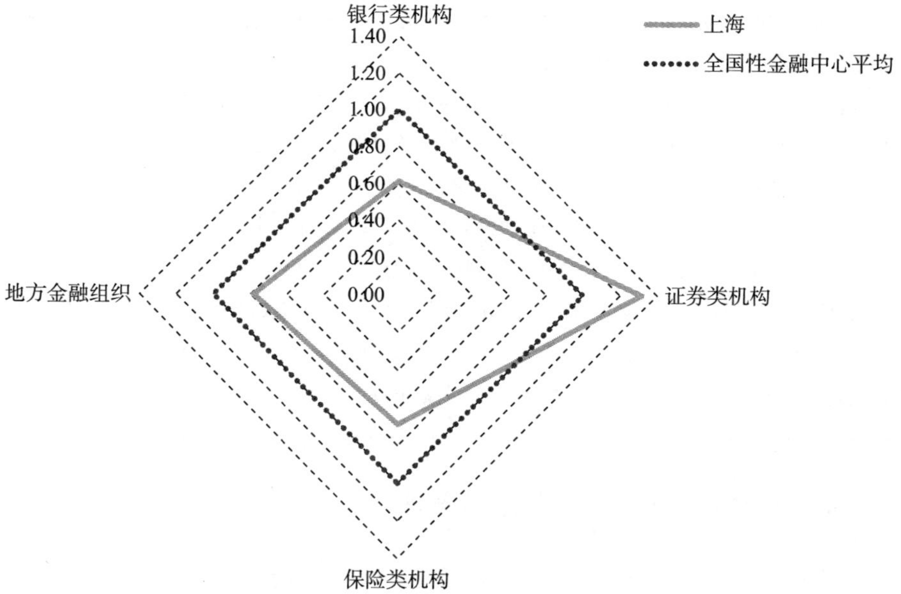

图 2.2.3　上海金融机构实力与全国性金融中心平均水平的比较

- 截至 2022 年年底,上海拥有 19 家本地法人证券机构,数量超过深圳和北京,但本地法人证券机构资产总规模为 3.08 万亿元,略低于深圳。证券营业部数量为 801 个,证券公司专项业务子公司 15 家,均超过深圳和北京。
- 上海拥有全国最多的公募基金公司,数量达到 65 家,相当于北京的 3 倍和深圳的 2 倍;资产管理规模超过 9 万亿元,远超北京和深圳。此外,上海期货公司数量、私募基金管理人数量和私募基金数量均位居全国第 1。
- 上海拥有 41 家本地法人保险公司,仅次于北京;法人保险公司资产总额 4.75 万亿元,低于北京和深圳。

专栏 2.2.1 上海加快外资金融资源集聚发展

上海一直是我国金融业对外开放的最前沿。近年来,上海在深化金融改革、扩大金融开放方面先行先试,主动对标高标准国际贸易和投资通行规则,持续加大金融风险压力测试,成为外资金融机构在华主要集聚地。

一是引进新设外资金融机构。截至 2023 年 4 月,上海持牌金融机构总数达 1736 家,其中外资金融机构 539 家,占比近 1/3;总部设在上海的外资法人银行、合资基金管理公司、外资保险公司均占内地一半左右。2018 年新一轮金融业对外开放以来,一系列全国"首家""首批"外资金融机构先后落沪,包括全国首家外资独资券商、外资保险控股公司、外资独资人身险公司,全国 5 家新设外资独资公募基金、五大行参与设立外资控股合资理财公司。

二是提升全球投资者投资便利。截至 2023 年 3 月,1082 家境外机构持有上海银行间市场债券 3.21 万亿元,约占银行间债券市场总托管量的 2.5%。合格境外有限合伙人(QFLP)试点外汇管理新政由临港新片区扩大至上海市全辖,全国首单外商独资私募证券投资基金管理人(WFOE PFM)为主体发行合格境内有限合伙人(QDLP)产品,合格境外机构投资者(QFII)、人民币合格境外机构投资者(RQFII)认购(WFOE PFM)基金产品等在上海落地。

三是推进境内外金融市场互联互通。"债券通"实现双向互通,利率衍生品"互换通"启动建设。交易型开放式指数基金(ETF)纳入"沪港通"产品标的。"沪伦通"西向拓展至德国和瑞士证券交易所。"熊猫债"规模不断扩大,推出"明珠债""玉兰债"等债券创新产品。推动国际金融资产交易平台设立,启动再保险国际板建设。推出贷款市场报价利率(LPR)期权,推出国内首个国际化期货产品——原油期货,国际化期货期权品种数量占全国一半以上。

4. 上海金融中心金融市场规模表现

在金融市场规模方面,上海依托健全的货币市场,股票市场,银行间债券市场,交易所债券市场,黄金、外汇及衍生品市场,在各方面均领先于北京和深圳,如图 2.2.4 所示。

- 在股票市场方面,截至 2022 年年底,上海证券交易所上市公司数量达到 2174 家,上市公司总市值达到 46.38 万亿元,同期深圳证券交易所上市公司总市值仅为 32.42 万亿元。上海通过股票市场发行筹资额 8477 亿元,高于深圳的 6039 亿元。
- 在资本市场利用方面,截至 2022 年年底,上海本地 A 股上市公司数量 417 家,低于北京的 458 家,新三板挂牌公司数量排名全国性金融中心第 2,达到 477 家,年度新增 36 家 IPO 公司。

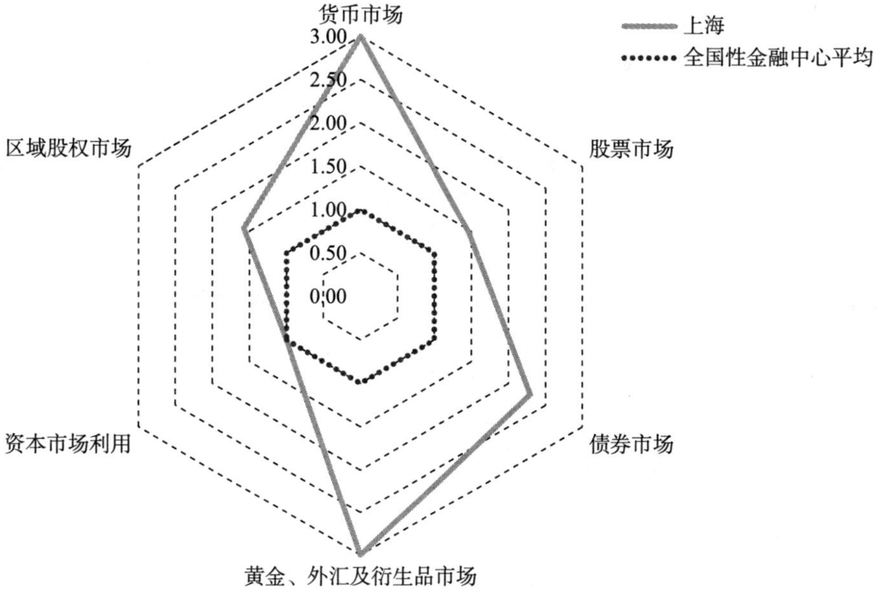

图 2.2.4 上海金融市场规模与全国性金融中心平均水平的比较

- 在区域要素市场方面,上海区域股权市场挂牌公司数 3279 家,高于北京,低于深圳。

5. 上海金融中心金融生态环境表现

在金融生态环境方面,上海在全国排第 2 位,在金融人才环境和金融商业环境两个方面均有显著比较优势,如图 2.2.5 和图 2.2.6 所示。

- 上海在教育环境、医疗卫生、城市环境和生活质量方面竞争力优势明显。其中,上海 2022 年有 66.1 万名普通高等学校在校学生,普通高等学校数量和"双一流"高校数分别达到 64 所和 15 所,尽管不及北京,但在全国仍属于一流水平。
- 在医疗卫生方面,上海 2022 年每万人拥有医院病床数为 59.8 张,高于北京和深圳。
- 在城市环境方面,上海 2022 年空气优良率、每百万人城市轨道交通里程、日航班次数等指标均位居全国前列。
- 在生活质量方面,上海金融从业人员平均年薪为全国最高水平,达到 33.01 万元,住宅房价收入比在全国也处于较高水平。

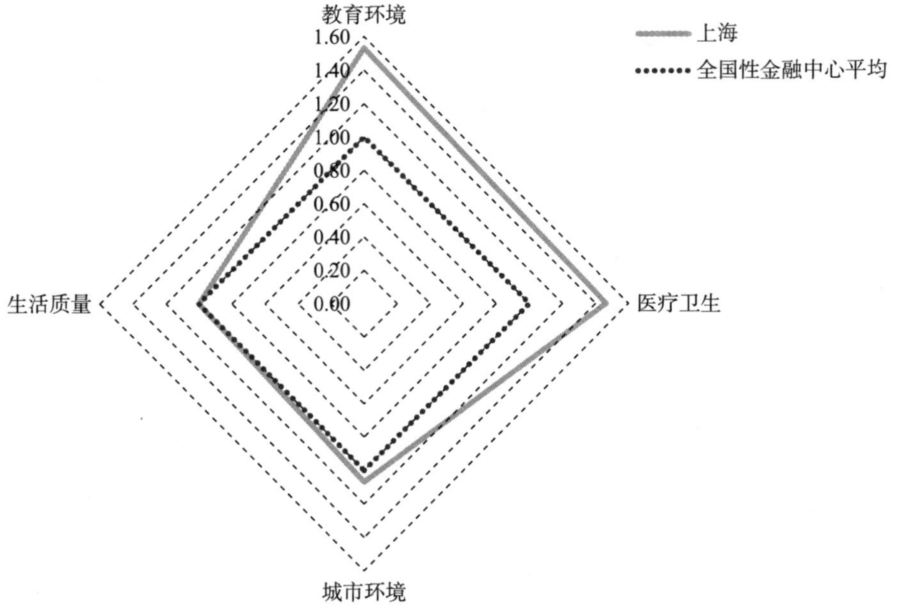

图 2.2.5　上海金融人才环境与全国性金融中心平均水平的比较

• 在金融商业环境方面,上海经济基础较好,但专业服务及政策环境方面的优势则相对不明显。其中,2022 年上海地区生产总值排名全国第 1,人均地区生产总值也相对较高。

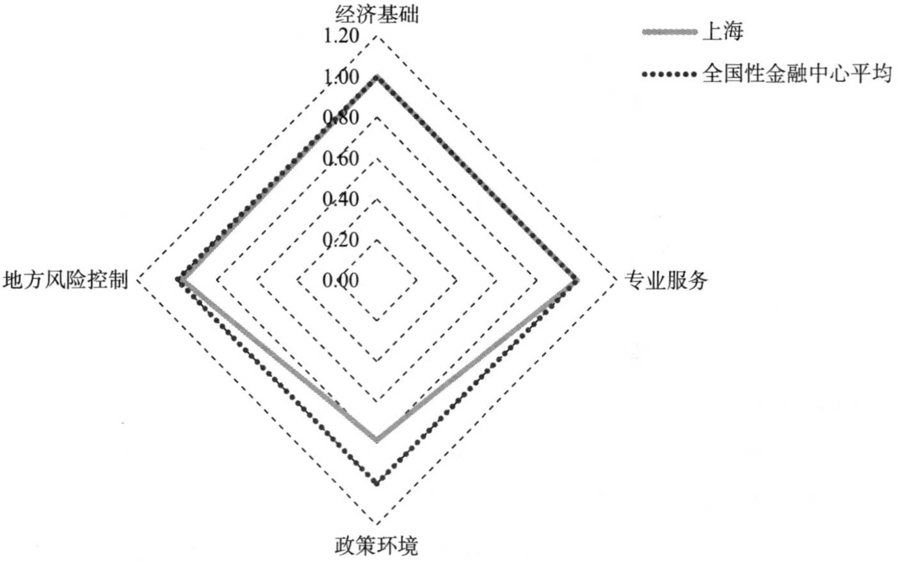

图 2.2.6　上海金融商业环境与全国性金融中心平均水平的比较

- 在专业服务方面，上海尽管在执业律师数、注册会计师(CPA)数、专业保险中介机构数量等方面位居全国前列，但与北京相比还存在较大差距。
- 国际化环境也是上海的重要优势，上海在机构国际化、经济外向度和国际影响力方面均名列前茅。

2.3　北京金融中心评价

北京是国家金融管理中心，集聚国家金融管理部门、大型金融机构总部、国际金融机构和国际金融组织、各类行业金融协会和重要金融基础设施。“十四五”时期，北京提出要发挥作为国际科技创新中心和国家金融管理中心的叠加优势，着力发展与首都“四个中心”功能定位相适应的现代化数字金融体系，构建金融科技创新中心。

1. 北京金融中心综合竞争力表现

自首期进入 CFCI 榜单以来，北京金融中心综合竞争实力仅次于上海，排名一直稳居全国第 2。根据第 15 期 CFCI 评价结果，北京金融中心综合竞争力得分为 285.98 分，较上期增长 8.42 分。

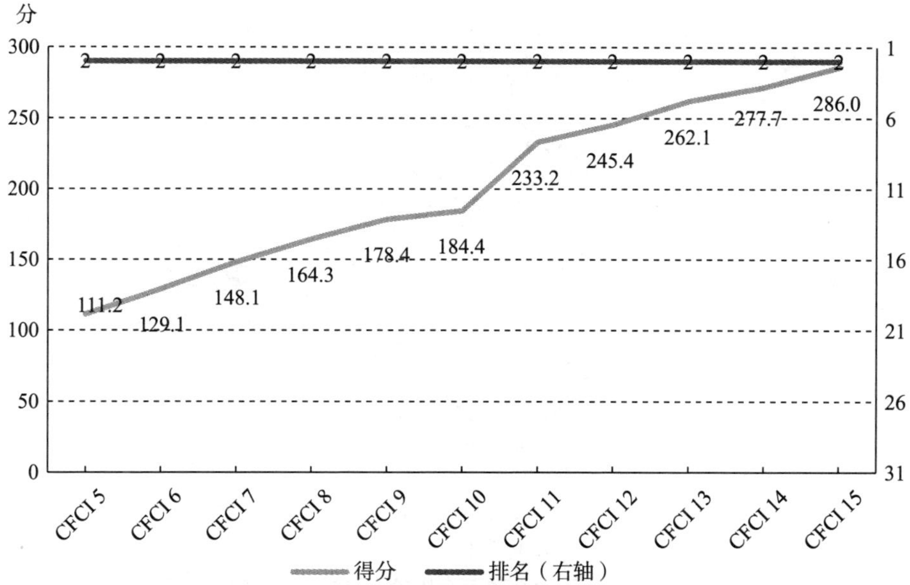

图 2.3.1　北京金融中心综合竞争力历期得分与排名

在本期 CFCI 指标评价方面,北京金融产业绩效、金融机构实力、金融市场规模和金融生态环境得分均有所增长,后三者排名均保持不变。其中金融机构实力得分增长 8.35%,金融产业绩效得分增长 2.88%,金融市场规模得分增长 1.11%,金融生态环境得分增长 0.23%。

表 2.3.1　北京在 CFCI 15 中的评价结果

评价分类	CFCI 15 得分	同比上期	得分增幅	CFCI 15 排名	排名变化
金融产业绩效	328.80	9.21	2.88%	1	1
金融机构实力	522.47	40.25	8.35%	1	0
金融市场规模	53.25	0.59	1.11%	3	0
金融生态环境	185.67	0.43	0.23%	1	0
金融人才环境	12.64	-0.15	-1.14%	1	0
金融商业环境	14.87	-1.68	-10.18%	1	0
国际化环境	13.60	1.92	16.48%	2	0

2. 北京金融中心金融产业绩效表现

在金融产业绩效方面,北京金融业增加值、金融从业人员、金融业务规模以及业务相对水平具备一定优势,高于全国性金融中心的平均水平,如图 2.3.2 所示。

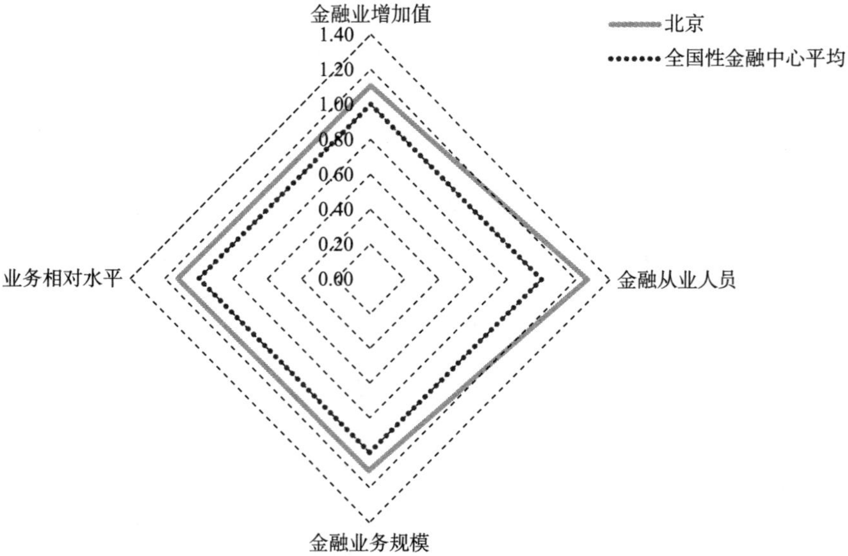

图 2.3.2　北京金融产业绩效与全国性金融中心平均水平的比较

- 2022 年,北京金融业实现增加值 8196.7 亿元,在全国仅次于上海,金融业增加值三年平均增长率达到 5.4%,不及上海和深圳。北京金融业增加值占地方生产总值的 19.7%,超过上海和深圳。
- 2020 年北京金融从业人员数量达到 66.1 万人,远超于上海和深圳,但金融从业人员三年平均增长率为 5.2%,增速小于上海和深圳。
- 截至 2022 年年底,北京金融机构本外币存款余额 218629 亿元,排名全国第 1;本外币贷款余额 97820 亿元,排名全国第 2。
- 2022 年北京保险密度达到 12629 元/人,为全国最高;保险密度为 6.6%,高于上海和深圳。

3. 北京金融中心金融机构实力表现

在金融机构实力方面,北京银行类机构和保险类机构发展具有较强的比较优势,而证券类机构和地方金融组织发展则处于相对劣势地位,如图 2.3.3 所示。

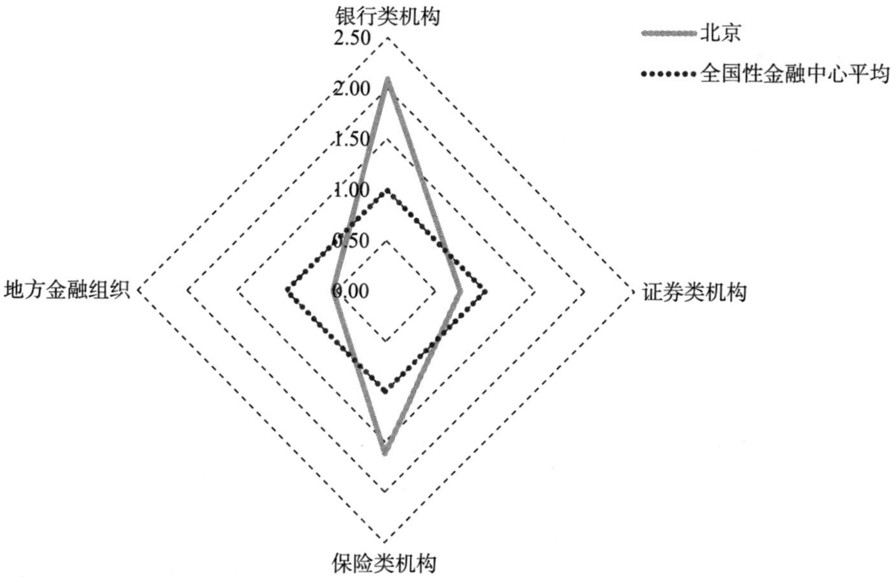

图 2.3.3 北京金融机构实力与全国性金融中心平均水平的比较

- 与上海相比,北京本地法人商业银行数量相对较少。截至 2022 年,北京拥有 21 家本地法人商业银行,资产总规模达到 18.2 万亿元,不及上海的 28.5 万亿元,但北京商业银行支行数量超过上海和深圳。

• 北京拥有全国最多的信托公司、财务公司和消费金融公司,2022 年分别达到 11 家、74 家和 4 家。

• 截至 2022 年年底,北京拥有 57 家本地法人保险公司,保险公司资产规模达到 12.45 万亿元。无论在保险公司数量还是保险公司资产总额方面均远远超过上海和深圳。

• 北京地方性金融机构数量与上海和深圳相差较大,截至 2022 年上半年,北京仅有融资租赁机构 174 家,商业保理机构 57 家,远低于上海和深圳。

4. 北京金融中心金融市场规模表现

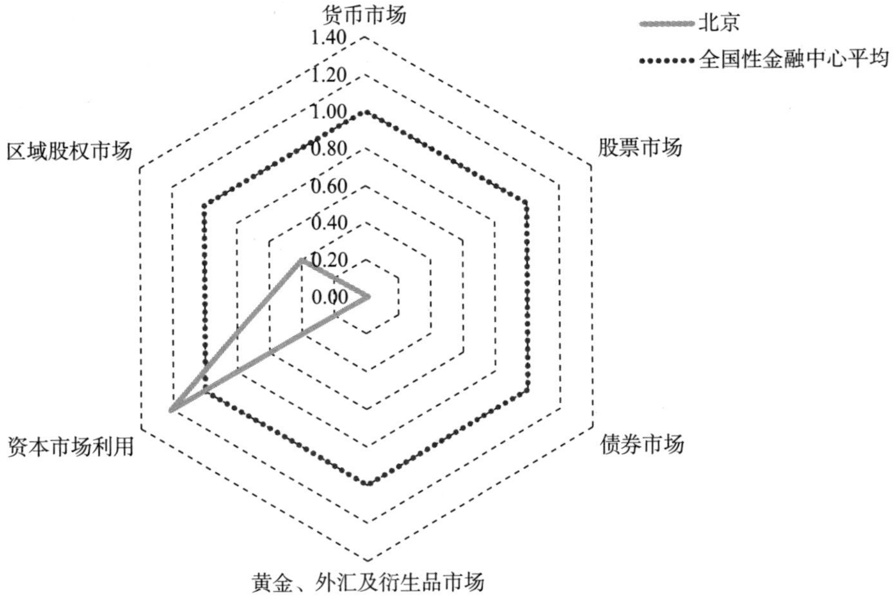

图 2.3.4 北京金融市场规模与全国性金融中心平均水平的比较

在金融市场规模方面,北京仅在资本市场利用方面具备一定优势。

• 资本市场利用方面,截至 2022 年年底,北京本地 A 股上市公司数达到 458 家,新三板挂牌公司数 844 家,均居全国首位。2022 年北京年度新增股票融资额 2124.4 亿元,A 股市场累计融资额达到 27223.4 亿元,均居全国首位。

- 北京证券交易所于2021年9月3日正式注册成立，截至2021年年底共有上市公司162家，上市公司总市值2110亿元，股票市场成交金额1980亿元。由于成立时间较晚，且主要服务于创新型中小企业，北京证券交易所与上海证券交易所和深圳证券交易所在市场规模方面还存在较大差距。

专栏2.3.1　北京证券交易所开启新一轮改革

作为我国最年轻的证券交易所，北京证券交易所（简称"北交所"）肩负着打造服务创新型中小企业主阵地的重要使命。北交所于2021年11月15日开市运行。截至2023年7月，北交所集聚了超200家上市公司，吸引了540余万投资者、600余只跨市场基金产品和社保基金、QFII、RQFII等多元投资者群体参与。2023年9月1日，中国证监会发布《关于高质量建设北京证券交易所的意见》，通过一揽子"组合拳"开启新一轮资本市场改革。

投资端：加强精准服务，提高对潜在北交所投资者和已开户投资者的吸引力；研究论证结构性优化投资者适当性管理要求；引导公募基金扩大北交所市场投资，支持相关公募基金产品注册和创新；允许除创业投资基金之外的私募股权基金通过二级市场增持其上市前已投资的企业在北交所发行的股票；加大力度引入社保基金、保险资金、年金等中长期资金；持续加强投资者教育和服务，切实维护投资者权益。

融资端：推进全面注册制改革走深走实，切实便利企业融资、降低市场成本、明确各方预期；在坚守北交所市场定位前提下，允许符合条件的优质中小企业首次公开发行并在北交所上市，推动创新链产业链资金链人才链深度融合；充分发挥新三板持续监管优势和规范培育功能，优化新三板挂牌公司申报北交所上市的辅导备案要求，优化连续挂牌满12个月的执行标准；探索建立新三板优质公司快捷升级至北交所的制度安排。

发行端：改革发行底价制度，促进提高市场化水平；优化新股发行战略配售安排，放宽战略投资家数和持股比例限制。

交易端：进一步研究特色交易机制；扩大北交所做市商队伍，允许符合条件的新三板做市商参与北交所做市业务；丰富做市商库存股来源；健全北交所做市商评价激励机制；推出盘后固定价格交易机制；推出转融通和做市借券制度，扩大融资融券标的范围，丰富市场对冲工具；启用北交所独立代码号段，提高股票辨识度。

生态端：加强多层次市场互联互通，包括稳妥有序推进北交所上市公司转板、优化新三板分层标准、开展新三板与区域性股权市场制度型对接等；更好发挥中介机构作用，包括研究明确资本市场普惠金融执行标准，建立健全考核评价体系，形成支持证券公司深度参与北交所建设的激励约束机制，完善基金管理公司分类评价体系。

5. 北京金融中心金融生态环境表现

在金融生态环境方面,北京全国排名第1,在金融人才环境和金融商业环境两个方面均有显著比较优势,如图2.3.5和图2.3.6所示。

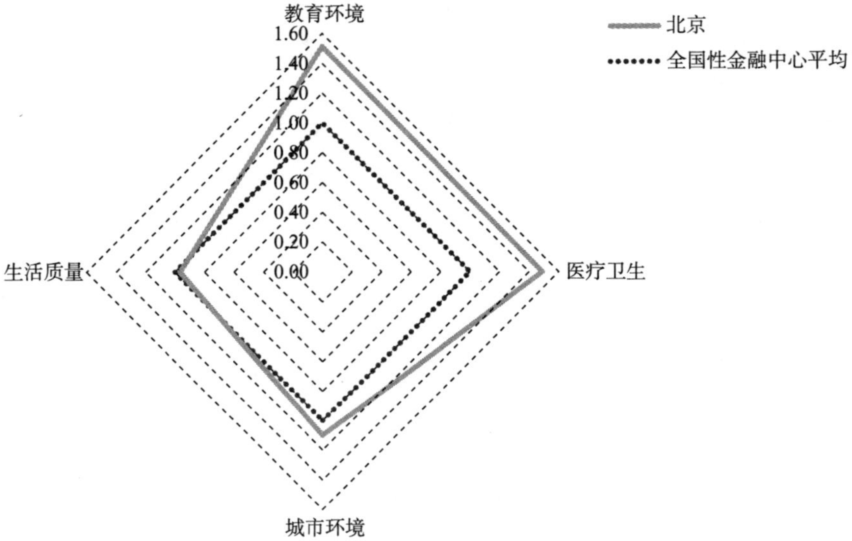

图2.3.5　北京金融人才环境与全国性金融中心平均水平的比较

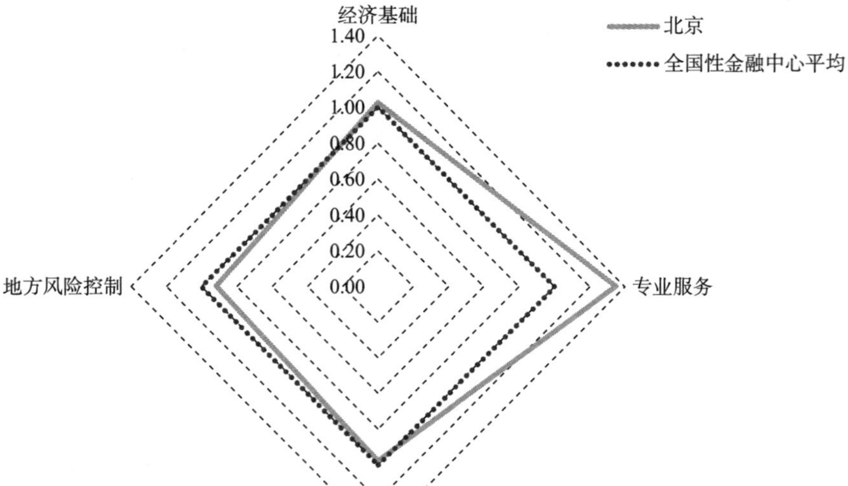

图2.3.6　北京金融商业环境与全国性金融中心平均水平的比较

- 北京在教育环境、医疗卫生、城市环境方面竞争力优势明显。其中，北京 2022 年有 103.8 万名普通高等学校在校学生，普通高等学校数量和“双一流”高校数分别达到 92 所和 34 所，位列全国第 1。

- 在医疗卫生方面，截至 2023 年上半年，北京拥有 17 家具备器官移植资质的医院，远高于其他城市。2021 年北京每万人拥有医院病床数为 57.7 张，略低于上海，但高于深圳。

- 在城市环境方面，北京人均公园绿地面积为 16.2 平方米，超过上海和深圳。每百万人城市轨道交通里程达到 39.8 公里，高于上海和深圳。

- 在生活质量方面，北京 2020 年金融从业人员年均薪酬低于上海和深圳。

- 在商业环境方面，北京的主要优势体现在专业服务领域。截至 2022 年上半年，北京共有执业律师 41396 人，注册会计师（CPA）8612 人，专业保险中介机构数为 838 家，均高于上海和深圳。

- 北京经济基础较好，2022 年北京实现地区生产总值 41611 亿元，排名全国第 2。

- 在国际化环境方面，北京外资金融机构营业性机构数少于上海，但远超过深圳；在经济外向度方面，北京与上海的差距正逐渐缩小。

2.4　深圳金融中心评价

改革开放 40 多年以来，深圳发展成为具有重要影响力的全国性金融中心，深圳金融业已成为全市支柱产业，金融综合实力不断提升，金融组织体系更加健全，金融市场规模显著增强。“十四五”时期，深圳提出要着力打造全球创新资本形成中心、全球金融科技中心、全球可持续金融中心、国际财富管理中心，助力深圳建设成为有影响力的全球金融创新中心。

1. 深圳金融中心综合竞争力表现

自首期进入 CFCI 榜单以来，深圳金融中心综合竞争力快速提升，不断拉开了与其他区域性金融中心的距离，但与上海、北京金融中心的综合竞争力仍有较大差距。根据第 15 期 CFCI 评价结果，深圳金融中心综合竞争力得分 194.8 分,较上期增长 12.55 分,综合竞争力排名全国第 3。

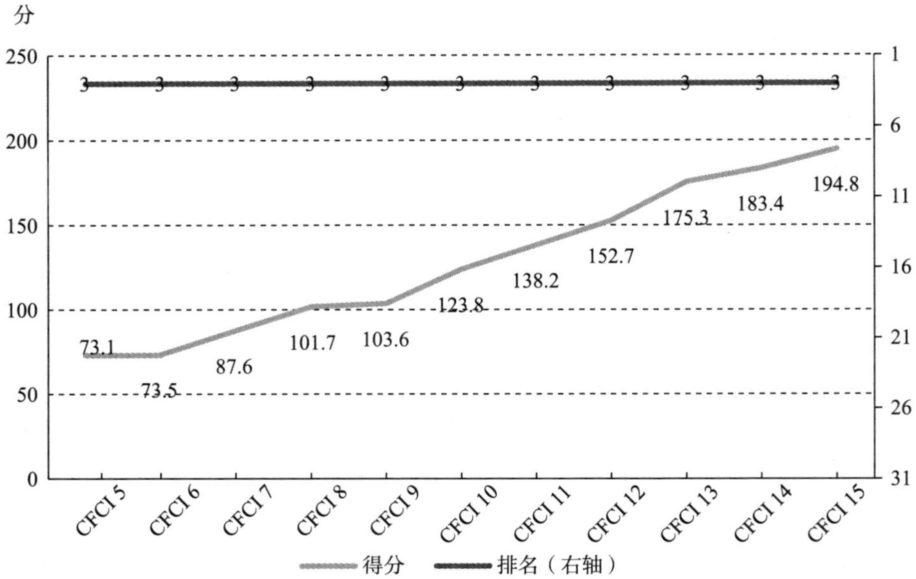

图 2.4.1　深圳金融中心综合竞争力历期得分与排名

在本期 CFCI 指标评价方面,深圳金融产业绩效、金融机构实力、金融市场规模和金融生态环境得分有所增长,其中金融机构实力得分增长 9.80%,金融市场规模得分增长 9.48%,金融生态环境得分增长 3.34%,金融产业绩效得分增长 1.05%,所有分项排名与上期保持一致。

表 2.4.1　深圳在 CFCI 15 中的评价结果

评价分类	CFCI 15 得分	同比上期	得分增幅	CFCI 15 排名	排名变化
金融产业绩效	224.97	2.34	1.05%	3	0
金融机构实力	259.22	23.13	9.80%	3	0
金融市场规模	149.09	12.91	9.48%	2	0
金融生态环境	127.52	4.12	3.34%	4	0
金融人才环境	7.08	0.30	4.41%	28	0
金融商业环境	13.51	-0.35	-2.53%	3	0
国际化环境	7.64	0.96	14.43%	3	0

2. 深圳金融中心金融产业绩效表现

在金融产业绩效方面，深圳在金融业增加值、金融从业人员、金融业务规模和业务相对水平各方面发展均落后于上海和北京，如图 2.4.2 所示。

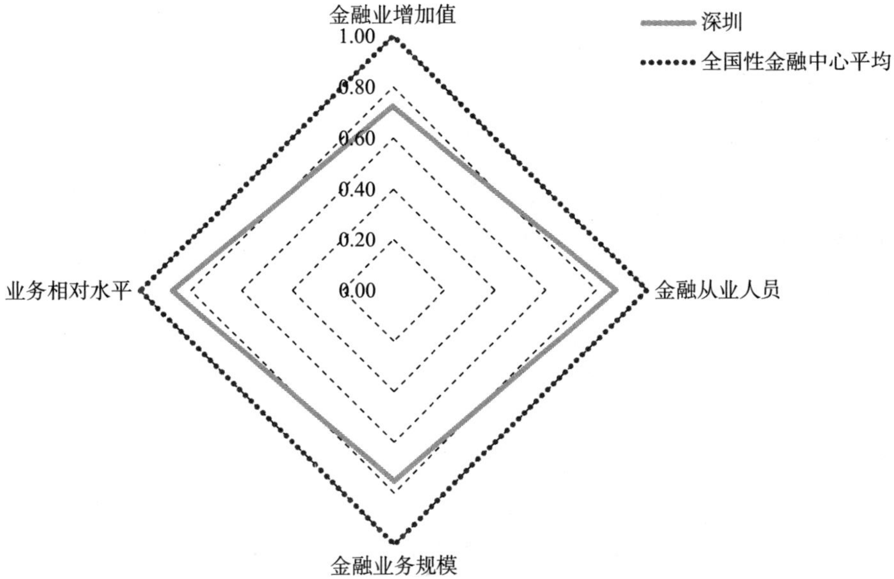

图 2.4.2　深圳金融产业绩效与全国性金融中心平均水平的比较

- 2022 年深圳金融业实现增加值 5138.0 亿元，仅为同期上海金融业增加值的 60%，金融业增加值三年平均增长率为 8.3%，高于北京和上海。深圳金融业增加值占地方生产总值的 15.9%，为三大全国性金融中心最低。
- 2020 年深圳金融从业人员数量达到 26.4 万人，尽管数量上远低于上海和北京，但金融从业人员三年平均增长率达到 32%，反映出金融行业增速较快。
- 截至 2022 年年底，深圳金融机构本外币存贷款余额均不及上海和北京，在全国性金融中心中排名第 3。
- 2022 年深圳保险密度和保险深度略高于上海，但与北京相比还有较大差距。

3. 深圳金融中心金融机构实力表现

在金融机构实力方面,深圳仅在地方金融组织发展方面具备一定优势,而银行类机构和保险类机构的发展则是重要短板,如图 2.4.3 所示。

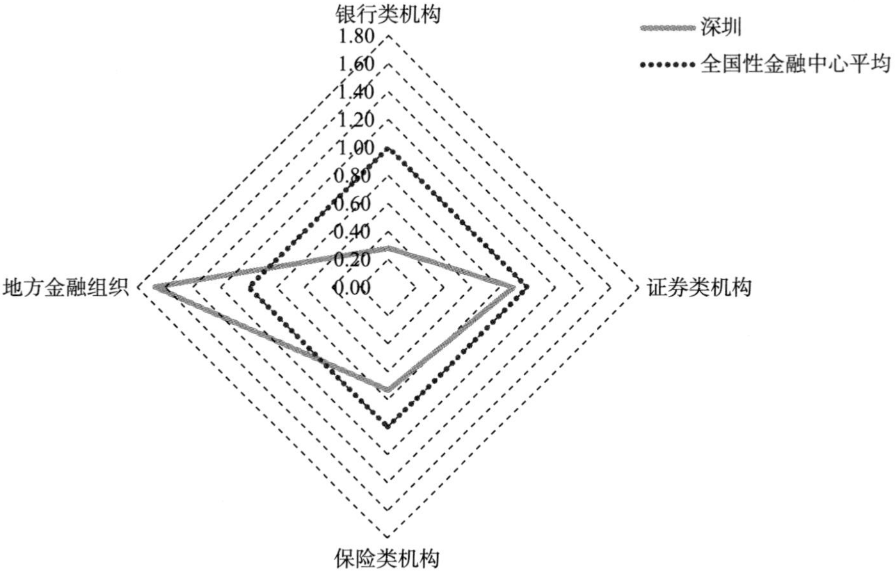

图 2.4.3 深圳金融机构实力与全国性金融中心平均水平的比较

- 截至 2023 年上半年,深圳融资租赁和融资担保机构数量位居全国前列,其中融资租赁机构数达到 2020 家,商业保理机构数达到 3609 家,远远超过上海和北京。
- 截至 2022 年年底,深圳拥有 17 家本地法人证券公司,本地法人证券公司资产总额达到 32696 亿元,高于上海和北京,但证券营业部数量少于上海和北京。此外,深圳在公募基金数量方面已超过北京,但与上海还有一定差距。
- 银行类机构是深圳金融业发展的相对短板,截至 2022 年年底,深圳拥有 9 家本地法人商业银行,资产规模达到 16.79 万亿元,无论在数量上还是资产规模上均与上海、北京存在较大差距。深圳信托公司、财务公司等其他信贷类机构数量也远低于北京和上海。
- 在保险类机构方面,截至 2022 年年底,尽管深圳只有 22 家法人保险公司、5 家保险资管公司，但资产规模达到 6.05 万亿元，超过上海，仅次于北京。

4. 深圳金融中心金融市场规模表现

在金融市场规模方面，深圳在股票市场和区域股权市场发展方面具备一定优势，如图 2.4.4 所示。

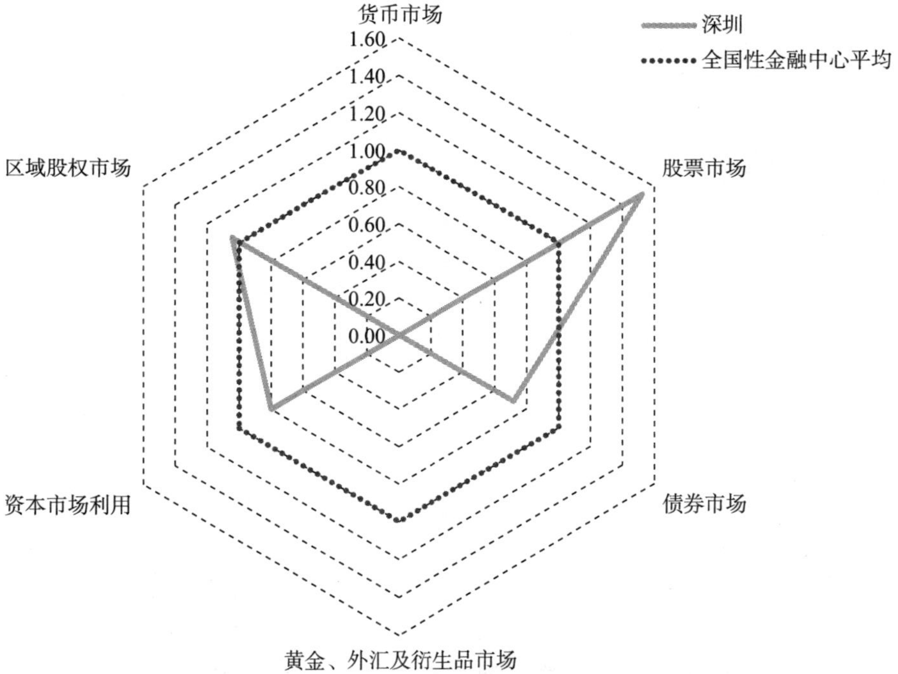

图 2.4.4　深圳金融市场规模与全国性金融中心平均水平的比较

- 在股权市场方面，截至 2022 年年底，深圳证券交易所上市公司数量达到 2743 家，超过上海和北京，但交易所上市公司市值水平低于上海。2022 年深圳证券交易所债券市场现券交易额为 12.83 万亿元，高于北交所和上交所。

- 在区域要素市场方面，截至 2023 年上半年，深圳区域股权市场拥有的挂牌公司 7089 家，远高于北京和上海。

- 在资本市场利用方面，2021 年深圳本地 A 股上市公司数 372 家，新三板挂牌公司数 347 家，与北京和上海相比还有一定差距。

5. 深圳金融中心金融生态环境表现

在金融生态环境方面,深圳在全国排名第 4 位,与北京和上海相比,深圳金融人才环境和金融商业环境优势均不突出,如图 2. 4. 5 和图 2. 4. 6 所示。

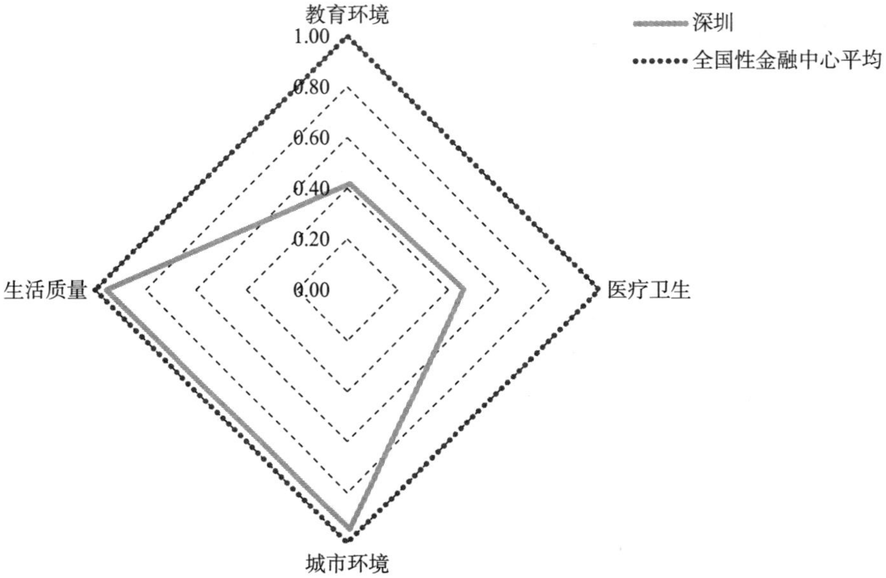

图 2. 4. 5　深圳金融人才环境与全国性金融中心平均水平的比较

- 在人才环境方面,与上海和北京相比,深圳教育环境和医疗卫生短板突出。截至 2022 年年底,深圳普通高等学校在校学生数仅为 15. 5 万人,普通高等学校数量和“双一流”高校数分别只有 14 所和 1 所。2022 年深圳每万人拥有医院病床数为 37. 2 张,远低于北京和上海。深圳在空气质量优良率、城市交通健康指数等方面表现优于上海和北京。

- 在商业环境方面,深圳政策环境及地方风险控制具备一定优势。其中,2022 年深圳地方政府负债率和地方政府债务率分别为 8. 5%和 49%,均低于上海和北京。

- 专业服务发展是深圳的短板,2022 年上半年执业律师数为 19996 人,2022 年注册会计师(CPA)数为 3655 人,2020 年专业保险中介机构数为 430 家,远低于上海和北京。

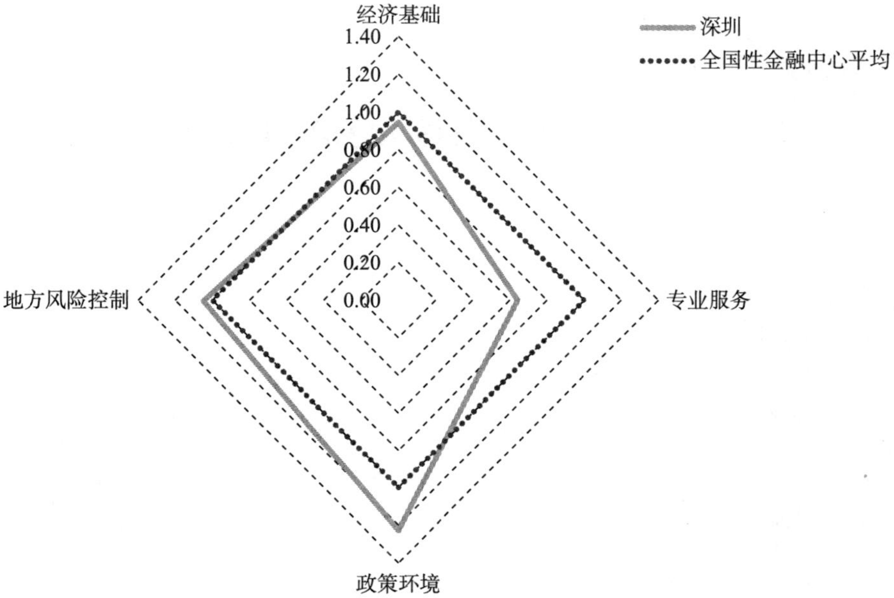

图 2.4.6　深圳金融商业环境与全国性金融中心平均水平的比较

• 在国际化环境方面，深圳与上海、北京还存在一定差距，主要体现在外资机构数量、实际利用 FDI、国际航班连通城市数量等较少。

第3章　东北地区金融中心评价

3.1　总体评价

东北地区由黑龙江、辽宁和吉林三个省份组成，总面积79万平方公里，地区边境线与俄罗斯、朝鲜相接，且邻近韩国，东北地区是我国知名的重工业制造基地、农业生产基地。地区内有4个城市提出了明确的金融中心定位，分别是长春、大连、哈尔滨和沈阳。

1. 综合竞争力表现

表3.1.1　东北区域金融中心在CFCI 15中的评价结果

城市	综合竞争力		金融产业绩效		金融机构实力		金融市场规模		金融生态环境	
	得分	排名	得分	排名	得分	排名	得分	排名	得分	排名
大连	47.24	15	60.09	29	22.13	19	40.33	4	73.67	21
沈阳	36.44	27	55.70	34	17.76	25	4.60	24	74.91	20
哈尔滨	35.33	29	62.21	28	20.24	22	4.42	25	59.64	30
长春	34.03	30	57.86	32	23.08	17	1.87	34	57.66	32

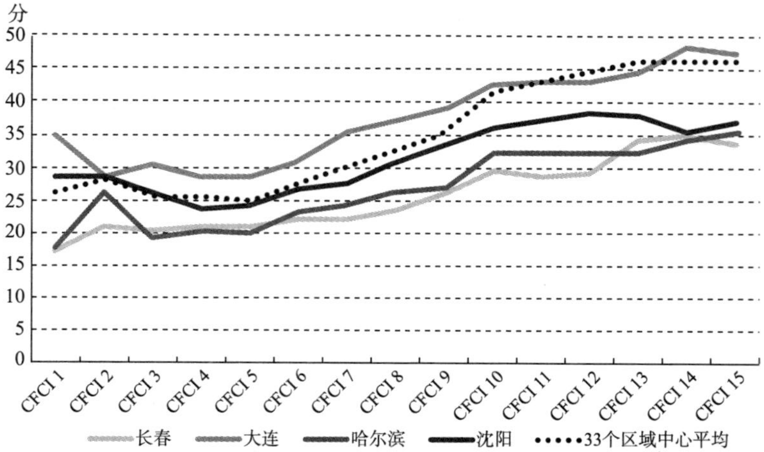

图3.1.1　东北区域金融中心历期综合竞争力得分

• 东北地区金融中心综合竞争力整体落后于全国平均水平，本期除大连略高于全国平均水平外，其余3个金融中心的综合竞争力得分全部低于33个区域金融中心平均值，且呈现分差逐渐拉大的趋势。

• 大连金融中心在东北区域排名第1，在全国排名第15，本期综合竞争力得分47.24分，较上期下降1.29分，与33个区域金融中心平均得分分差由上期1.98分缩小至本期的0.92分。

• 沈阳金融中心在东北区域排名第2，在全国排名第27，较上期提升1位，本期综合竞争力得分36.44分，较上期提升0.82分。

• 哈尔滨本期综合竞争力得分较上期增长0.11分，在东北区域排名第3，全国排名第29。

• 长春本期综合竞争力得分较上期下降1.17分，在东北区域排名第4，在全国排名第30。

2. 金融产业绩效分项表现

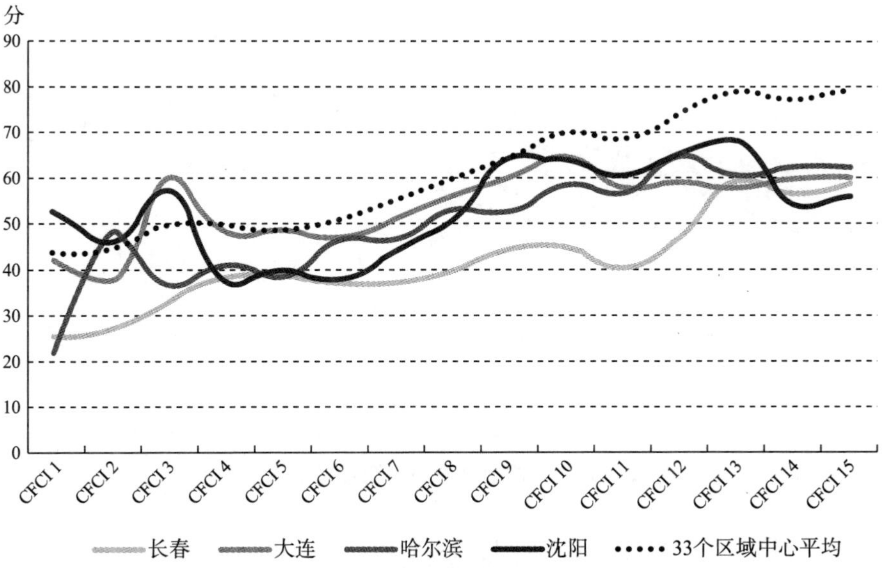

图3.1.2　东北区域金融中心历期金融产业绩效得分

• 东北区域各中心的金融产业绩效本期得分走势趋同，四个金融中心城市得分均有小幅提升，但区域整体得分增长水平依然要显著低于33个区域金融中心平均水平。

• 哈尔滨本期金融产业绩效得分下降 0.02 分,排名东北地区第 1,全国第 28,较上期提高 1 位。2022 年金融业增加值占 GDP 的比重达 12.5%,明显高于区域其他城市,同时,金融业增加值三年平均增速达到 3%,排名区域第 2。

• 大连金融产业绩效得分较上期增长 0.50 分,全国排名第 29 位,较上期提升 1 位,东北区域排名第 2。2022 年,大连金融业增加值近三年平均增速为 2.9%,在区域内排名第 3。

• 沈阳本期金融产业绩效得分提升 1.63 分,在东北区域排名最后,全国排名继续维持 34 位。沈阳 2022 年金融业增加值仅为 535.7 亿元,在本区域处于最低水平,金融业增加值占 GDP 比重也明显低于区域内其他中心城市。

3. 金融机构实力分项表现

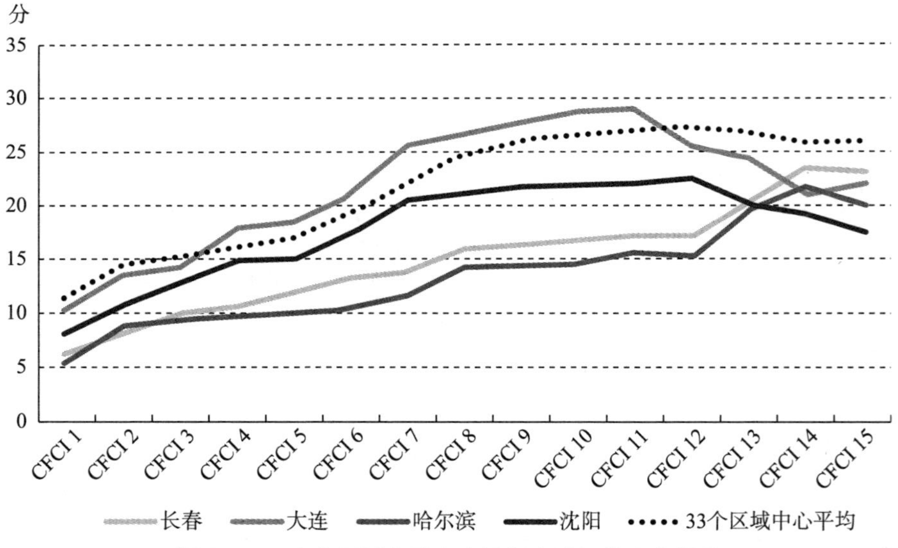

图 3.1.3 东北区域金融中心历期金融机构实力得分

• 东北地区四个金融中心的金融机构实力评价得分均低于 33 个区域金融中心的平均水平。

• 大连金融机构实力得分在连续三期下降后实现止跌回升,本期金融机构实力评价得分 22.13 分,较上期提升 0.99 分,排名全国第 19,较上期明显提升 3 个名次。

• 沈阳本期金融机构实力得分再次小幅减少，在东北区域已连续两期排名倒数第一，分项排名全国第 25，较上期下降 1 位。

• 长春与哈尔滨的金融机构实力得分走势相近，在连续两期得分提升后，本期得分均出现小幅下降，分别排在全国第 17 和第 22 名，长春排名不变，但哈尔滨排名下滑了 2 位。

4. 金融市场规模分项表现

• 大连拥有大连商品期货交易所，是国内少数几个具有全国性金融市场的区域金融中心。2022 年，大连商品期货市场成交额达到 123.58 万亿元，较 2021 年出现下滑。

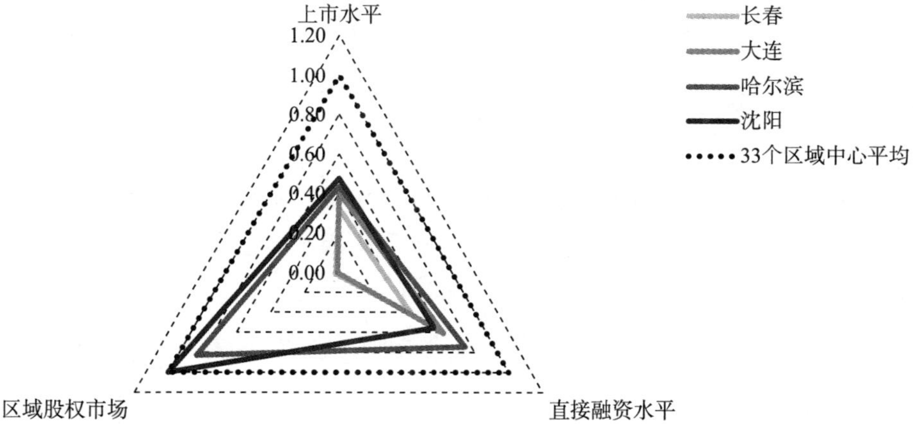

图 3.1.4　东北区域金融中心资本市场利用水平对比

• 在资本市场利用方面，东北区域的 4 个金融中心在上市水平和直接融资水平分项得分明显低于全国 33 个区域金融中心平均水平，在区域股权市场建设方面，沈阳和哈尔滨与全国 33 个区域金融中心平均水平接近。

• 4 个东北金融中心城市的上市公司数量相差无几，均在 30 家左右，同期 33 个区域金融中心城市上市公司数量的平均值为 60 家。

• 2022 年，长春新增了 3 家境内上市公司，年度新增股票融资规模 106.8 亿元，均在东北区域金融中心城市中排名第一。

5. 东北地区金融中心金融生态环境表现

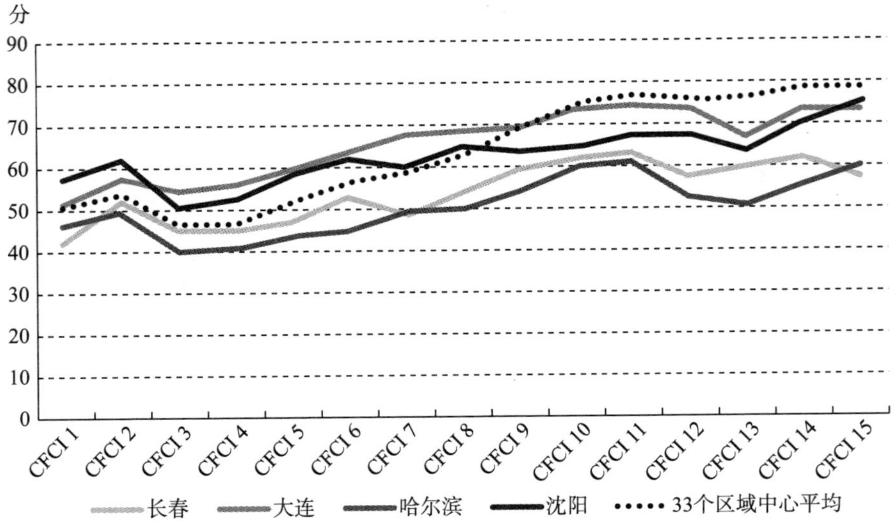

图 3.1.5　东北区域金融中心历期金融生态环境得分

- 东北地区金融生态环境得分整体处于明显的分化态势，沈阳和大连得分接近，且相对接近 33 个区域中心城市平均水平。哈尔滨和长春得分同样接近，但与 33 个区域中心城市平均水平已出现明显差距。
- 沈阳本期金融生态环境得分大幅增加 5.18 分，排名大幅提升 6 名至全国第 20。
- 大连本期金融生态环境得分相比上期小幅提升 0.6 分，但排名小幅下滑 1 位，位列全国第 21。
- 哈尔滨和长春的金融生态环境得分与 33 个区域金融中心平均水平的差距十分明显，本期哈尔滨和长春的金融生态环境得分分别排全国第 30 位和第 32 位。

3.2　大连金融中心评价

大连是辽宁省副省级市、计划单列市，位于我国辽宁省辽东半岛南端，地处黄渤海之滨，背依中国东北腹地，与山东半岛隔海相望，是中国东部沿海重要的经济、贸易、港口、工业、旅游城市。2009 年，大连市印发《大连区域性金融中心建设规划(2009—2030 年)》,提出要建设区域性金融中心。

1. 大连金融中心综合竞争力表现

从往期得分与排名来看,大连金融中心综合竞争力得分保持稳中有进的态势,但全国排名却整体处于下降趋势,近 6 期基本维持在 14~15 名。究其原因,大连近年来金融业发展增速与其他区域金融中心相比较慢,本期大连综合竞争力得分绝对值相比上期出现下滑,排名也下滑 1 位。

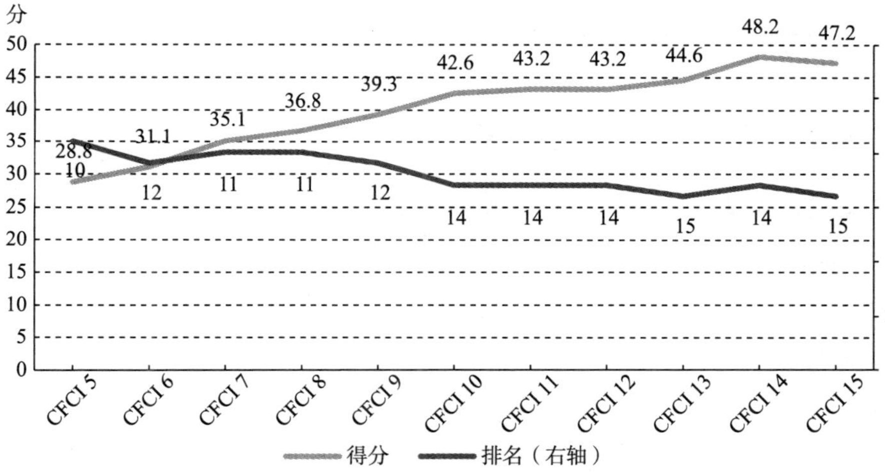

图 3. 2. 1　大连金融中心综合竞争力历期得分与排名

2022 年,大连市金融业实现增加值 674. 5 亿元,增长 4. 2%,占 GDP 比重为 8%,相比上年下降了 0. 6 个百分点。年度新增股票融资额 26. 5 亿元,年末本外币存款余额达到 18911 亿元,本外币贷款余额达到 14235 亿元,全年保费收入 401 亿元,年末保险深度达到 4. 8%,保险密度达到 5379 元/人(常住人口统计口径)。

在本期 CFCI 指标评价方面,大连在金融机构实力和金融生态环境方面得分有所增长,其中金融机构实力得分增长 4. 70%,排名上升 3 位,金融生态环境得分增长 0. 82%,但排名下降 1 位。大连在金融产业绩效和金融市场规模方面得分下滑,尤其是金融市场规模得分较上期下滑 13. 21%,但排名保持不变;金融产业绩效得分小幅下滑,但排名反而小幅提升 1 位,如表 3. 2. 1 所示。

表 3.2.1 大连在 CFCI 15 中的评价结果

评价分类	CFCI 15 得分	同比上期	得分增幅	CFCI 15 排名	排名变化
金融产业绩效	60.09	-0.86	-1.41%	29	1
金融机构实力	22.13	0.99	4.70%	19	3
金融市场规模	40.33	-6.14	-13.21%	4	0
金融生态环境	73.67	0.60	0.82%	21	-1
金融人才环境	7.66	0.25	3.43%	23	3
金融商业环境	6.27	-0.56	-8.15%	26	-3
国际化环境	2.39	0.43	22.25%	11	5

2. 大连金融中心金融产业绩效表现

在金融产业绩效方面,大连金融从业人员在东北区域具有一定优势,如图 3.2.2 所示。

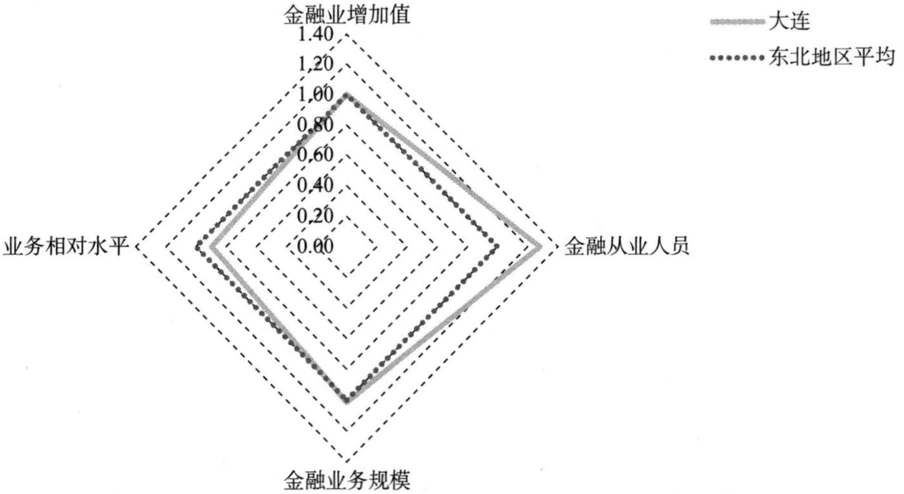

图 3.2.2 大连金融产业绩效同东北地区平均水平的比较

• 2022 年,大连金融从业人员数量达到 8.5 万人,明显高于同区域内其他城市,金融从业人员占常住人口的比例也是区域内最高。

• 2022 年,大连保费收入 401 亿元,保险密度达到 5379 元/人,均仅略低于沈阳,在东北区域内均位列第 2。

• 2022 年，大连金融业增加值为 674.5 亿元，占 GDP 的比重为 8%，次于哈尔滨和长春。

3. 大连金融中心金融机构实力表现

在金融机构实力方面，大连保险类机构发展远远领先区域平均水平，地方金融组织实力也处于领先地位，如图 3.2.3 所示。

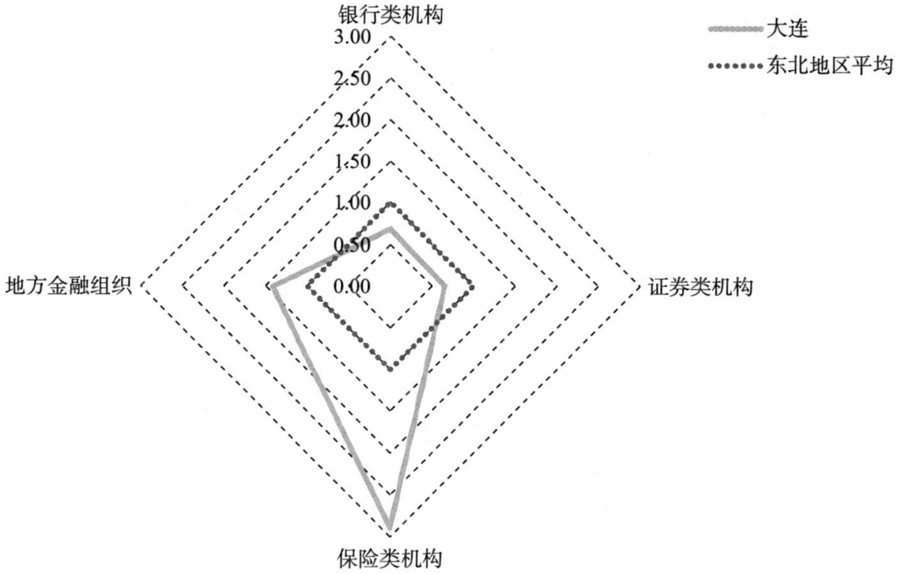

图 3.2.3　大连金融机构实力与东北地区平均水平的比较

• 大连拥有 3 家本地法人保险公司，是东北区域金融中心城市中数量最多的，2022 年本地法人保险公司资产规模达到 2972 亿元，远远高于区域内其他城市。

• 大连的地方金融组织发展良好，截至 2023 年上半年，大连小额贷款、融资担保机构数量均位居区域前列，分别达到 65 家和 90 家，尤其是融资担保机构，是哈尔滨的 3 倍还多。

• 证券类机构方面，2022 年，大连私募基金管理人数量及私募基金数量均位列区域第 1。

• 银行类机构是大连金融机构发展的短板。截至 2022 年年底，大连仅有 2 家本地法人商业银行，商业银行资产总额及分支机构数量也明显不及区域内其他城市。

4. 大连金融中心金融市场规模表现

在金融市场规模方面,大连在36个城市中排第4位,东北地区排第1位。大连商品交易所是经国务院批准的五家期货交易所之一,也是中国东北地区唯一一家期货交易所。2022年,大连商品期货市场交易额达到123.58万亿元。

在资本市场利用方面,2022年大连本地A股上市公司数量30家,新三板挂牌公司数量53家,分别在东北区域排名第2和第1;本地A股市场累计融资额达到1604.1亿元,高于区域内其他三个城市。

专栏3.2.1 大连商品交易所:服务全国统一大市场

作为国家重要金融基础设施,大连商品交易所是经国务院批准并由中国证监会监督管理的五家期货交易所之一,产品体系持续扩容创新,拥有21个期货品种、13个期权品种,是全球重要的农产品及塑料、煤炭、铁矿石期货市场。其中,大豆产业链系列品种实现期货期权产品全覆盖,并正式引入境外交易者,实现化工板块期货期权工具全覆盖。

市场规模稳步增长。2022年,大连商品交易所成交量和日均持仓量分别为23亿手、1217万手,在全球衍生品交易所成交量排名中位居第9;2023年前7个月,成交量13.80亿手,成交额61.78万亿元,日均持仓量1441.93万手,分别占全国市场的28.92%、19.77%和34.34%。

值得一提的是,大连商品交易所持续组织推进以期货市场、交割网络和服务体系,以及安全高效的信息系统为骨架,联通带动全国成千上万的现货交易中心、批发市场以及仓储物流参与循环,构成全国统一大市场基础构架。截至2023年上半年,场外市场期现结合业务成交量达2700余万吨,成交金额超1500亿元,提高了期现联动服务实体企业效率。

5. 大连金融中心金融生态环境表现

在金融生态环境方面,大连在36个城市中排第21位,东北地区排第2位,在城市环境、经济基础、政策环境及国际化程度方面都具有优势。

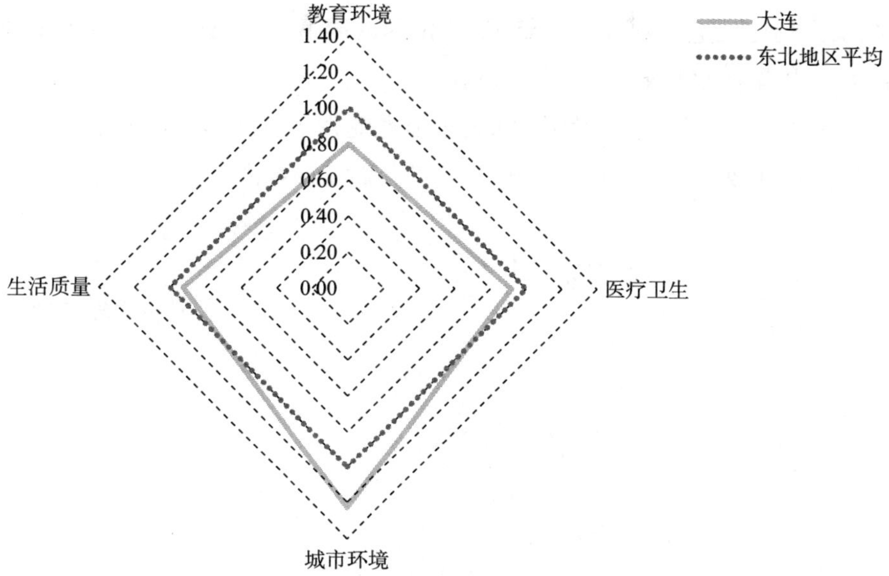

图 3.2.4　大连金融人才环境与东北地区平均水平的比较

- 大连城市环境分项表现突出。2022 年，大连每百万人城市轨道交通里程达到 31.7 公里，远高于区域内其他城市；空气质量优良率达到 92.6%，也处于区域第 1 位。

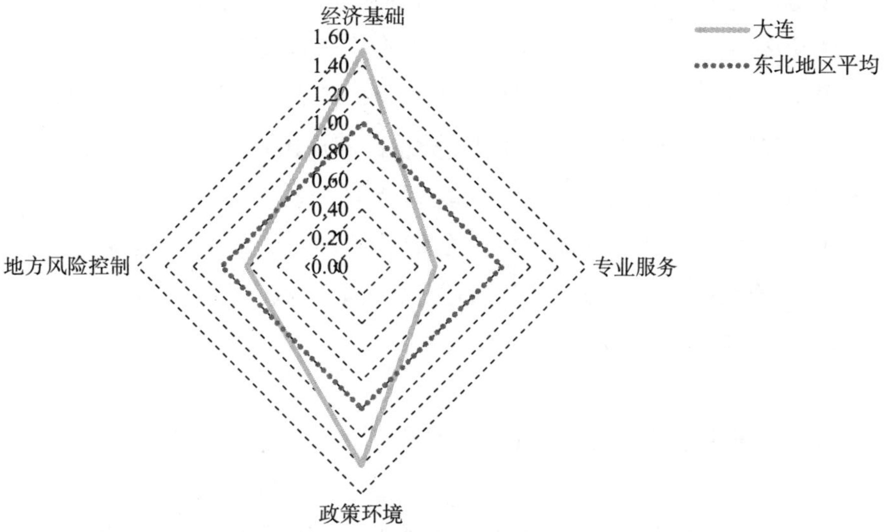

图 3.2.5　大连金融商业环境与东北地区平均水平的比较

• 大连经济基础分项排名区域第一。2022 年,大连地区生产总值 8431 亿元,人均地区生产总值 113155 元,均位列区域第 1。地区生产总值增速达到 4%,也高于区域内其他三个城市。

• 在政策环境方面,大连 2022 年金融业发展促进政策支持力度达到 3.8 分、产业政策友好度达到 7.6 分,均明显高于区域内其他城市。

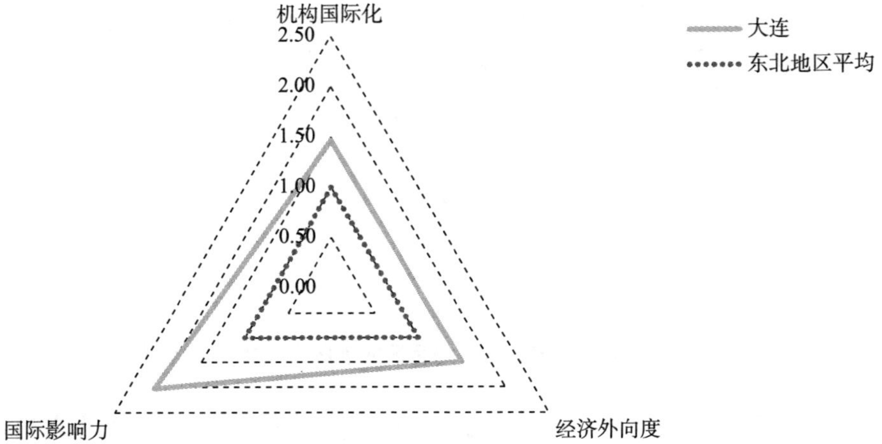

图 3.2.6　大连国际化程度与东北地区平均水平的比较

• 大连在东北地区国际化发展较早,在机构国际化、国际影响力和经济外向度等展现国际化程度方面,均领先于区域内其他城市。

• 2022 年,大连外资金融机构营业性机构 21 家,仅次于沈阳,区域排名第 2;2020 年大连外资金融机构驻华代表处数为 5 家,远高于区域内其他城市。

• 2022 年,大连当年实际利用外资总额和进出口总额均大幅领先区域内其他城市,分别达到 20.3 亿美元和 712.5 亿美元。

• 大连国际航班连通城市数量为 19 个,远高于区域内其他城市。

• 大连也是区域内唯一入选全球金融中心指数(GFCI)的城市,在第 25 期 GFCI 的综合得分为 670 分。

3.3　沈阳金融中心评价

沈阳是辽宁省省会、副省级城市、特大城市、沈阳都市圈核心城市,是东北地区重要的中心城市、先进装备制造业基地和国家历史文化名城。2005年8月,辽宁省委和沈阳市政府在《关于进一步扩大对外开放的实施意见》中明确指出:“沈阳金融商贸开发区要大力发展现代服务业,形成产业集聚,成为东北地区的金融中心。”

1. 沈阳金融中心综合竞争力表现

从往期得分与排名来看,沈阳金融中心综合竞争力得分呈现先升后降态势,全国排名也不断下降,最新一期得分略有回升,但排名保持不变。当前国内金融中心整体处于“不进则退”竞争态势,沈阳等东北区域金融中心发展整体下降现象较为突出。本期沈阳综合竞争力得分提升0.82分,排全国第27位。

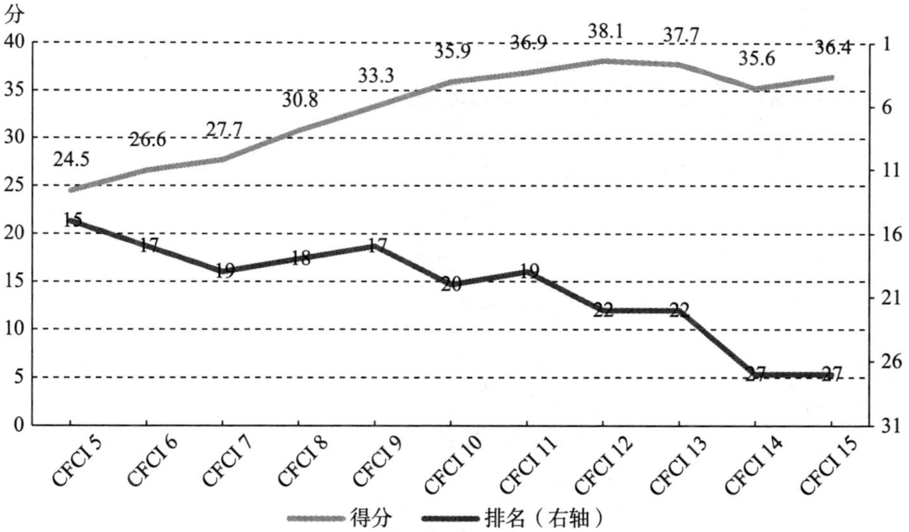

图3.3.1 沈阳金融中心综合竞争力历期得分与排名

2022年,沈阳市金融业实现增加值535.7亿元,同比增长3.7%,占地方生产总值的比重为7%。年度新增股票融资额106.8亿元,年末本外币存款余额达到20855亿元,本外币贷款余额达到20777亿元;全年保费收入418亿元;年末保险深度达到5.4%,保险密度达到4568元/人(常住人口统计口径)。

在本期CFCI指标评价方面,沈阳在金融市场规模和金融生态环境的得分有所增长,其中金融市场规模得分增长3.99%,金融生态环境得分增长7.43%,金融市场规模排名上升3位,金融生态环境排名更是大幅上升6位。沈阳金融产业绩效得分基本保持不变,排名维持在第34;金融机构实力得分下滑7.05%,排名也下降1名,如表3.3.1所示。

表3.3.1 沈阳在CFCI 15中的评价结果

评价分类	CFCI 15得分	同比上期	得分增幅	CFCI 15排名	排名变化
金融产业绩效	55.70	0.12	0.22%	34	0
金融机构实力	17.76	-1.35	-7.05%	25	-1
金融市场规模	4.60	0.18	3.99%	24	3
金融生态环境	74.91	5.18	7.43%	20	6
金融人才环境	8.34	0.21	2.61%	12	2
金融商业环境	6.27	0.20	3.35%	25	2
国际化环境	1.97	0.73	59.10%	15	7

2. 沈阳金融中心金融产业绩效表现

在金融产业绩效方面,沈阳金融业务规模和业务相对水平处于区域平均水平之上,如图3.3.2所示。

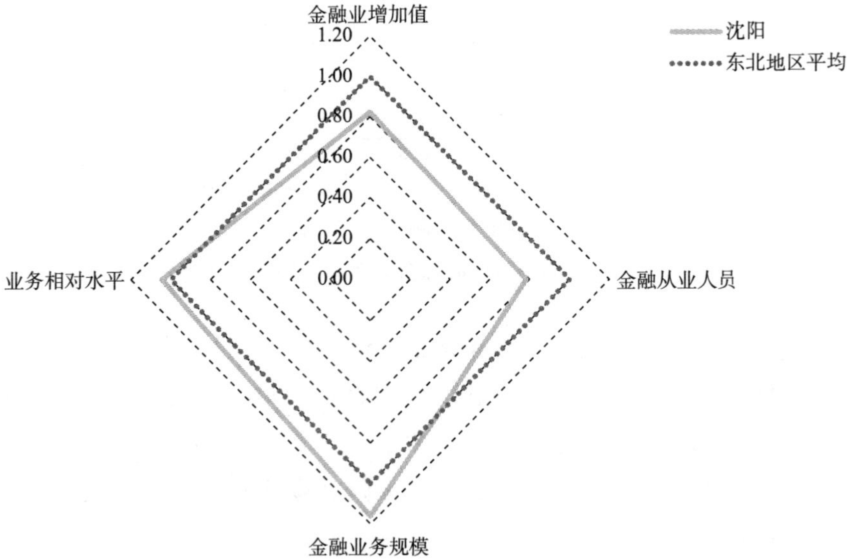

图3.3.2 沈阳金融产业绩效同东北地区平均水平的比较

• 2022 年,沈阳金融机构本外币存贷款余额均位列区域内城市第 1。其中,金融机构本外币存款余额 20855 亿元,本外币贷款余额 20777 亿元。

• 沈阳本地证券交易量 2022 年达到 2.67 万亿元,高于区域内其他城市。

• 2022 年,沈阳金融业增加值仅为 535.7 亿元,在区域内不及其他城市;2020 年金融业从业人员数量为 7 万人,仅略高于长春。

3. 沈阳金融中心金融机构实力表现

在金融机构实力方面,沈阳仅在证券类机构实力单项略高于区域平均水平,在银行类机构、保险类机构和地方金融组织方面均处于劣势地位,如图 3.3.3 所示。

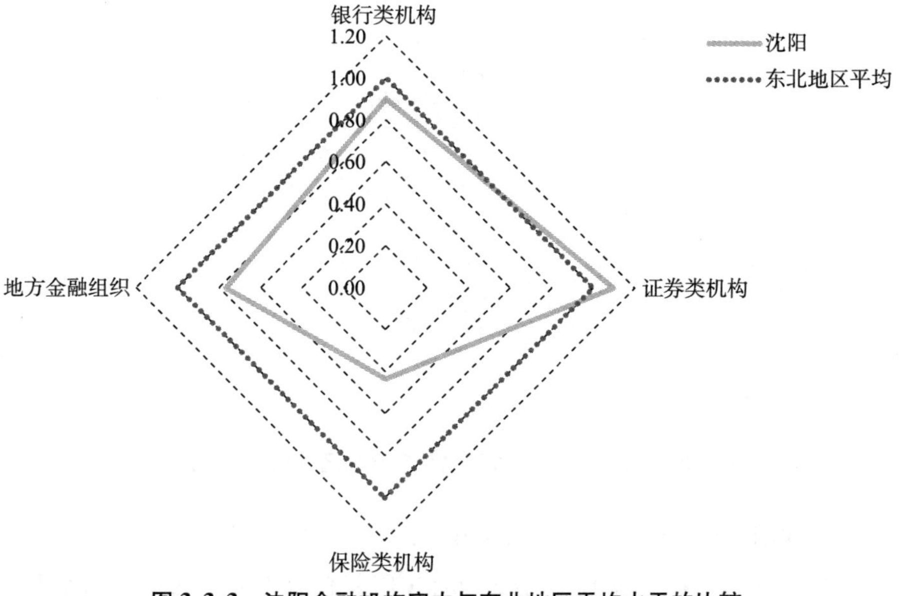

图 3.3.3　沈阳金融机构实力与东北地区平均水平的比较

• 沈阳拥有 2 家本地法人证券公司,证券公司资产总规模为 139 亿元,位列区域第 3;但沈阳市辖内的证券公司营业部数量达到 95 个,高于区域内其他 3 个城市。

• 截至 2023 年上半年,沈阳小额贷款机构数量和融资担保机构数量分别为 51 家和 33 家,均位列区域第 3。

• 尽管沈阳只有 5 家本地法人商业银行,不及哈尔滨和长春,但本地法人商业银行资产总规模达到 1. 41 万亿元,处于区域内首位,位于沈阳的盛京银行总资产已破万亿元。

4. 沈阳金融中心金融生态环境表现

在金融生态环境方面,沈阳在 36 个城市中排名第 20 位,相比上期大幅提升 6 位,反超大连,跻身东北地区第 1 位。尤其在医疗卫生、城市环境、专业服务及环境政策方面具有优势,如图 3. 3. 4 和图 3. 3. 5 所示。

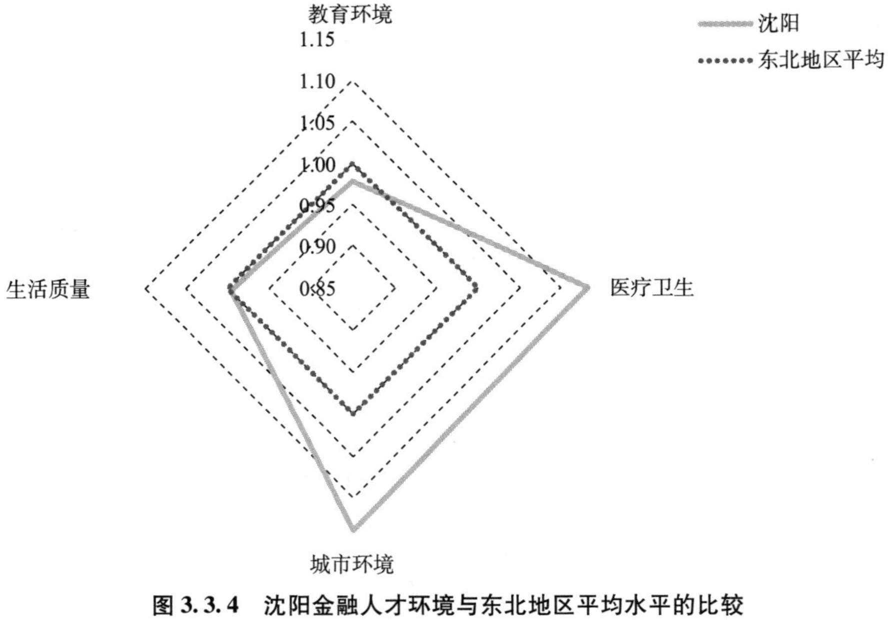

图 3. 3. 4　沈阳金融人才环境与东北地区平均水平的比较

• 沈阳在城市环境方面表现突出。2020 年沈阳人均公园绿地面积 8. 9 平方米,高于区域内其他城市;2022 年,沈阳每百万人城市轨道交通里程数仅次于大连,排名区域第 2。

• 在医疗卫生方面,2022 年,沈阳每万人拥有医院病床数为 80. 4 张,每万人拥有执业医师数为 39. 6 人,分别排名区域第 2、第 1。沈阳具备器官移植资质的医院有 3 所,也高于区域内其他城市。

• 沈阳专业服务领域优势突出,2022 年上半年执业律师 6484 人,远高于区域内其他城市;专业保险中介机构数量达到 535 家,位列区域第 1。

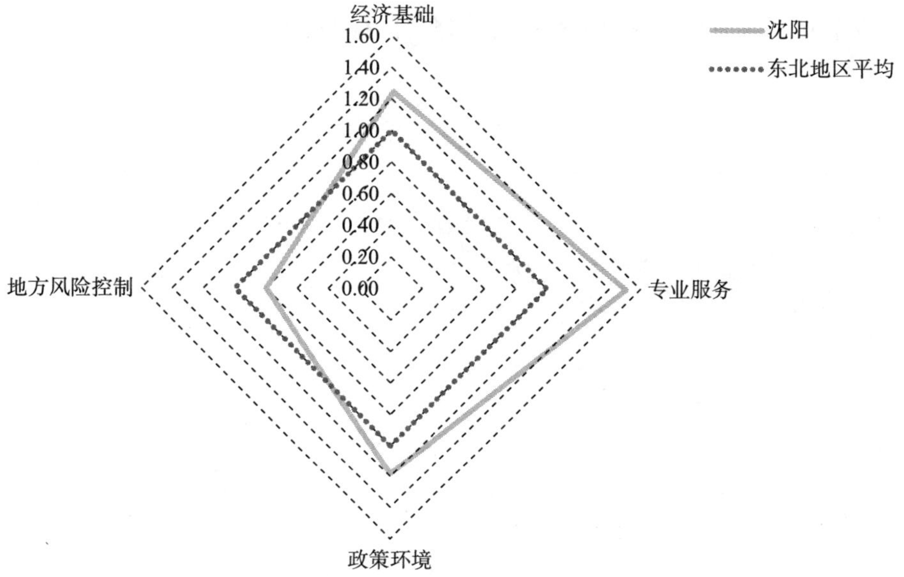

图 3.3.5　沈阳金融商业环境与东北地区平均水平的比较

- 在国际化程度方面，沈阳拥有区域内最多的外资金融机构营业数，达到 29 家；2022 年实际利用外资总额高达 39.2 亿美元，远高于区域内其他城市。

3.4　哈尔滨金融中心评价

哈尔滨地处东北亚中心位置，被誉为欧亚大陆桥的明珠，是黑龙江省省会，中国东北部的政治、经济、文化中心，我国著名的历史文化名城和旅游城市，素有“天鹅项下的珍珠”之美称。2008 年，哈尔滨市政府出台了《哈尔滨市关于进一步促进金融业发展的若干意见》，提出将用 10~15 年时间把哈尔滨建设成为“金融机构集聚、金融市场发达、金融信息灵敏、金融设施先进、金融服务高效的立足黑龙江、面向东北亚的区域性金融中心”。

1. 哈尔滨金融中心综合竞争力表现

从往期得分与排名来看，哈尔滨金融中心综合竞争力得分整体呈现缓慢上升趋势。虽然本期排名小幅上升 1 位，但全国排名整体呈现下滑趋势，原因在于东北地区金融中心城市近年来整体发展速度落后于国内其他区域金融中心。本期哈尔滨综合竞争力得分增长 0.11 分，排全国第 29 名。

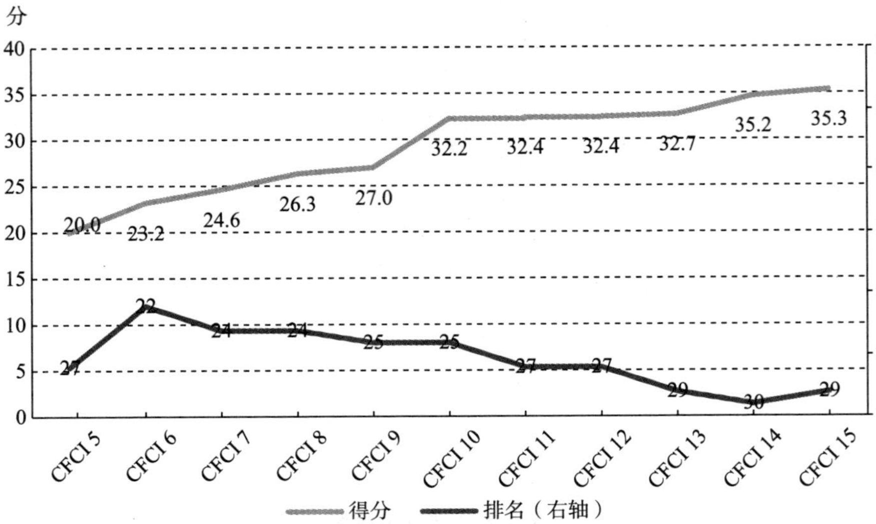

图 3.4.1　哈尔滨金融中心综合竞争力历期得分与排名

2022 年，哈尔滨市金融业实现增加值 685.7 亿元，同比增长 2.9%，占 GDP 的 12.5%。年末本外币存款余额达到 16474 亿元，本外币贷款余额达到 14397 亿元；全年保费收入 379 亿元；年末保险深度达到 6.9%，保险密度达到 4035 元/人（常住人口统计口径）。

表 3.4.1　哈尔滨在 CFCI 15 中的评价结果

评价分类	CFCI 15 得分	同比上期	得分增幅	CFCI 15 排名	排名变化
金融产业绩效	62.21	-2.28	-3.54%	28	0
金融机构实力	20.24	-1.45	-6.69%	22	-2
金融市场规模	4.42	0.82	22.61%	25	4
金融生态环境	59.64	4.00	7.20%	30	4
金融人才环境	7.87	0.43	5.76%	19	4
金融商业环境	4.58	0.34	8.01%	34	1
国际化环境	0.76	0.12	18.62%	28	1

在本期 CFCI 评价方面，哈尔滨金融产业绩效和金融机构实力表现一般，得分分别下滑 3.54%和 6.69%，且金融机构实力排名下滑 2 位。金融市

场规模和金融生态环境表现良好，得分分别提升 22.61% 和 7.20%，且排名均提升 4 位。

2. 哈尔滨金融中心金融产业绩效表现

在金融产业绩效方面，哈尔滨金融业增加值和业务相对水平处于区域平均水平之上，如图 3.4.2 所示。

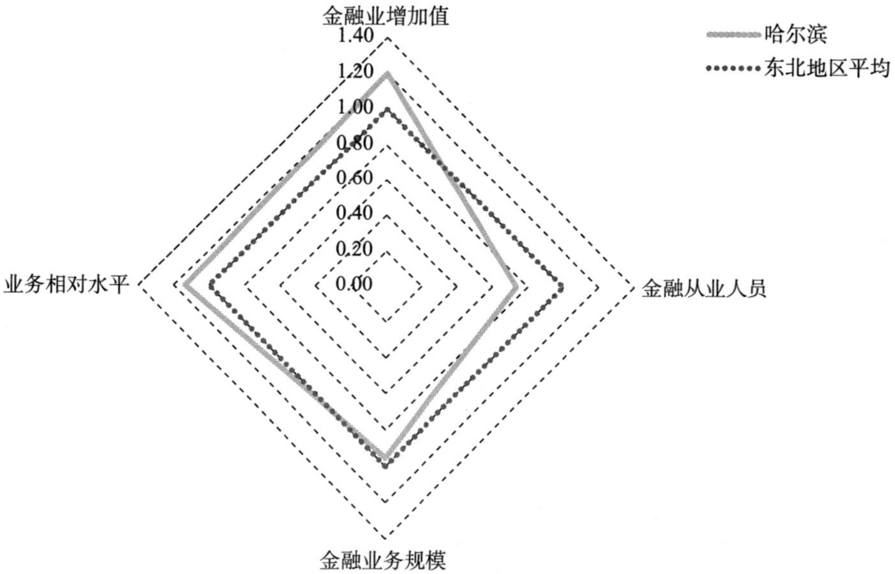

图 3.4.2　哈尔滨金融产业绩效同东北地区平均水平的比较

- 金融产业规模表现相对突出。2022 年，哈尔滨市金融业实现增加值 685.7 亿元，占地方生产总值的 12.5%，二者均排名区域第 1；金融业增加值三年增速为 3.0%，排名区域第 2。
- 尽管 2022 年哈尔滨金融机构本外币存贷款余额在区域内排名垫底，但其与地方生产总值的比重却位列区域第 1。此外，哈尔滨保险深度高达 6.9%，远高于区域内其他城市。
- 相比之下，金融从业人员是哈尔滨金融产业绩效发展的重要短板，2020 年金融业从业人员数量为 7.7 万人，三年平均增长率为-1.9%，是区域内唯一增速为负的城市，处于金融人才流出状态。

3. 哈尔滨金融中心金融机构实力表现

在金融机构实力方面,哈尔滨仅在银行类机构实力单项高于区域平均水平,在证券类机构、保险类机构和地方金融组织方面均处于劣势地位,如图 3. 4. 3 所示。

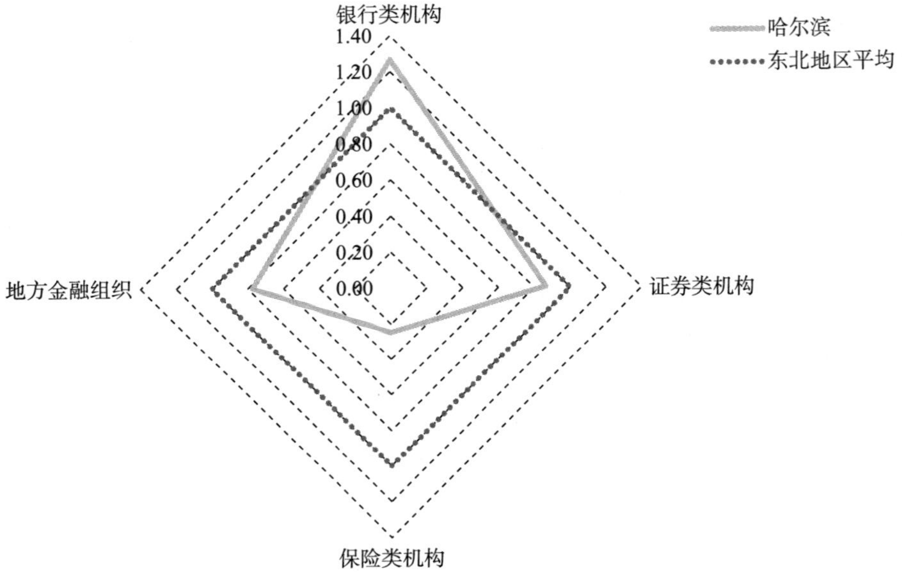

图 3. 4. 3　哈尔滨金融机构实力与东北地区平均水平的比较

- 在银行类机构方面,哈尔滨拥有 12 家本地法人商业银行,为区域内本地法人商业银行数量最多的城市。商业银行资产总规模达到 10984 亿元,仅次于沈阳,商业银行支行数量也高于区域内其他城市。

- 在证券类机构方面,哈尔滨拥有 1 家本地法人证券公司,证券公司资产总规模为 275 亿元;哈尔滨证券公司营业部数量达到 75 个,在区域内排名第 3。

- 在地方金融组织方面,哈尔滨表现一般。2023 年上半年,哈尔滨小额贷款机构数量为 58 家,仅次于大连,但融资租赁、融资担保和商业保理机构数量均排名靠后。

- 保险类机构是哈尔滨金融业发展的短板,2022 年仅有 1 家本地法人保险机构,是区域内数量最少的金融中心城市。

4. 哈尔滨金融中心金融生态环境表现

在金融生态环境方面，哈尔滨在 36 个城市中排名第 30，东北地区排名最末，仅在教育环境方面具备一定优势，如图 3.4.4 所示。

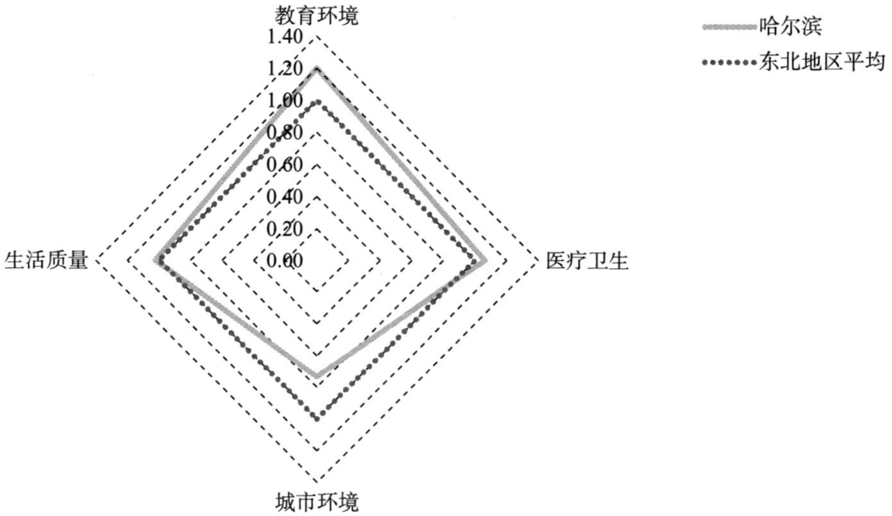

图 3.4.4 哈尔滨金融人才环境与东北地区平均水平的比较

- 在教育环境方面，哈尔滨拥有区域内最多的普通高校在校学生，2022 年达到 82.8 万人，远高于区域内其他城市；普通高等学校数量及“双一流”高校数量也均位列区域第 1。
- 在生活质量方面，哈尔滨 2022 年住宅房价收入比为 3.65，仅略高于长春，城镇居民家庭人均消费支出也明显低于区域内其他城市。
- 在医疗卫生方面，哈尔滨表现相对较好，2022 年每万人拥有医院病床数为 94.7 张，排名区域第 1。
- 城市环境是哈尔滨发展的短板，2020 年哈尔滨人均公园绿地面积为 5.2 平方米，低于区域其他城市；2022 年空气优良率也不如其他城市，每百万人城市轨道交通里程仅为 8.3 公里，远低于大连和沈阳。
- 在国际化程度方面，哈尔滨无论是外资金融机构数量还是经济外向度，均在区域内处于劣势水平。

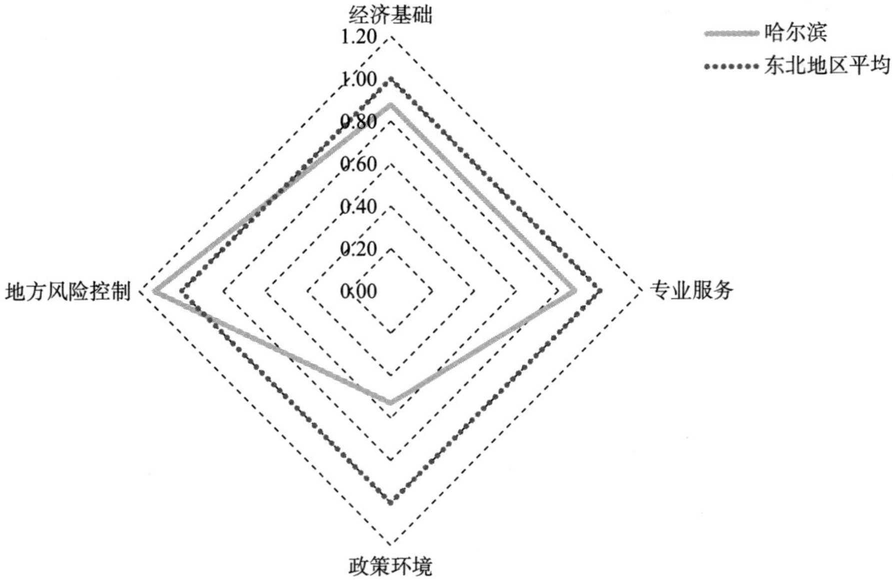

图 3.4.5　哈尔滨金融商业环境与东北地区平均水平的比较

第 4 章　北部沿海地区金融中心评价

4.1　总体评价

本期中国金融中心指数评价北部沿海地区包括天津市、河北省、山东省。天津、河北和山东均毗邻渤海；天津素有“九河下梢”“河海要冲”之称，是中国北方最大的港口城市；河北省东与天津毗邻，东南衔山东；山东省是北方经济强省，GDP 在全国排名前列。地区内有 4 个城市纳入本期中国金融中心指数评价，分别是天津、石家庄、济南和青岛。

1. 综合竞争力表现

表 4.1.1　北部沿海地区金融中心在 CFCI 15 中的评价结果

城市	综合竞争力		金融产业绩效		金融机构实力		金融市场规模		金融生态环境	
	得分	排名	得分	排名	得分	排名	得分	排名	得分	排名
天津	62.59	9	101.18	10	60.48	4	8.34	17	82.79	15
青岛	45.61	16	71.56	19	20.27	21	7.73	19	92.14	10
济南	45.48	17	75.67	17	22.39	18	3.27	29	89.13	12
石家庄	39.94	22	81.08	13	19.52	23	7.24	20	57.57	33

- 北部沿海地区金融中心综合竞争力整体水平差异明显，天津处于全国领先水平，济南、青岛处于全国平均水平，石家庄则落后于全国平均水平。石家庄近年来与天津、济南、青岛得分差距缩小，金融中心综合竞争力排名上升明显。
- 天津金融中心在北部沿海地区排名第 1，在全国排名第 9，排名与上期持平；本期综合竞争力得分 62.59 分，较上期增长 0.86 分。近五年天津金融中心综合竞争力得分被南京、重庆超越，排名从第 7 下滑至第 9。
- 青岛金融中心在北部沿海地区排名第 2，在全国排名第 16，排名与上

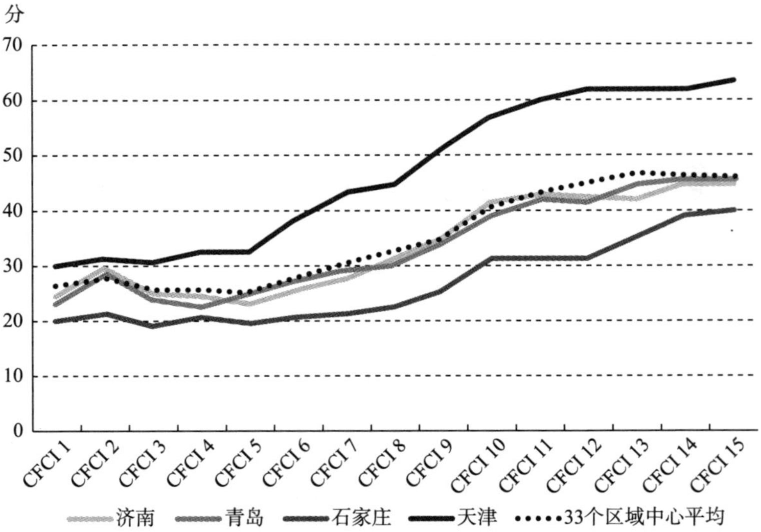

图 4.1.1　北部沿海地区金融中心历期 CFCI 综合竞争力得分

期持平;本期综合竞争力得分 45.61 分,较上期减少 0.34 分。

- 济南金融中心在北部沿海地区排名第 3,在全国排名第 17,排名与上期持平;本期综合竞争力得分 45.48 分,较上期增长 0.5 分。
- 石家庄金融中心在北部沿海地区排名第 4,在全国排名第 22,排名提升了 2 位;本期综合竞争力得分 39.94 分,较上期增长 1.17 分。

2. 金融产业绩效分项表现

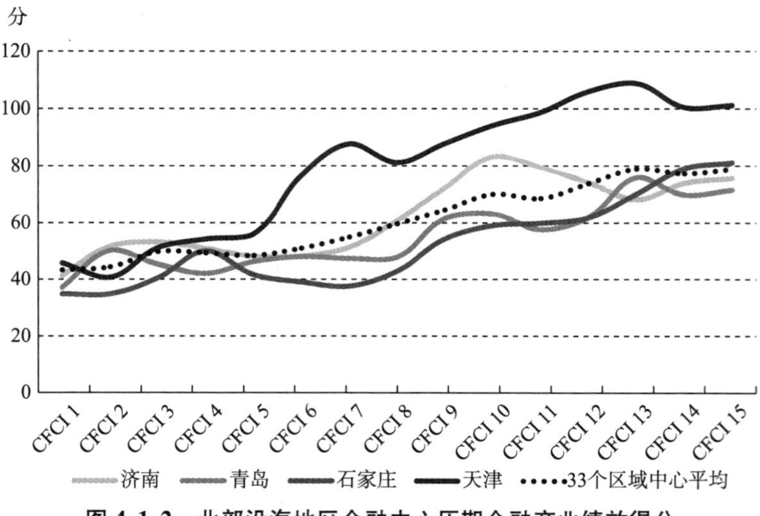

图 4.1.2　北部沿海地区金融中心历期金融产业绩效得分

- 北部沿海地区各中心的金融业发展态势继续向好，本期 4 个城市金融产业绩效得分均有所提升。
- 天津本期分项得分增长 0. 71 分，分项排名北部沿海地区第 1，全国第 10，已经被苏州赶超。天津市金融业增加值三年平均增长率为 3. 4%，落后于其他北部沿海地区金融中心；2022 年金融机构本外币存款余额同比增速为 12. 77%，领先于其他北部沿海地区金融中心；2022 年本外币贷款余额同比增速为 3. 5%，远远落后于其他北部沿海地区金融中心。
- 济南、青岛、石家庄金融产业绩效得分接近，石家庄近年金融产业绩效得分增长 2. 05 分，排名北部沿海地区第 2，全国第 13 名，超过郑州。济南金融业增加值三年平均增长率为 7. 9%，为北部沿海地区金融中心第一；石家庄金融从业人员三年平均增长率为 19. 3%；金融机构本外币存款余额与 GDP 之比为 279. 7%，为北部沿海地区金融中心第一。青岛排名北部沿海地区第 3，全国第 19 名，已赶超宁波和福州。

3. 金融机构实力分项表现

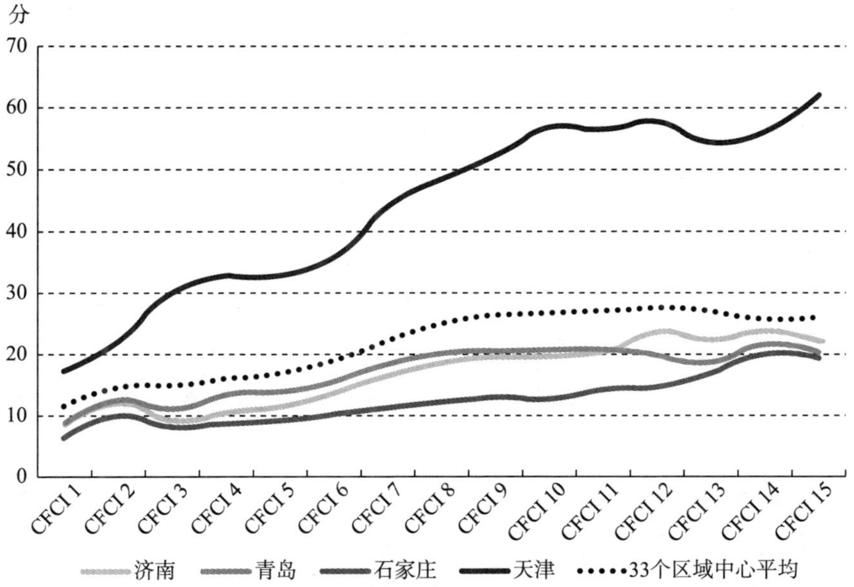

图 4. 1. 3　北部沿海地区金融中心历期金融机构实力得分

- 天津金融机构实力得分远远领先于其他北部沿海地区，济南、青岛、石家庄金融机构实力评价得分均小幅下降，但接近全国平均水平。

• 天津金融机构实力得分 60.48 分,同比上升 4.34 分,排名全国第 4,提升 2 位。

• 济南、青岛、石家庄金融机构实力得分接近,分别排名全国第 18、第 21 和第 23。

4. 金融市场规模分项表现

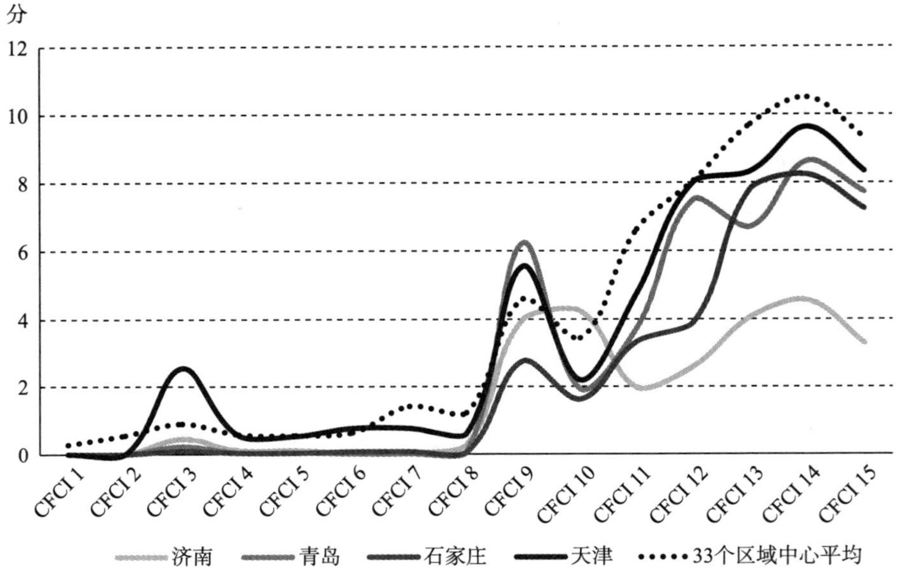

图 4.1.4　北部沿海地区金融中心金融市场规模对比

• 本期北部沿海地区金融中心金融市场规模表现均低于全国平均水平,天津、青岛、石家庄分别排第 17、第 19、第 20 名;济南得分相对较低,排名第 29。

• 天津本地 A 股市场累计融资额 2049 亿元,遥遥领先于其他北部沿海地区金融中心。

• 济南、天津 2022 年新三板挂牌公司数表现突出,济南新三板挂牌公司数 101 家,天津新三板挂牌公司数 125 家。

• 青岛区域股权市场方面在北部沿海地区中表现突出,区域股权市场拥有的挂牌公司数 2217 家,石家庄市场筹资金额 153.9 亿元,在北部沿海地区中表现突出。

5. 金融生态环境分项表现

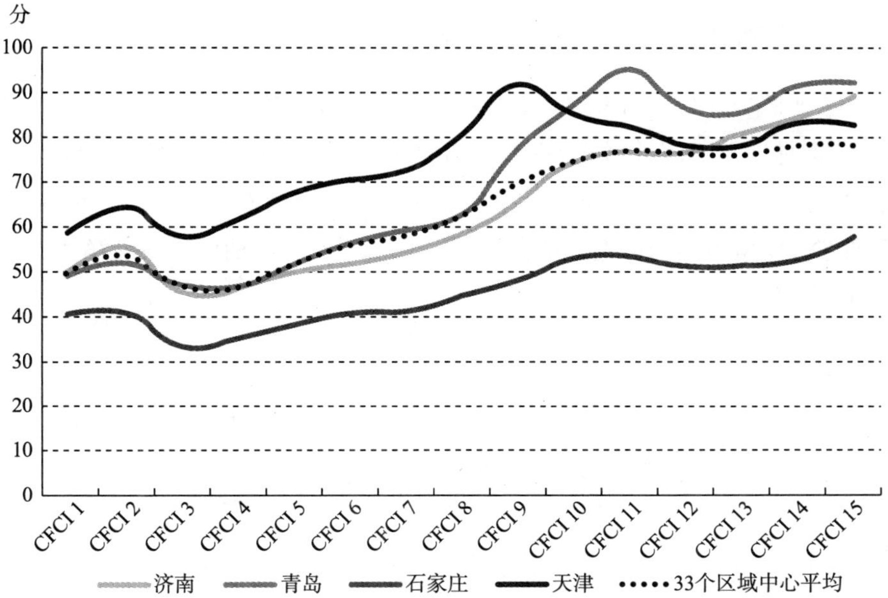

图 4.1.5 北部沿海地区金融中心历期金融生态环境得分

- 济南、青岛、石家庄本期金融生态环境得分均出现上升，天津得分略有下降，济南、青岛、天津得分高于全国平均。
- 石家庄金融生态环境得分 57.57 分，较上期增长 9.92%，本期在全国排名第 33，排名上升 3 名。GDP 增速为 6.4%，遥遥领先于其他北部沿海地区金融中心。
- 青岛 2022 年进出口总额为 1355.5 亿美元，超出其他北部沿海金融中心。
- 济南 2022 年接待入境旅游者人数 10.9 万人次，为北部沿海地区第 1。
- 天津 2022 年实际利用外资总额 59.5 亿美元，为北部沿海地区第 1。

4.2 天津金融中心评价

天津是中国四大直辖市之一，地处华北平原北部沿海部，海河流域下游，东临渤海，西靠首都北京，素有“九河下梢”“河海要冲”之称。天津凭借优越的地理位置和交通条件,成为连接国内外、联系南北方、沟通东西部的重要枢纽,是中国北方最大的港口城市。

1. 天津金融中心综合竞争力表现

从往期得分与排名来看,天津金融中心综合竞争力得分与排名存在背离,特别是近几期,在得分不断上升的同时,全国排名却在不断下降。究其原因,是天津近年来金融业发展增速较其他区域金融中心要慢。十年间,天津的综合竞争力得分接近翻倍,上升了 30.62 分,在本期中综合竞争力得分为 62.59 分。

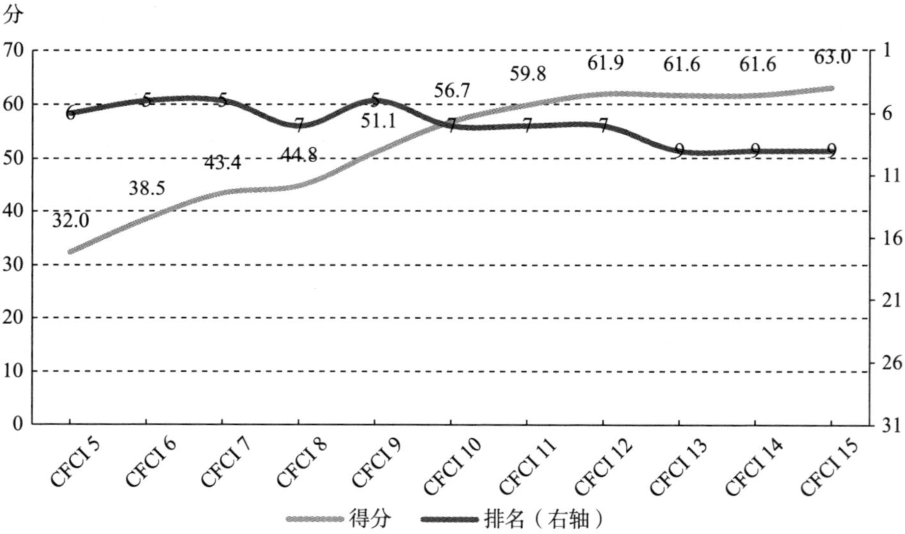

图 4.2.1 天津金融中心综合竞争力历期得分与排名

本期 CFCI 天津综合竞争力得分增长 0.86 分,排名第 9,与上期持平。天津在金融机构实力得分增长 7.72%,单项排名上升两位。

表 4.2.1 天津在 CFCI 15 中的评价结果

评价分类	CFCI 15 得分	同比上期	得分增幅	CFCI 15 排名	排名变化
金融产业绩效	101.18	0.71	0.71%	10	-1
金融机构实力	60.48	4.34	7.72%	4	2
金融市场规模	8.34	-1.29	-13.40%	17	-1
金融生态环境	82.79	-0.57	-0.69%	15	-1

续表

评价分类	CFCI 15 得分	同比上期	得分增幅	CFCI 15 排名	排名变化
金融人才环境	7.96	0.07	0.92%	16	3
金融商业环境	6.61	-0.49	-6.93%	24	-4
国际化环境	3.77	0.29	8.41%	7	1

2. 天津金融中心金融产业绩效表现

在金融产业绩效方面,天津金融业增加值和金融业务规模在北部沿海地区具有优势,如图 4.2.2 所示。

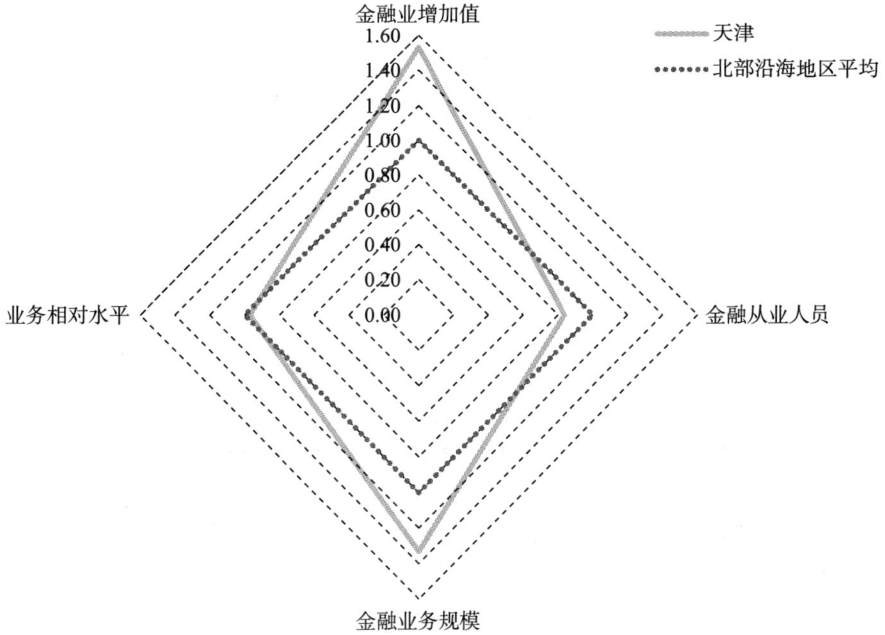

图 4.2.2　天津金融产业绩效同北部沿海地区平均水平的比较

- 2022 年,天津金融业增加值 2197.3 亿元,为北部沿海地区金融中心第 1,是区域其他金融中心同期数值的 2 倍以上;金融业增加值三年平均增长率 3.4%。
- 2020 年,天津金融从业人员总数 18 万人,为北部沿海地区金融中心第 1;金融从业人员三年平均增长率-9.0%,低于区域其他金融中心。
- 2022 年,天津金融机构本外币存款余额 40488 亿元,金融机构本外币贷款余额 42495 亿元,均为北部沿海地区金融中心第 1。

3. 天津金融中心金融机构实力表现

在金融机构实力方面,天津金融机构实力在北部沿海地区中遥遥领先于区域平均水平,如图 4.2.3 所示。

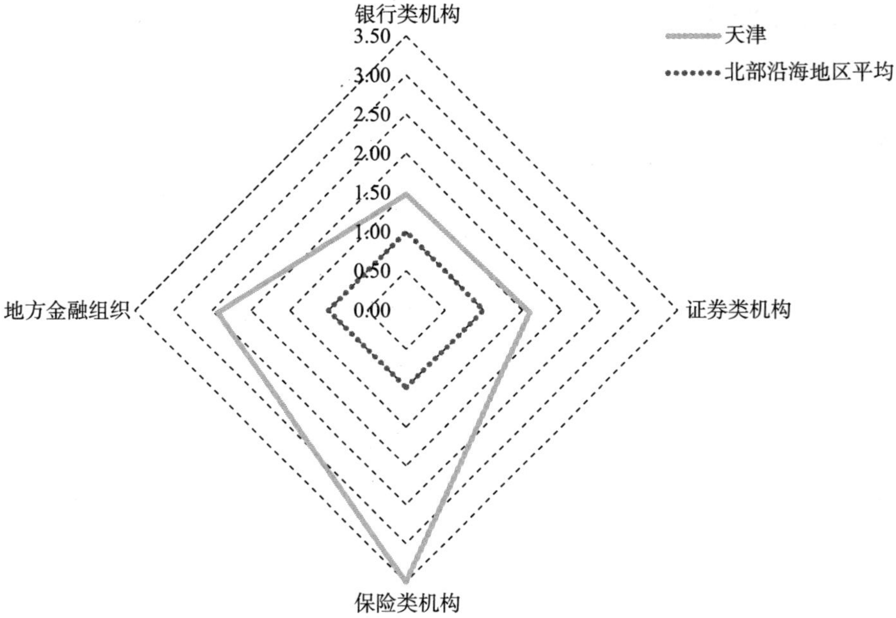

图 4.2.3　天津金融机构实力与北部沿海地区平均水平的比较

- 天津拥有本地法人商业银行 7 家,少于济南和石家庄;2022 年本地法人商业银行资产总规模超 3 万亿元,商业银行支行数量 2145 家,均为区域内第 1。
- 天津拥有本地法人保险公司 7 家,2022 年本地法人保险公司资产规模 7692 亿元,规模实力仅次于北京、深圳和上海。
- 天津的小额贷款机构数量、融资租赁机构数量、商业保理机构数量均为区域内第 1。

4. 天津金融中心金融市场规模表现

在金融市场规模方面,天津在北部沿海地区中处于领先水平,如图 4. 2. 4 所示。

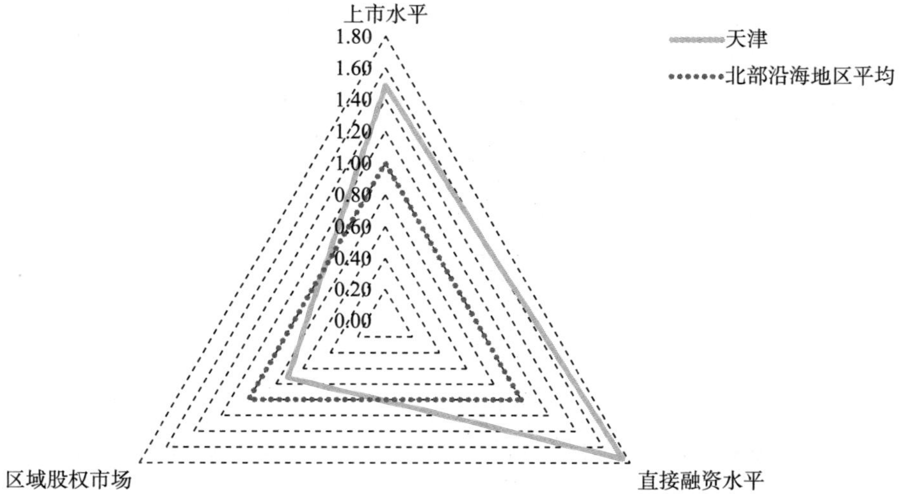

图 4. 2. 4　天津金融市场规模与北部沿海地区平均水平的比较

- 2022 年天津本地 A 股上市公司数 70 家,新三板挂牌公司数 125 家,新增 IPO 公司数 7 家,均为区域内第 1。
- 2022 年天津本地年度新增股票融资规模 247. 6 亿元,本地 A 股市场累计融资额 2049 亿元,均为区域内第 1。

5. 天津金融中心金融生态环境表现

在金融生态环境方面,天津政策环境、地方风险控制在北部沿海地区相对落后,国际化程度方面优势明显,如图 4. 2. 5、图 4. 2. 6 和图 4. 2. 7 所示。

- 2022 年天津普通高等学校在校学生数 68. 7 万人,普通高等学校 57 所,“双一流”高校 6 所,均为区域内第 1。
- 2022 年天津人均公园绿地面积 8. 8 平方米,每百万人城市轨道交通里程 21. 5 公里,均为区域内第 2。
- 2022 年每万人拥有医院病床数为 45. 5 张,落后于区域内其他城市。

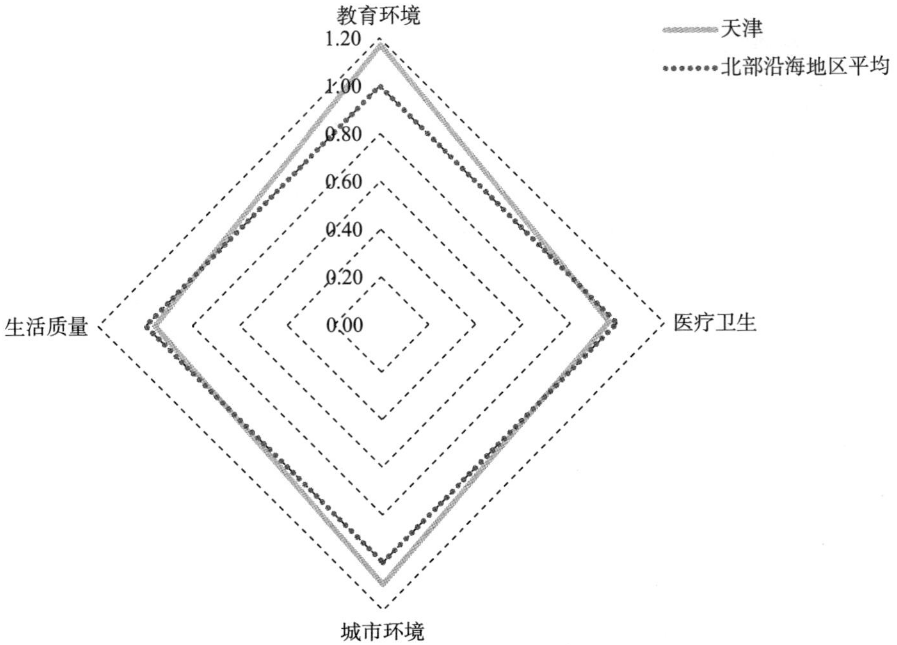

图 4.2.5　天津金融人才环境与北部沿海地区平均水平的比较

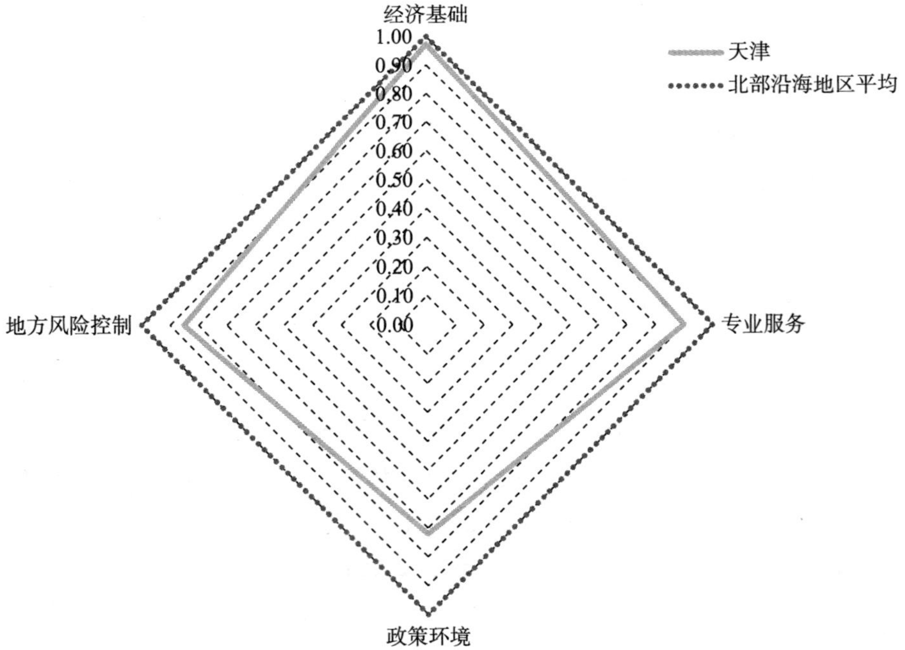

图 4.2.6　天津金融商业环境与北部沿海地区平均水平的比较

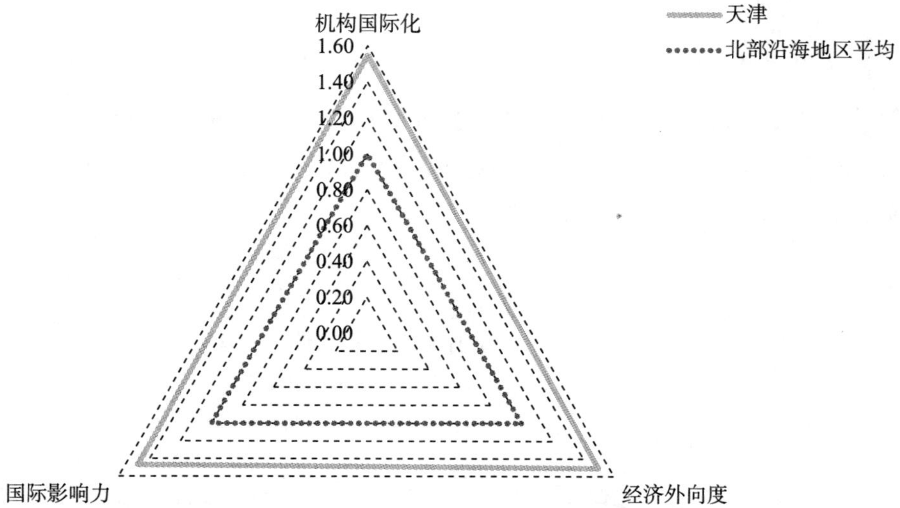

图 4.2.7　天津金融国际化程度与北部沿海地区平均水平的比较

- 2022 年天津地方政府负债率 53%，比 2021 年的 72.8%下降 19.8 个百分点；地方政府债务率 404%，比 2021 年的 534.2%下降 130.2 个百分点；近三年违约债务余额占比 1.72%。地方风险控制略好于 2021 年，但整体差于区域内其他金融中心。
- 天津拥有外资金融机构营业性机构 46 家，为区域内第 1。
- 2022 年天津当年实际利用外资总额 59.5 亿美元，进出口总额 1267.6 亿美元，为区域内第 2，均略少于青岛。

4.3　济南金融中心评价

济南位于山东省的中部，南依泰山，北跨黄河。济南是中国东部沿海经济文化大省——山东省的省会，全省政治、经济、文化、科技、教育和金融中心，重要的交通枢纽。济南市在“十一五”金融业发展规划中就提出，“经过 5 年努力，将济南建设成为与区域中心城市相适应，在全国占有重要地位的区域金融中心”。

1. 济南金融中心综合竞争力表现

从往期得分与排名来看,济南金融中心综合竞争力得分在近几期没有维持快速增长,全国排名略有下降。本期 CFCI 济南金融中心综合竞争力得分企稳上升。十年间,济南的综合竞争力得分增长接近 1 倍,上升了 22.33 分,本期综合竞争力得分为 45.48 分。

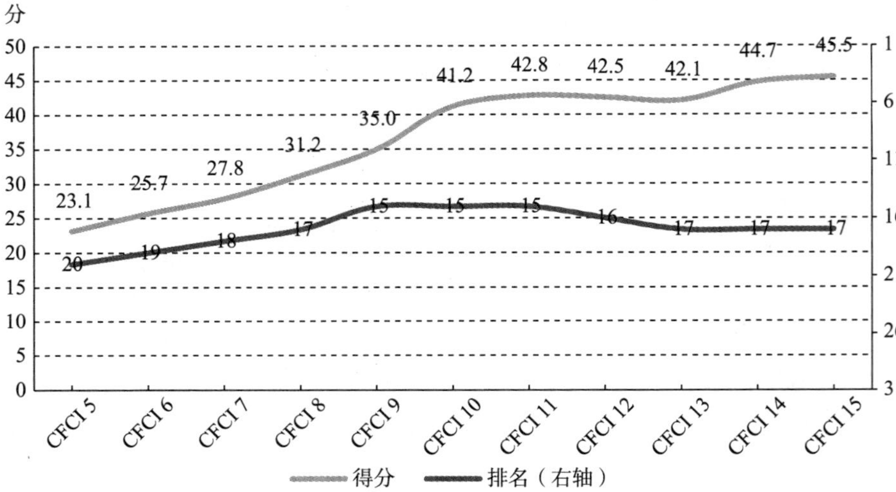

图 4.3.1 济南金融中心综合竞争力历期得分与排名

本期 CFCI 济南综合竞争力得分小幅上升 0.5 分,排名第 17,连续三年保持不变。本期 CFCI 济南在金融生态环境排名上提升 1 名,金融市场规模得分下降 28.32%,排名下滑了 5 位。

表 4.3.1 济南在 CFCI 15 中的评价结果

评价分类	CFCI 15 得分	同比上期	得分增幅	CFCI 15 排名	排名变化
金融产业绩效	75.67	1.72	2.33%	17	0
金融机构实力	22.39	-1.29	-5.46%	18	-2
金融市场规模	3.27	-1.29	-28.32%	29	-5
金融生态环境	89.13	4.66	5.52%	12	1
金融人才环境	8.19	0.02	0.21%	13	-1
金融商业环境	9.87	0.72	7.91%	8	4
国际化环境	1.68	0.29	20.96%	20	-1

2. 济南金融中心金融产业绩效表现

在金融产业绩效方面,济南业务相对水平和金融业务规模处在北部沿海地区平均水平,如图 4.3.2 所示。

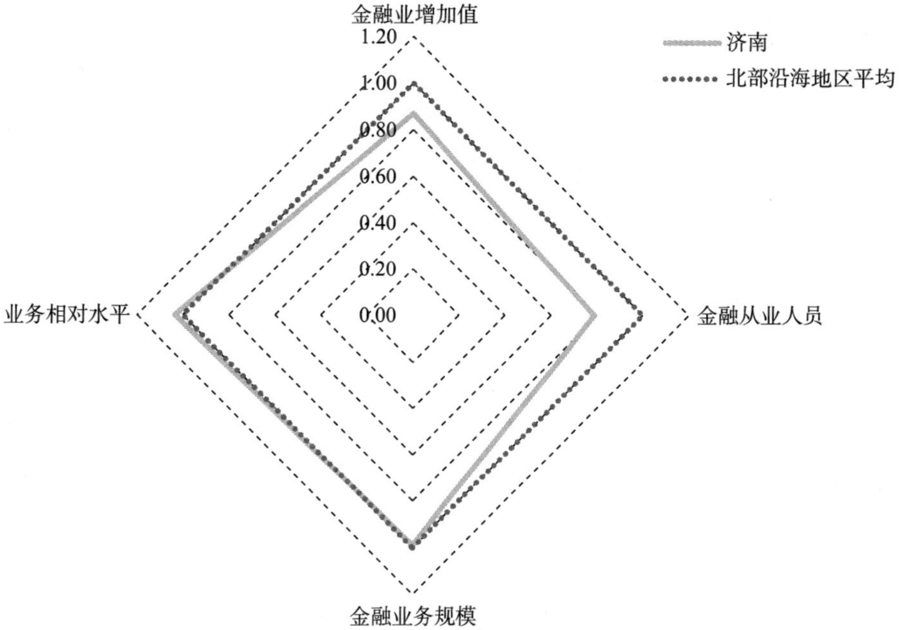

图 4.3.2　济南金融产业绩效同北部沿海地区平均水平的比较

- 2022 年济南金融业增加值 1029.8 亿元,与青岛接近;金融业增加值三年平均增长率 7.9%,为区域内第一;金融业增加值占 GDP 的比例为 8.6%,低于天津和石家庄。
- 2022 年,济南金融从业人员总数 9.28 万人;金融从业人员三年平均增长率 2.8%;均为区域内第 3。
- 2022 年济南金融机构本外币存款余额 25941 亿元,金融机构本外币贷款余额 26112 亿元。
- 2022 年济南保险密度 6712 元/人,为区域内第 1。

3. 济南金融中心金融机构实力表现

在金融机构实力方面,济南金融机构实力在北部沿海地区中落后于天津,略优于青岛、石家庄,与北部沿海地区平均水平接近,如图 4.3.3 所示。

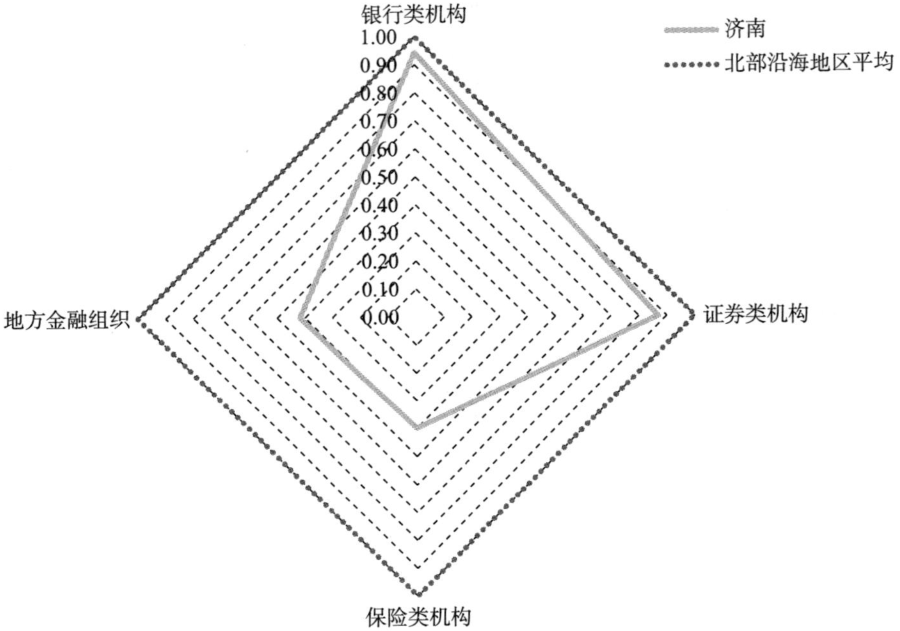

图 4.3.3　济南金融机构实力与北部沿海地区平均水平的比较

- 2022 年济南拥有本地法人商业银行 9 家,本地法人商业银行资产总规模超 2 万亿元,分别是青岛和石家庄的 2 倍和 4 倍。
- 2022 年济南本地法人证券公司资产规模 1989 亿元,期货公司资产规模 297 亿元,均为区域内第 1,远远超出区域内其他城市。
- 济南拥有本地法人保险公司 3 家,2022 年本地法人保险公司资产规模 227 亿元。

4. 济南金融中心金融市场规模表现

在金融市场规模方面,济南在区域股权市场方面劣势明显,如图 4.3.4 所示。

- 2022 年济南本地 A 股上市公司数 43 家,新三板挂牌公司数 101 家;

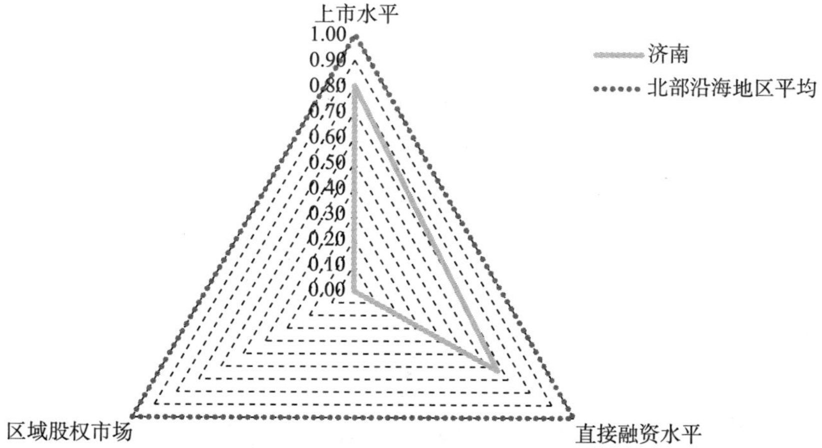

图 4.3.4　济南金融市场规模与北部沿海地区平均水平的比较

2022 年新增 IPO 公司数 2 家。

- 济南本地年度新增股票融资规模 54.8 亿元,本地 A 股市场累计融资额 1141.6 亿元。

5. 济南金融中心金融生态环境表现

在金融生态环境方面,济南政策环境方面优势明显,金融国际化程度稍显不足,如图 4.3.5、图 4.3.6 和图 4.3.7 所示。

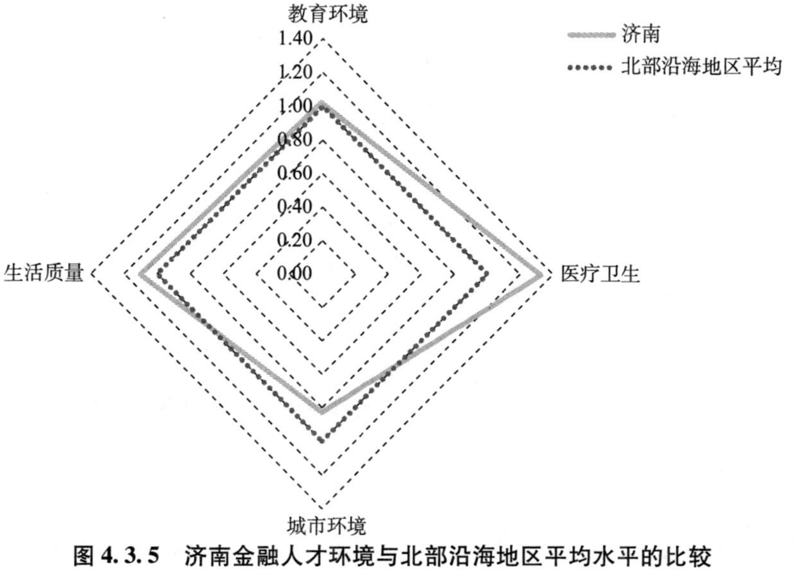

图 4.3.5　济南金融人才环境与北部沿海地区平均水平的比较

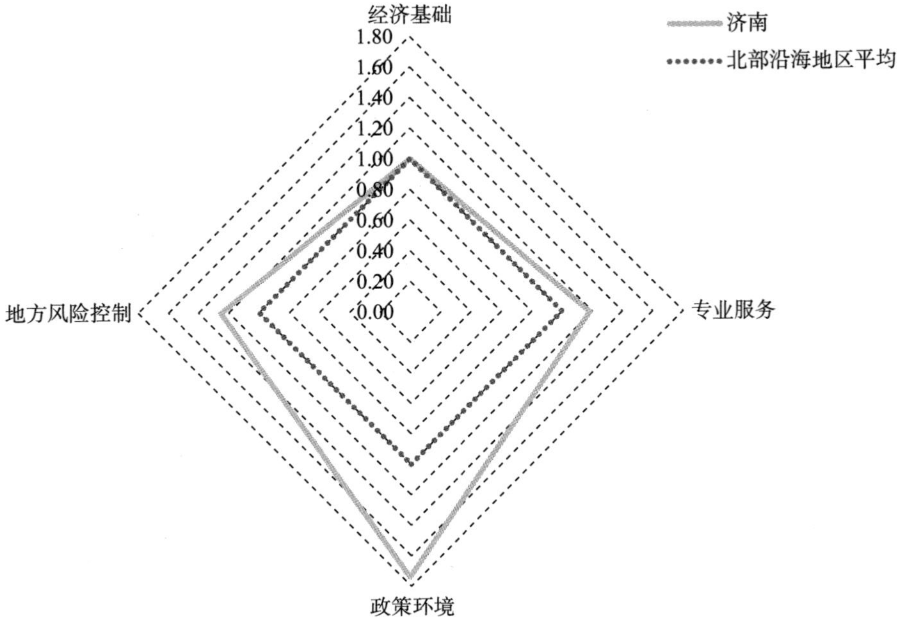

图 4.3.6　济南金融商业环境与北部沿海地区平均水平的比较

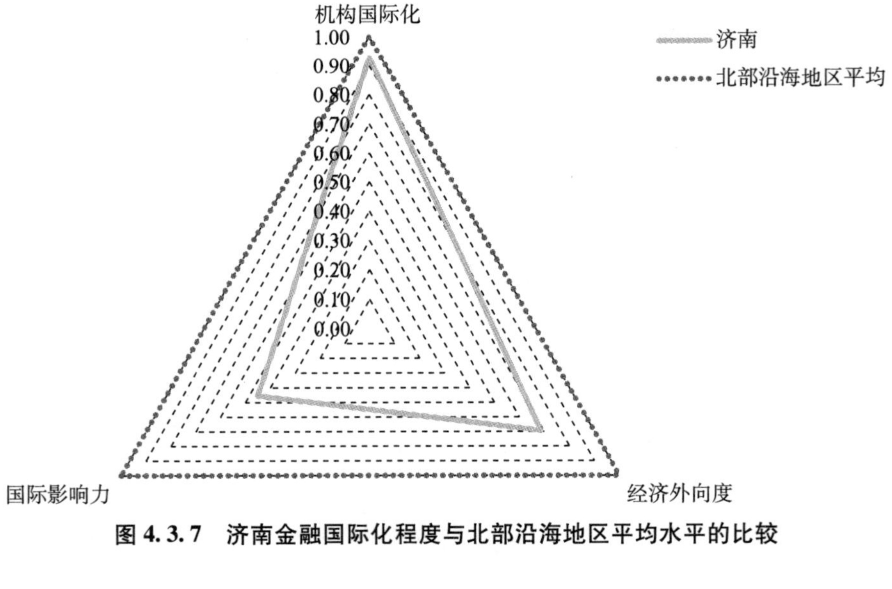

图 4.3.7　济南金融国际化程度与北部沿海地区平均水平的比较

- 2022 年济南每万人拥有医院病床数为 70.1 张，每万人拥有的执业医师数为 46.7 人，均为区域内第 1。

- 2022 年济南金融业发展促进政策支持力度、产业政策友好度均为区域内第 1。
- 2022 年济南地方风险控制能力较好，银行业不良贷款率为 0.9%，为区域内第 1。
- 2022 年济南当年实际利用外资总额 31.4 亿美元，是天津的 1/2。

4.4　青岛金融中心评价

青岛市位于山东半岛南端，是中国重要的经济中心城市和沿海开放城市，是国家级历史文化名城和风景旅游、度假胜地。青岛在 2004 年就提出建设区域性金融中心。

1. 青岛金融中心综合竞争力表现

从往期得分与排名来看，青岛金融中心综合竞争力得分与排名存在背离，在得分不断上升的同时，全国排名却停滞不前。究其原因，是青岛近年来金融业发展增速较其他区域金融中心要慢。十年间，青岛金融中心综合竞争力得分上升了 20.93 分，在本期中综合竞争力得分为 45.61 分。

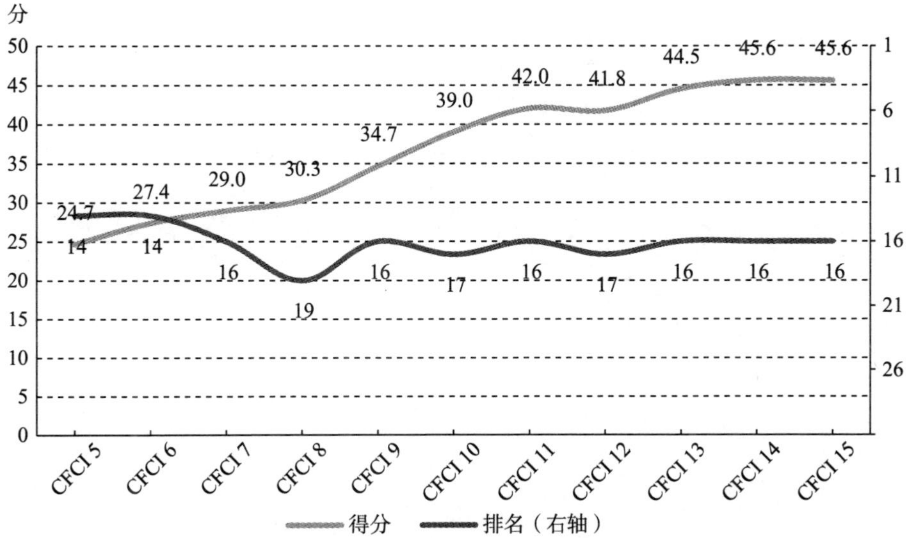

图 4.4.1　青岛金融中心综合竞争力历期得分与排名

本期 CFCI 青岛综合竞争力得分小幅下降 0.34 分,排名第 16,与上期持平。青岛在金融产业绩效得分上实现较大幅度增长,单项排名上升两位;金融市场规模得分下降 10.42%,排名下滑 1 位。

表 4.4.1　青岛在 CFCI 15 中的评价结果

评价分类	CFCI 15 得分	同比上期	得分增幅	CFCI 15 排名	排名变化
金融产业绩效	71.56	1.71	2.45%	19	2
金融机构实力	20.27	-1.33	-6.17%	21	0
金融市场规模	7.73	-0.90	-10.42%	19	-1
金融生态环境	92.14	0.73	0.80%	10	1
金融人才环境	7.85	0.12	1.60%	20	1
金融商业环境	8.95	-0.22	-2.37%	13	-2
国际化环境	3.60	0.26	7.65%	8	2

2. 青岛金融中心金融产业绩效表现

在金融产业绩效方面,青岛金融从业人员在北部沿海地区具有优势,如图 4.4.2 所示。

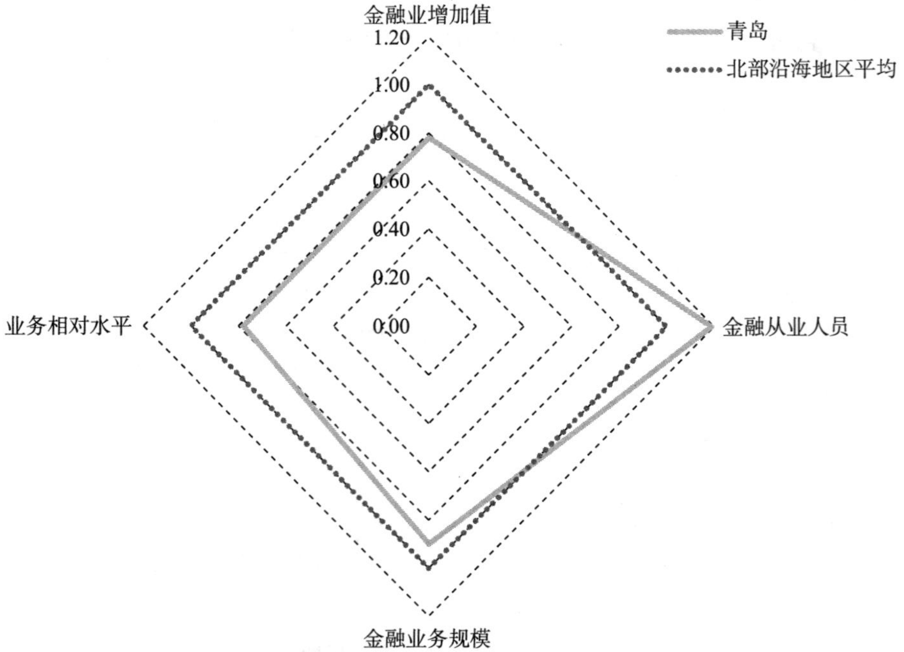

图 4.4.2　青岛金融产业绩效同北部沿海地区平均水平的比较

• 2022年青岛金融业增加值990.9亿元，金融业增加值三年平均增长率6.9%。

• 2020年青岛金融从业人员总数11.4万人，金融从业人员三年平均增长率12.5%，均为区域第2。

• 2022年青岛本地股票基金交易量3.93万亿元，为区域内第2。

3. 青岛金融中心金融机构实力表现

在金融机构实力方面，青岛在保险类机构上稍显欠缺，如图4.4.3所示。

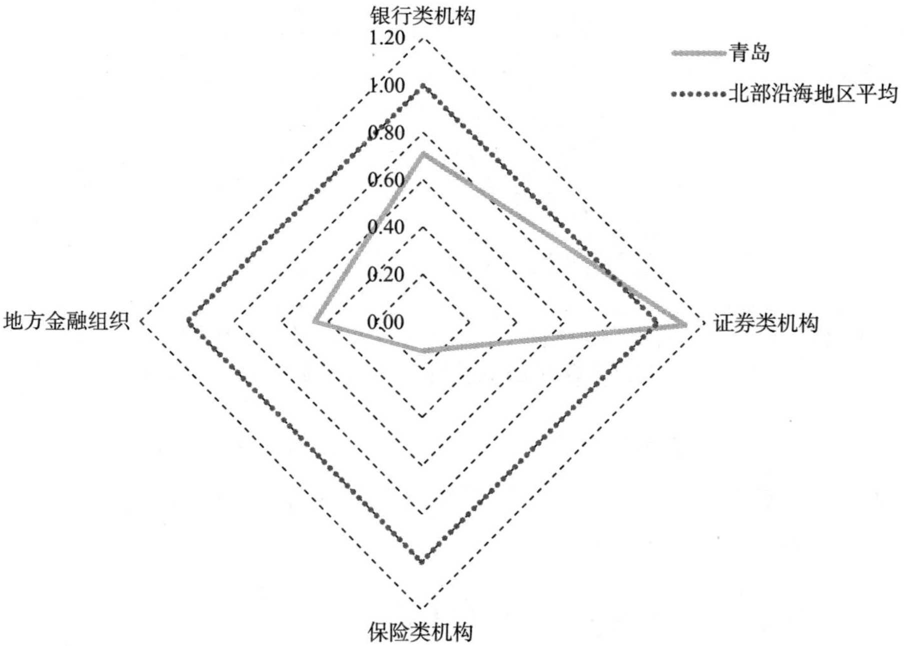

图4.4.3 青岛金融机构实力与北部沿海地区平均水平的比较

• 2022年青岛拥有本地法人商业银行2家，为区域内最少。

• 2022年青岛拥有本地法人证券公司2家，为区域内第1；2022年本地法人证券公司资产总规模561亿元。

• 2022年青岛私募基金管理人379家，私募基金数量2500只，均为区域内第1。

• 2022年青岛本地法人保险公司1家,本地法人保险公司资产规模26亿元,大幅落后于区域平均水平。

4. 青岛金融中心金融市场规模表现

在金融市场规模方面,青岛在上市水平和区域股权市场方面在北部沿海地区中处于领先水平,如图4.4.4所示。

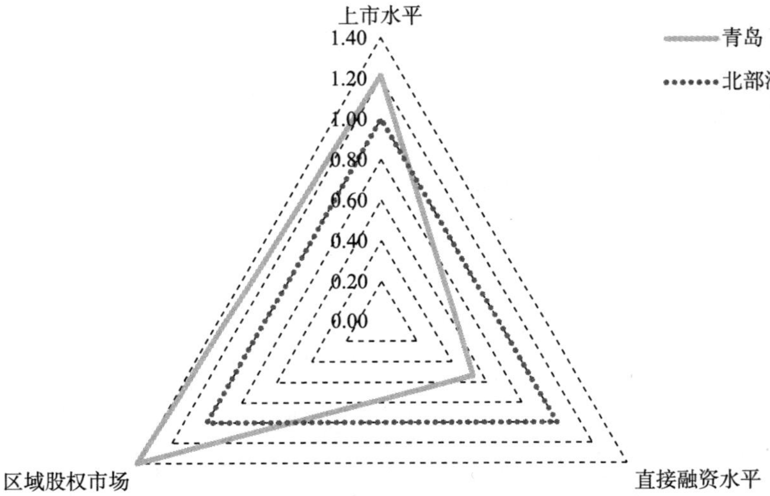

图4.4.4　青岛金融市场规模与北部沿海地区平均水平的比较

• 2022年青岛本地A股上市公司数64家,新三板挂牌公司数65家。2022年新增A股上市公司5家,区域股权市场拥有的挂牌公司数2217家,为区域内第1。

5. 青岛金融中心金融生态环境表现

在金融生态环境方面,青岛金融生态环境整体优于区域平均,地方风险控制和国际化程度方面在北部沿海地区优势明显,如图4.4.5、图4.4.6和图4.4.7所示。

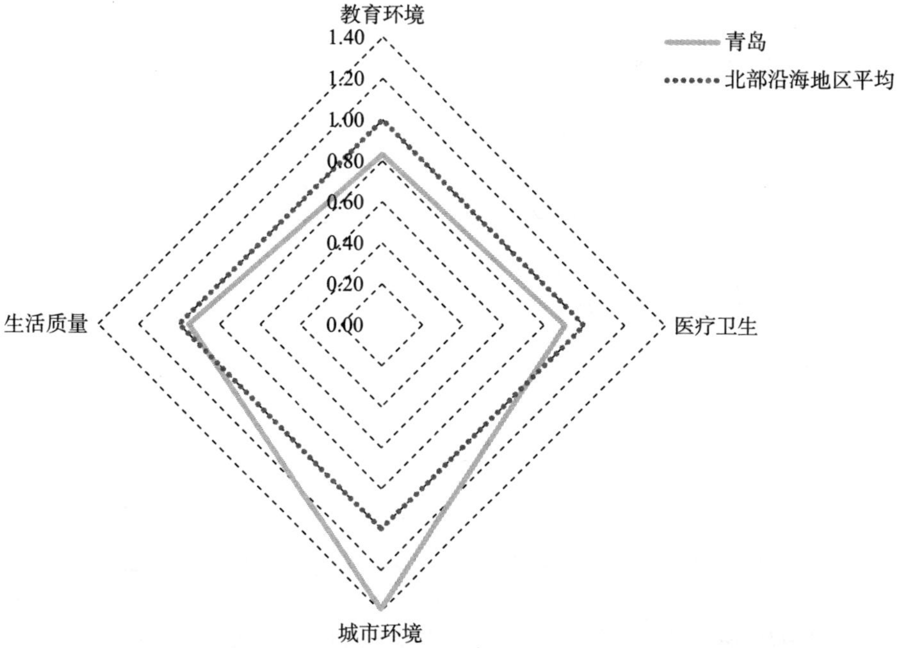

图 4.4.5　青岛金融人才环境与北部沿海地区平均水平的比较

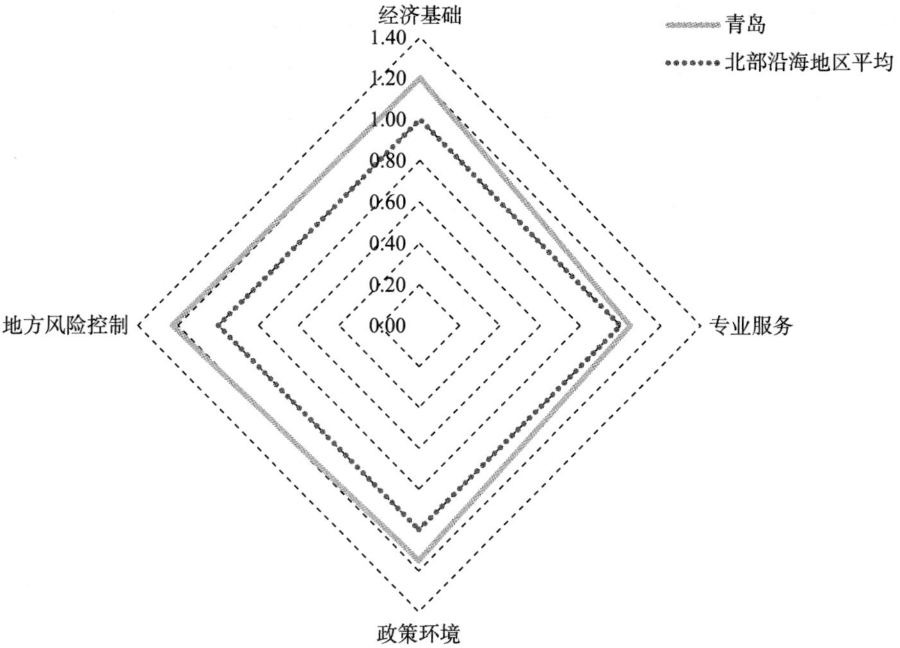

图 4.4.6　青岛金融商业环境与北部沿海地区平均水平的比较

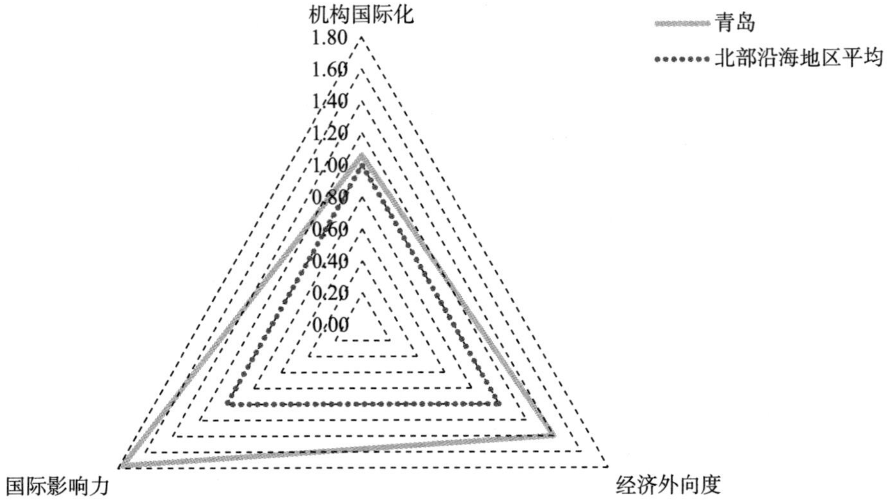

图 4.4.7 青岛金融国际化环境与北部沿海地区平均水平的比较

- 2022 年青岛空气质量优良率为 88.5%,日航班次数为 263,均为区域内第 1。
- 2022 年青岛地方政府负债率 20.6%,地方政府债务率 225%,比 2021 年下降近一半,均为区域内最低;近四年无违约债务余额,为区域内最好。
- 青岛拥有外资金融机构营业性机构 30 家,为区域内第 2。
- 2022 年青岛当年实际利用外资总额 55.1 亿美元。进出口总额 1355.5 亿美元,为区域内第 1。

第 5 章　东部沿海地区金融中心评价

5.1　总体评价

本期中国金融中心指数评价东部沿海地区包括江苏省和浙江省。江苏省、浙江省位于长江三角洲地区，与上海、安徽共同构成长江三角洲城市群；江苏、浙江也是全国经济强省，2022 年 GDP 分别排名全国第 2 和第 4。地区内有 6 个城市纳入本期中国金融中心指数评价，分别是杭州市、南京市、苏州市、宁波市、温州市和无锡市。

1. 综合竞争力表现

表 5.1.1　东部沿海地区金融中心在 CFCI 15 中的评价结果

城市	综合竞争力		金融产业绩效		金融机构实力		金融市场规模		金融生态环境	
	得分	排名	得分	排名	得分	排名	得分	排名	得分	排名
杭州	77.24	5	130.24	5	59.78	5	16.96	8	108.40	6
南京	65.26	7	116.99	7	39.08	9	11.69	11	101.80	7
苏州	57.46	11	102.97	9	26.46	15	18.08	7	91.50	11
宁波	45.29	18	71.36	20	28.74	13	11.36	12	75.78	19
无锡	39.71	23	68.47	25	17.37	26	8.60	16	71.71	24
温州	30.07	35	53.61	35	13.69	32	3.59	27	54.87	34

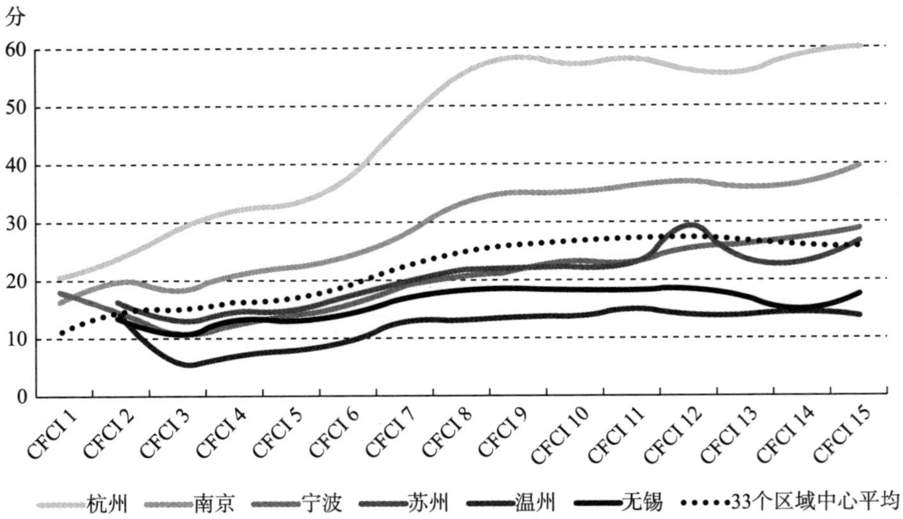

图 5.1.1 东部沿海地区金融中心历期 CFCI 综合竞争力得分

- 东部沿海地区金融中心综合竞争力整体水平差异明显,杭州、南京、苏州处于全国领先水平,无锡、温州排名相对靠后。苏州、杭州金融中心综合竞争力得分增速明显快于温州、无锡,差距有所扩大。
- 杭州金融中心在东部沿海地区排名第 1,在全国排名第 5,排名与上期持平。
- 南京金融中心在东部沿海地区排名第 2,在全国排名第 7,较上年上升 1 名。
- 苏州金融中心在东部沿海地区排名第 3,在全国排名第 11,排名与上期持平;本期综合竞争力得分 57.46 分,较上期增长 2.18 分,苏州金融中心综合竞争力整体保持平稳上升。
- 宁波金融中心在东部沿海地区排名第 4,在全国排名第 18,排名上升 2 名;本期综合竞争力得分 45.29 分,较上期增长 1.61 分。

2. 金融产业绩效分项表现

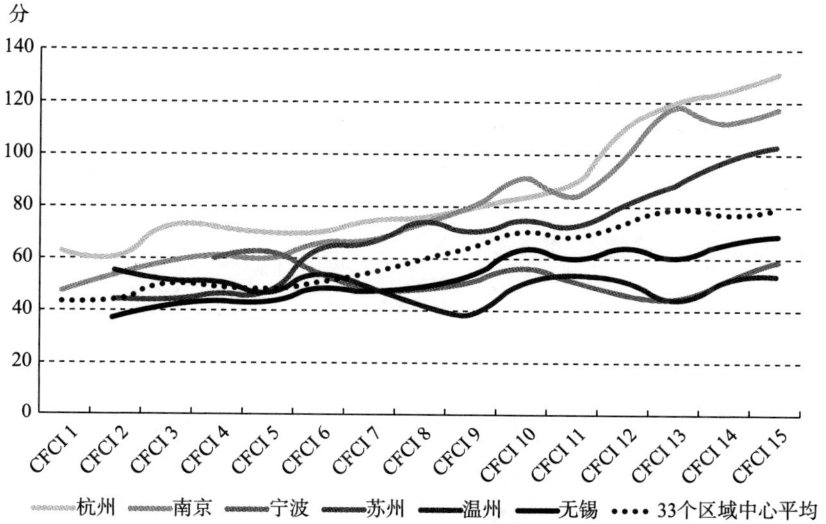

图 5.1.2　东部沿海地区金融中心历期金融产业绩效得分

- 本期东部沿海地区金融中心的金融产业绩效得分均为增长。
- 本期苏州进步明显，金融产业绩效得分上升 5.62 分，金融产业绩效排名上升 1 名，排名全国第 9。
- 本期宁波金融产业绩效得分上升 5.20 分，金融产业绩效排名由第 24 上升至第 20。

3. 金融机构实力分项表现

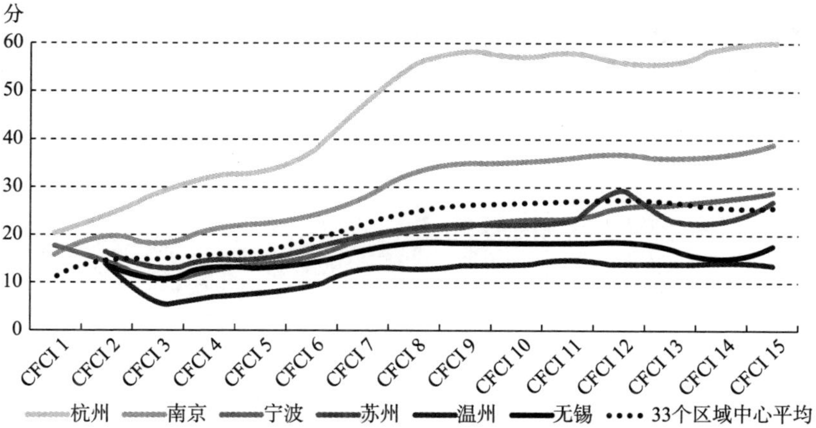

图 5.1.3　东部沿海地区金融中心历期金融机构实力得分

• 东部沿海地区六个金融中心的金融机构实力评价得分除温州外均有所上升。

• 杭州金融机构实力大幅超过东部沿海地区其他金融中心,本期得分59.78分,同比上升0.97分,排名全国第5位。

• 苏州金融机构实力得分26.46分,同比上升3.70分,排名全国第15位,较上期上升4位。

4. 金融市场规模分项表现

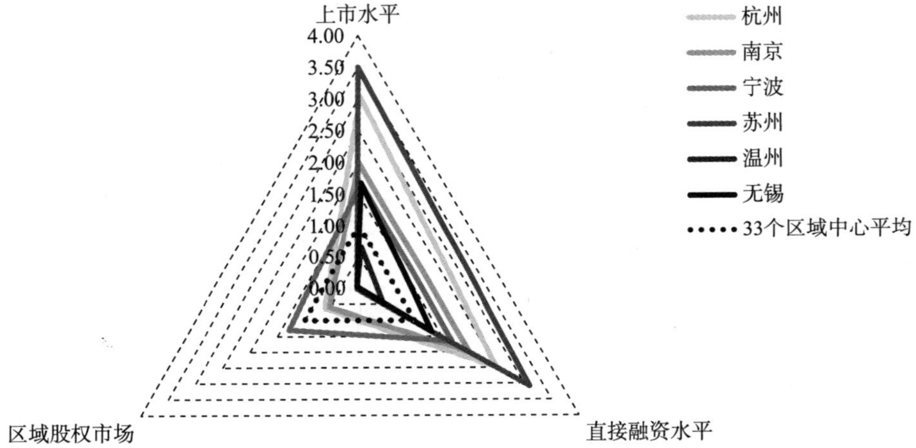

图 5.1.4　东部沿海地区金融中心的金融市场规模分项对比

• 本期东部沿海地区金融中心金融市场得分除苏州和温州小幅增长外,其他城市均有下降。

• 宁波金融中心金融市场得分虽下降0.11分,但排名较上期上升2位,排名全国第12位。

5. 金融生态环境分项表现

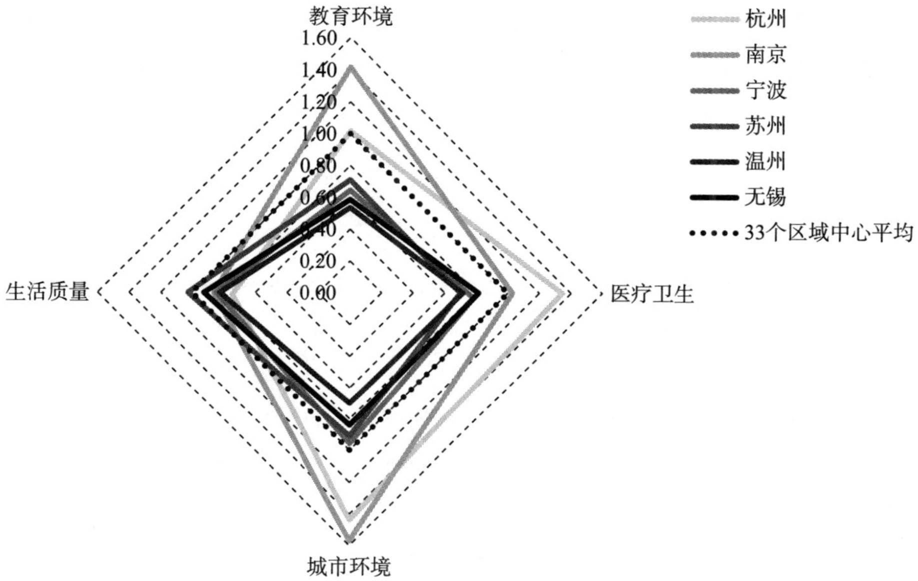

图 5.1.5　东部沿海地区金融中心历期金融生态环境得分

- 杭州、南京金融生态环境得分分别增长 2.99 分、2.76 分,排名分别较上期上升 1 位、2 位,分别位居全国第 6 和第 7。
- 苏州和温州金融生态环境得分有所下降,分别排名全国第 11 位、第 34 位,排名较上期分别下滑 1 个名次。
- 无锡金融生态环境得分 71.71 分,同比下降 1.79 分,排名全国第 24 位,较上期下降 6 个名次。

5.2　杭州金融中心评价

杭州是浙江省省会,地处中国华东地区、钱塘江下游、东南沿海、浙江北部、京杭大运河南端。杭州是首批国家历史文化名城,以“东南名郡”著称于世;杭州因风景秀丽,素有“人间天堂”的美誉。杭州在 2005 年就提出“努力把杭州建设成金融机构齐全、金融市场发达、金融辐射功能强劲的‘长三角’区域性金融中心,成为上海国际金融市场的重要组成部分”。

1. 杭州金融中心综合竞争力表现

从往期得分与排名来看,杭州金融中心综合竞争力得分稳步上升,排名有波动,总体维持在第 5~7 名。近十来年,杭州的综合竞争力得分翻倍,上升了 42.4 分,在本期中综合竞争力得分为 77.24 分(图 5.2.1)。

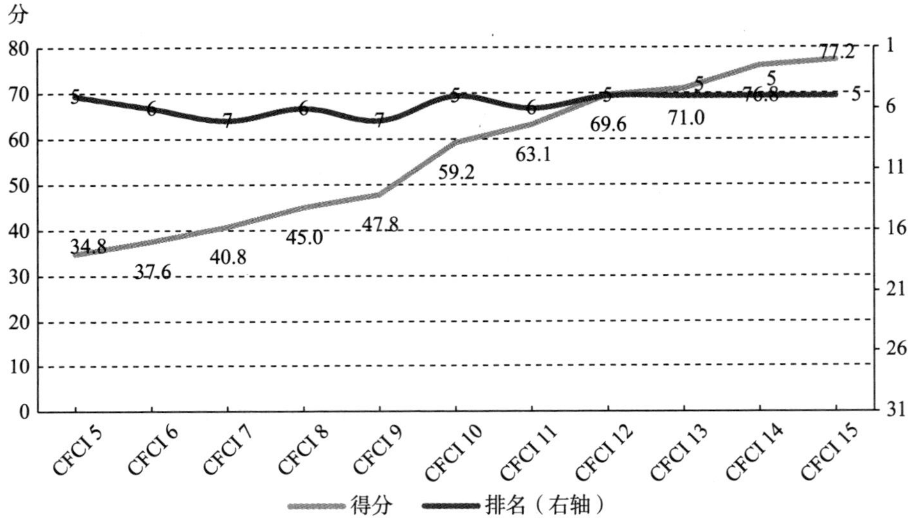

图 5.2.1 杭州金融中心综合竞争力历期得分与排名

本期 CFCI 杭州综合竞争力得分上升 0.43 分,排名全国第 5,与上期持平。杭州在金融产业绩效、金融机构实力和金融生态环境的得分上均实现增长,金融市场规模得分有所下降(表 5.2.1)。

表 5.2.1 杭州在 CFCI 15 中的评价结果

评价分类	CFCI 15 得分	同比上期	得分增幅	CFCI 15 排名	排名变化
金融产业绩效	130.24	5.93	4.77%	5	0
金融机构实力	59.78	0.97	1.66%	5	0
金融市场规模	16.96	-4.53	-21.07%	8	-1
金融生态环境	108.40	2.99	2.84%	6	1
金融人才环境	9.01	0.43	5.06%	8	2
金融商业环境	10.31	-0.08	-0.79%	6	2
国际化环境	4.68	0.31	7.09%	5	1

2. 杭州金融中心金融产业绩效表现

在金融产业绩效方面，杭州金融业增加值、金融业务规模和业务相对水平在东部沿海地区具有优势，如图 5.2.2 所示。

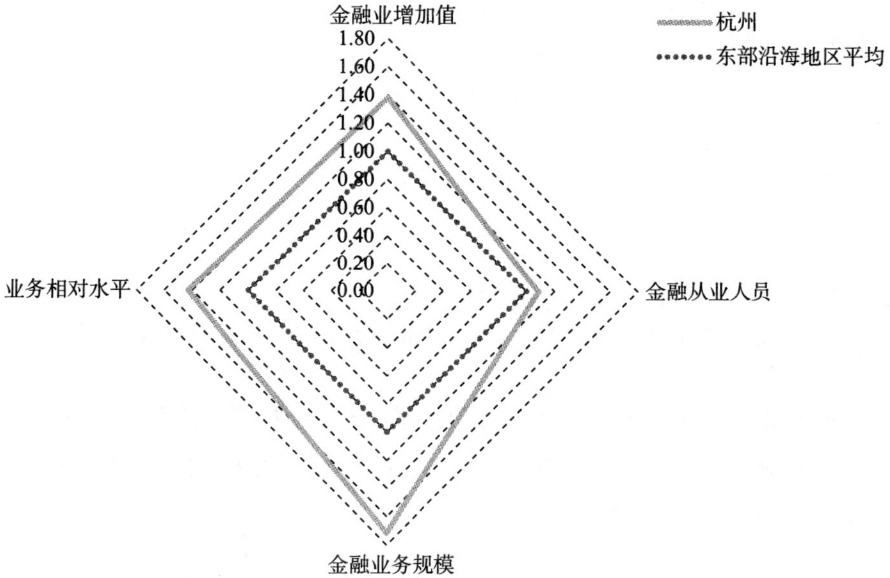

图 5.2.2　杭州金融产业绩效同东部沿海地区平均水平的比较

- 2022 年，杭州金融业增加值 2407.0 亿元，金融业增加值三年平均增长率 8.2%，均为区域内第一。
- 2020 年，杭州金融从业人员总数 11.6 万人，为区域内第一。
- 2022 年，杭州金融机构本外币存款余额 69592 亿元，金融机构本外币贷款余额 62306 亿元，均为区域内第一。

3. 杭州金融中心金融机构实力表现

在金融机构实力方面，杭州金融机构实力在东部沿海地区中远远领先区域平均水平，如图 5.2.3 所示。

- 杭州拥有本地法人商业银行 11 家，仅次于温州；2022 年本地法人商业银行资产总规模 57938 亿元，为区域内第一。
- 杭州本地法人信托公司 4 家，本地法人财务公司数 7 家，均为区域内第一。

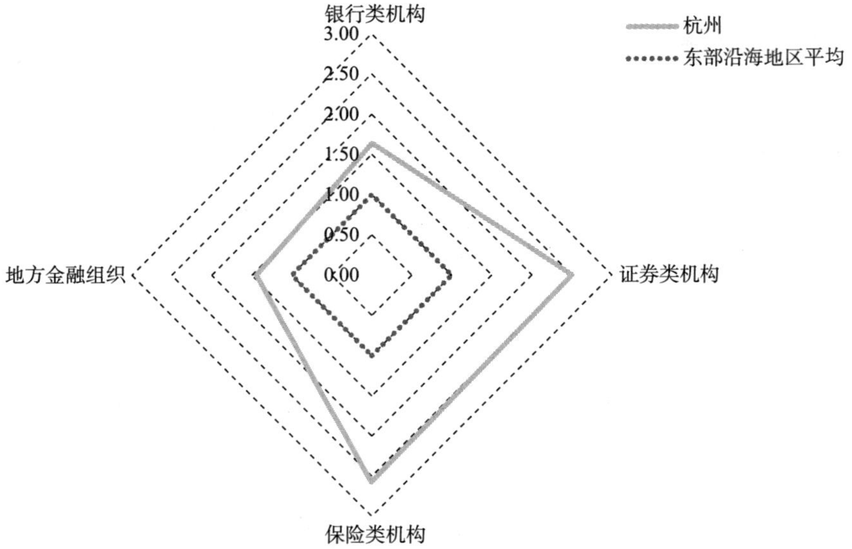

图 5.2.3 杭州金融机构实力与东部沿海地区平均水平的比较

- 杭州私募基金管理人 1312 家,私募基金数量 9575 只,均为区域内第一位。
- 杭州拥有本地法人保险公司 3 家,拥有本地法人保险公司资产规模 2071 亿元,均为区域内第一。

4. 杭州金融中心金融市场规模表现

在金融市场规模方面,杭州上市水平方面在东部沿海地区中处于领先水平,如图 5.2.4 所示。

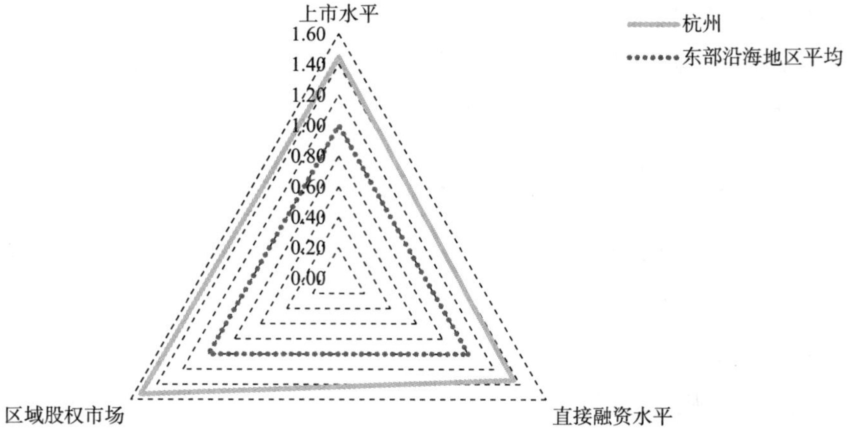

图 5.2.4 杭州金融市场规模与东部沿海地区平均水平的比较

● 杭州缺少全国性金融市场,但在资本市场利用水平方面表现优异。

● 杭州本地 A 股上市公司数 215 家,居区域内第一,2022 年新增 A 股上市公司数 15 家。

● 杭州 A 股市场累计融资规模 3922. 5 亿元,为区域内第二。

5. 杭州金融中心金融生态环境表现

在金融生态环境方面,杭州在医疗卫生、专业服务和国际化环境方面优势明显,如图 5. 2. 5、图 5. 2. 6 和图 5. 2. 7 所示。

● 杭州截至 2022 年第一季度执业律师数 1. 2 万人,2022 年注册会计师(CPA)3427 人,均为区域内第一。

● 杭州 2022 年每万人拥有医院病床 71. 1 张,为区域内第一。

● 2022 年,杭州地方政府负债率 19. 6%,地方政府债务率 154%,近三年违约债券余额为 0。

● 杭州拥有外资金融机构营业性机构 39 家,区域内仅次于南京。

● 2022 年,杭州当年实际利用 FDI 总额 78. 1 亿美元,为区域内第一。

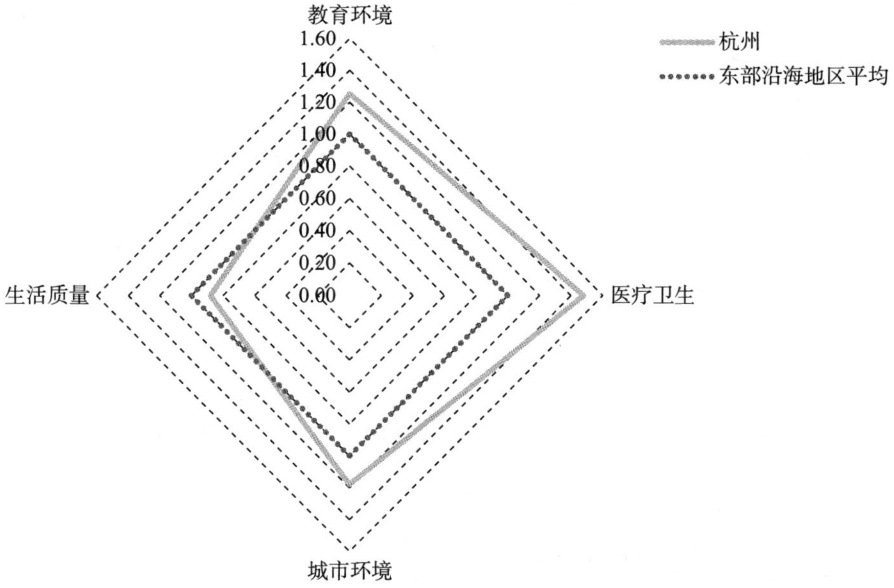

图 5. 2. 5　杭州金融人才环境与东部沿海地区平均水平的比较

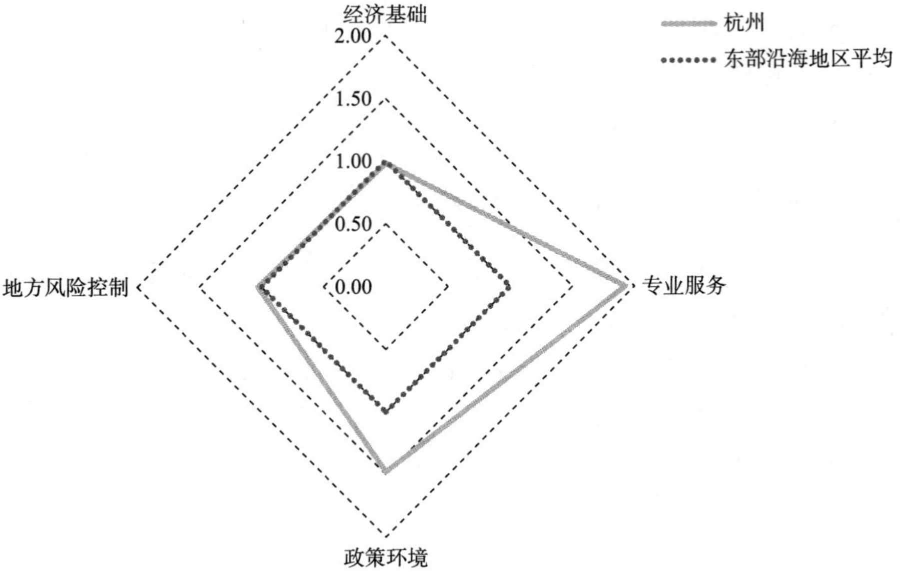

图 5.2.6　杭州金融商业环境与东部沿海地区平均水平的比较

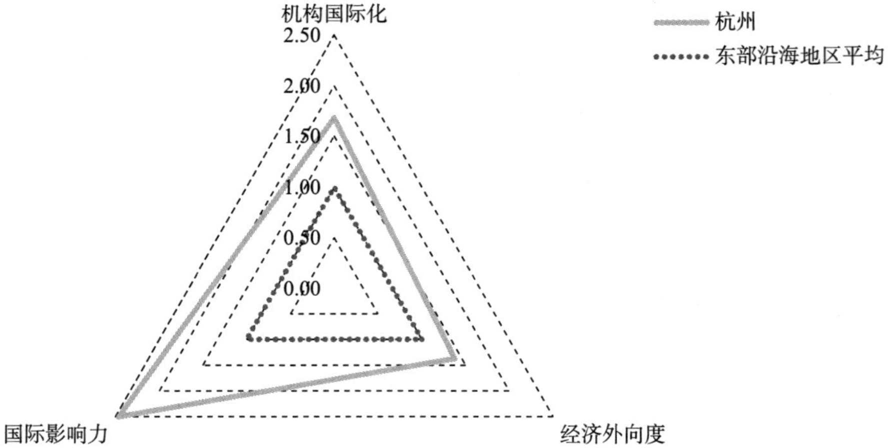

图 5.2.7　杭州金融国际化环境与东部沿海地区平均水平的比较

5.3　南京金融中心评价

南京是江苏省省会,地处中国东部、长江下游,濒江近海,是长三角辐射带动中西部地区发展的国家重要门户城市，长期占据中国南方的政治、经济、文化中心。南京在2005年就提出建设“五大中心”，其中包括建设区域金融中心。

1. 南京金融中心综合竞争力表现

南京在东部沿海地区中排名仅次于杭州，在全国排名稳定在第7~9名。近十来年，南京的综合竞争力得分翻倍，上升了33.7分，本期综合竞争力得分为65.26分。从往期得分与排名来看，南京金融中心综合竞争力得分基本处于稳步上升趋势，金融中心竞争优势凸显。

本期CFCI南京综合竞争力排名全国第8，同上期持平。南京在金融产业绩效、金融机构实力和金融生态环境的得分上均实现增长，金融市场规模得分有所下降。

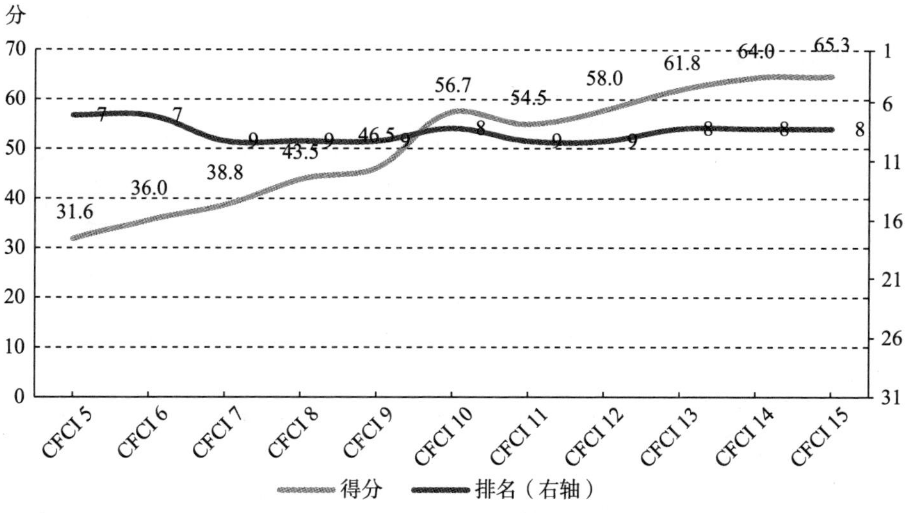

图5.3.1　南京金融中心综合竞争力历期得分与排名

表5.3.1　南京在CFCI 15中的评价结果

评价分类	CFCI 15得分	同比上期	得分增幅	CFCI 15排名	排名变化
金融产业绩效	116.99	4.86	4.33%	7	1
金融机构实力	39.08	2.39	6.51%	9	1
金融市场规模	11.69	-5.15	-30.57%	11	-2
金融生态环境	101.80	2.76	2.79%	7	2

续表

评价分类	CFCI 15 得分	同比上期	得分增幅	CFCI 15 排名	排名变化
金融人才环境	9.61	0.04	0.37%	6	-1
金融商业环境	9.39	0.29	3.20%	11	2
国际化环境	3.54	0.29	8.77%	9	2

2. 南京金融中心金融产业绩效表现

在金融产业绩效方面,南京金融业增加值、金融业务规模和业务相对水平在东部沿海地区具有优势,如图 5.3.2 所示。

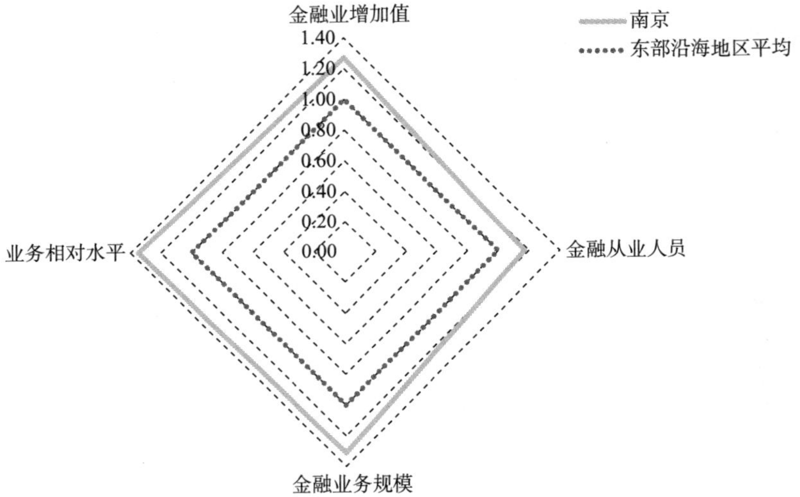

图 5.3.2 南京金融产业绩效同东部沿海地区平均水平的比较

- 2022 年,南京金融业增加值 2200 亿元,为区域内第三;金融业增加值三年平均增长率 6.7%。
- 2020 年,南京金融从业人员总数 7.4 万人;金融从业人员三年平均增长率 8.9%,为区域内第二。
- 2022 年,南京金融机构本外币存款余额 49531 亿元,金融机构本外币贷款余额 48760 亿元,均为区域内第二。
- 2022 年,南京证券交易量在全国占比 3.7%,为区域内第一。

3. 南京金融中心金融机构实力表现

在金融机构实力方面,南京金融机构实力在银行、证券、保险类机构方面有明显优势，如图 5.3.3 所示。

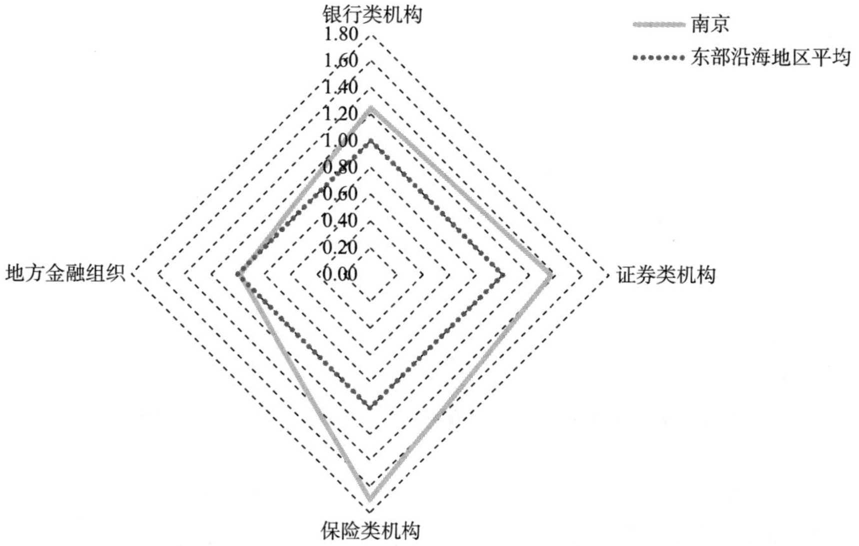

图 5.3.3　南京金融机构实力与东部沿海地区平均水平的比较

- 南京拥有本地法人商业银行 9 家；2022 年本地法人商业银行资产总规模 5.5 万亿元，为区域内第二。
- 南京拥有本地法人证券公司 2 家；2022 年本地法人证券公司资产总规模 8982 亿元，为区域内第一。
- 南京拥有本地法人保险公司 3 家；拥有本地法人保险公司资产规模 1047 亿元，为区域内第二。

4. 南京金融中心金融市场规模表现

在金融市场规模方面，南京区域股权方面在东部沿海地区中处于领先水平，如图 5.3.4 所示。

- 南京本地 A 股上市公司数 118 家，新三板挂牌公司数 117 家，处于区域内平均水平。
- 南京区域股权市场筹资金额 48.3 亿元，为区域内第一。

5. 南京金融中心金融生态环境表现

在金融生态环境方面，南京的专业服务、教育环境、城市环境和机构国

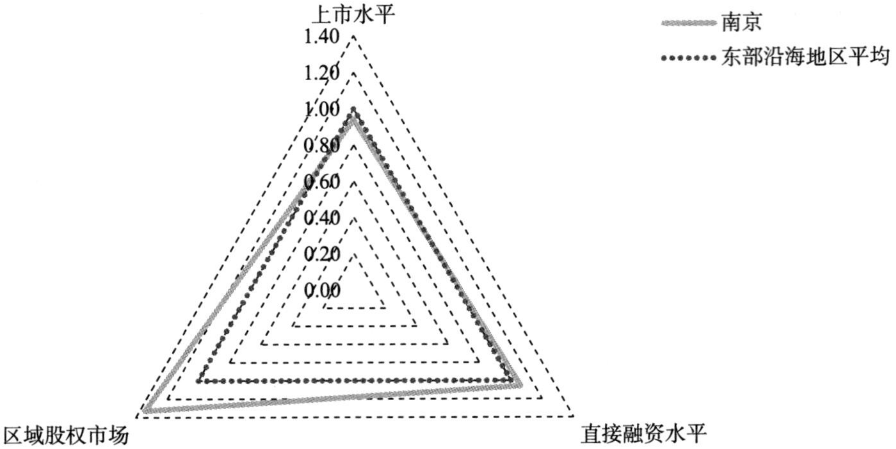

图 5.3.4　南京金融市场规模与东部沿海地区平均水平的比较

际化在东部沿海地区具有优势,如图 5.3.5、图 5.3.6 和图 5.3.7 所示。

- 2022 年,南京普通高等学校在校学生 97.3 万人,普通高等学校 51 所,均为区域内第一。
- 2022 年,南京每百万人城市轨道交通里程 49.1 公里,均为区域内第一。
- 南京截至 2022 年第一季度执业律师数将近 1 万人,2022 年注册会计师(CPA)2332 人,均为区域内第二。

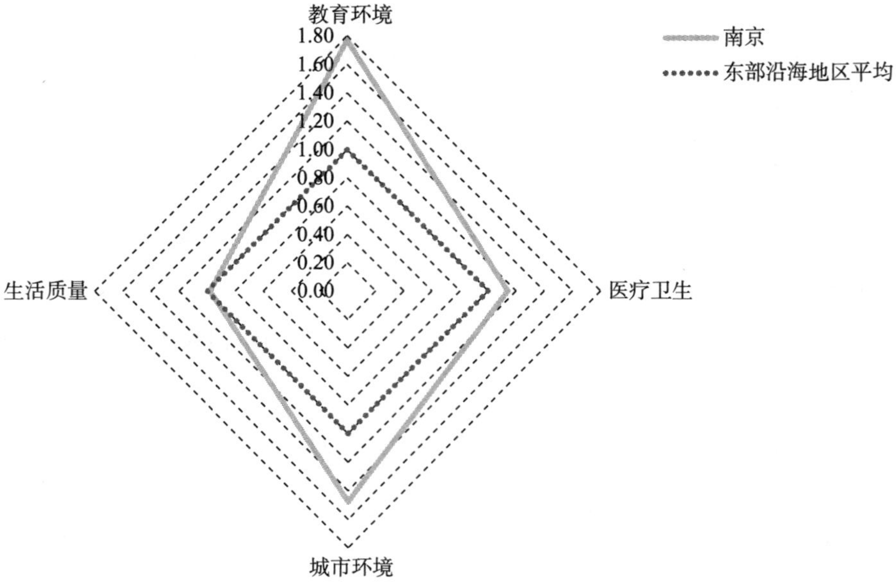

图 5.3.5　南京金融人才环境与东部沿海地区平均水平的比较

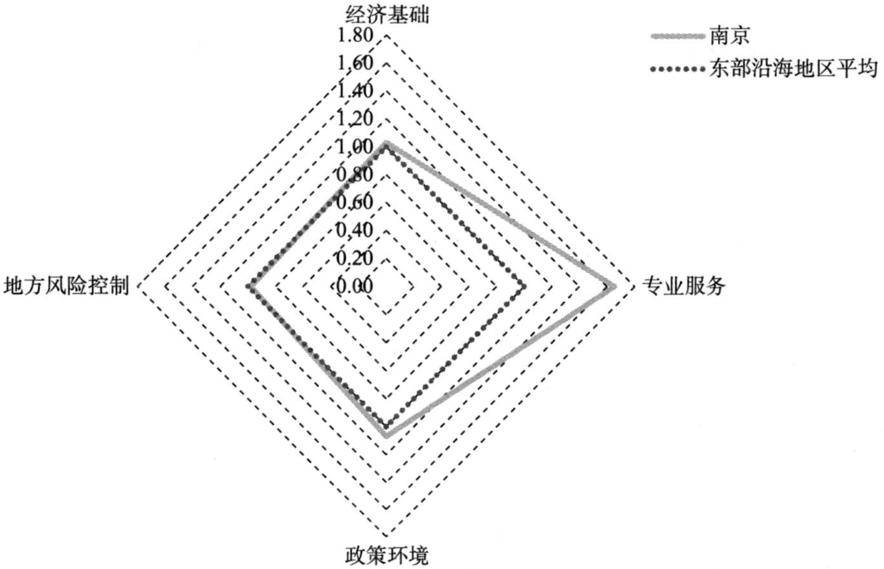

图5.3.6　南京金融商业环境与东部沿海地区平均水平的比较

• 南京拥有各类外资金融机构营业性机构48家,金融机构国际化水平区域第一。

• 南京整体国际影响力也远超区域平均水平,国际航班连通城市数与金融中心国际知名度均表现优秀,区域内仅次于杭州。

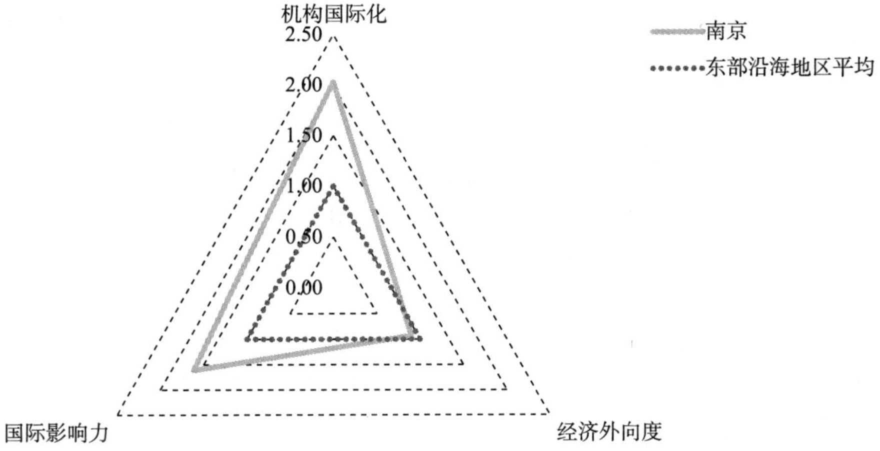

图5.3.7　南京金融国际化环境与东部沿海地区平均水平的比较

5.4　苏州金融中心评价

苏州位于长江三角洲中部、江苏省东南部,东傍上海,南接浙江。苏州是首批国家历史文化名城之一,是中国私家园林的代表,有“人间天堂”的美誉。苏州在金融业“十二五”发展规划中提出“建设‘对接上海、服务苏州、延伸辐射’的苏州区域金融中心”。

1. 苏州金融中心综合竞争力表现

从往期得分与排名来看,苏州金融中心综合竞争力得分稳步上升,仅在CFCI 11 中出现下滑。苏州金融中心综合竞争力排名存在波动,整体维持在10~13 名。近十几年间,苏州的综合竞争力得分接近翻倍,上升了 27.8 分,在本期中综合竞争力得分为 57.46 分。

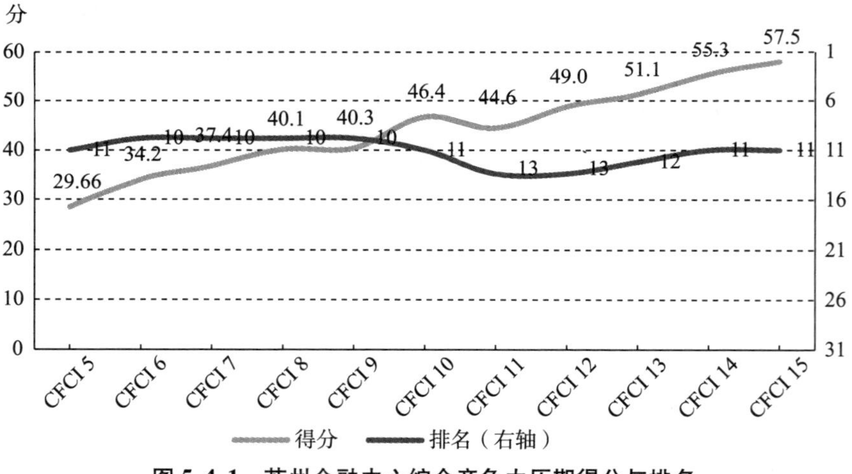

图 5.4.1　苏州金融中心综合竞争力历期得分与排名

本期苏州 CFCI 综合竞争力得分上升 2.18 分,排名第 11,与上期持平。苏州在金融产业绩效、金融机构实力和金融市场规模的得分上实现增长,其中金融机构实力得分增长 16.27%,单项排名上升 4 位。

表 5.4.1　苏州在 CFCI 15 中的评价结果

评价分类	CFCI 15 得分	同比上期	得分增幅	CFCI 15 排名	排名变化
金融产业绩效	102.97	5.62	5.78%	9	1
金融机构实力	26.46	3.70	16.27%	15	4
金融市场规模	18.08	0.46	2.61%	7	1
金融生态环境	91.50	-1.73	-1.85%	11	-1
金融人才环境	6.75	-0.02	-0.26%	30	-1
金融商业环境	10.00	-0.69	-6.44%	7	-1
国际化环境	3.50	0.32	10.20%	10	2

2. 苏州金融中心金融产业绩效表现

在金融产业绩效方面，苏州金融业增加值和金融从业人员在东部沿海地区具有优势，如图 5.4.2 所示。

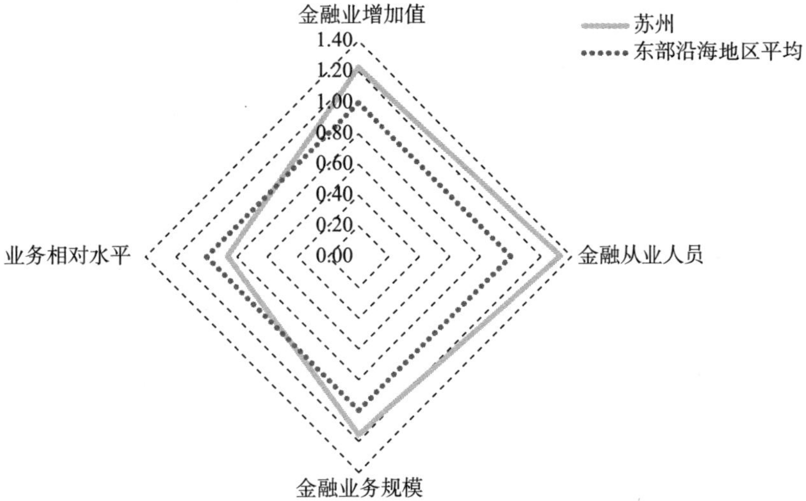

图 5.4.2　苏州金融产业绩效同东部沿海地区平均水平的比较

• 2022 年，苏州金融业增加值 2218.3 亿元，为东部沿海地区金融中心第二，与杭州接近；金融业增加值三年平均增长率 8.9%。

• 2020 年，苏州金融从业人员总数 8.9 万人，为区域内第二；金融从业人员三年平均增长率 12.5%，为区域内第一。

• 2022 年,苏州金融机构本外币存款余额 44501 亿元,金融机构本外币贷款余额 45247 亿元,均为区域内第三。

3. 苏州金融中心金融机构实力表现

在金融机构实力方面,苏州金融机构实力在东部沿海地区中略低于区域平均水平,如图 5.4.3 所示。

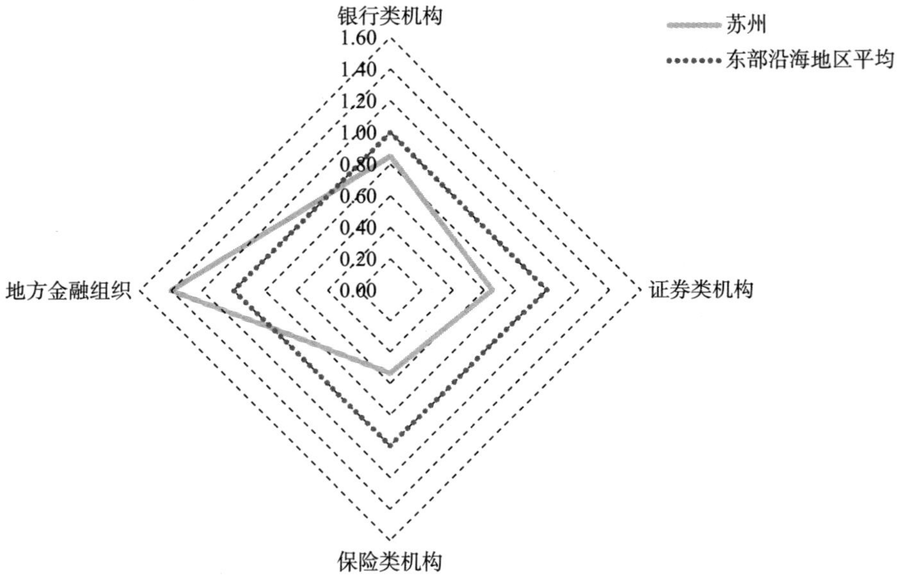

图 5.4.3　苏州金融机构实力与东部沿海地区平均水平的比较

• 苏州拥有本地法人商业银行 6 家;2022 年本地法人商业银行资产总规模 1.4 万亿元,均落后于区域平均水平,与杭州、南京差距明显。

• 苏州拥有本地法人证券公司 1 家;2022 年本地法人证券公司资产总规模 1360 亿元。

• 苏州拥有本地法人保险公司 1 家;2022 年本地法人保险公司资产规模 303 亿元。

4. 苏州金融中心金融市场规模表现

在金融市场规模方面,苏州上市水平和直接融资水平在东部沿海地区中处于领先水平,如图 5.4.4 所示。

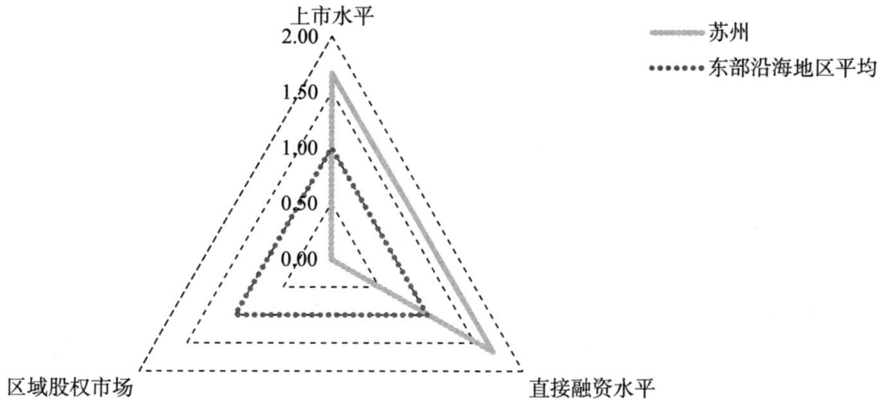

图 5.4.4　苏州金融市场规模与东部沿海地区平均水平的比较

- 苏州本地 A 股上市公司数 197 家，为区域内第二，2022 年新增 A 股上市公司 25 家，居区域第一；新三板挂牌公司数 259 家，为区域内第一。

5. 苏州金融中心金融生态环境表现

在金融生态环境方面，苏州的生活质量、政策环境和经济外向度在东部沿海地区具有优势，如图 5.4.5、图 5.4.6 和图 5.4.7 所示。

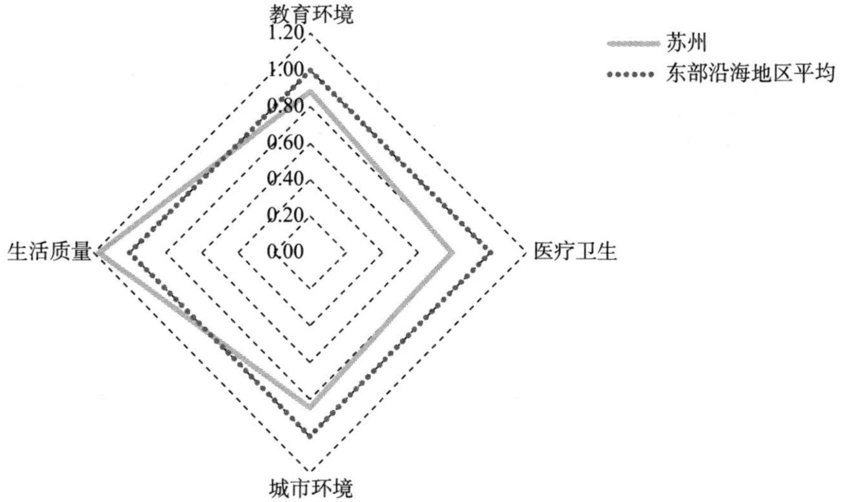

图 5.4.5　苏州金融人才环境与东部沿海地区平均水平的比较

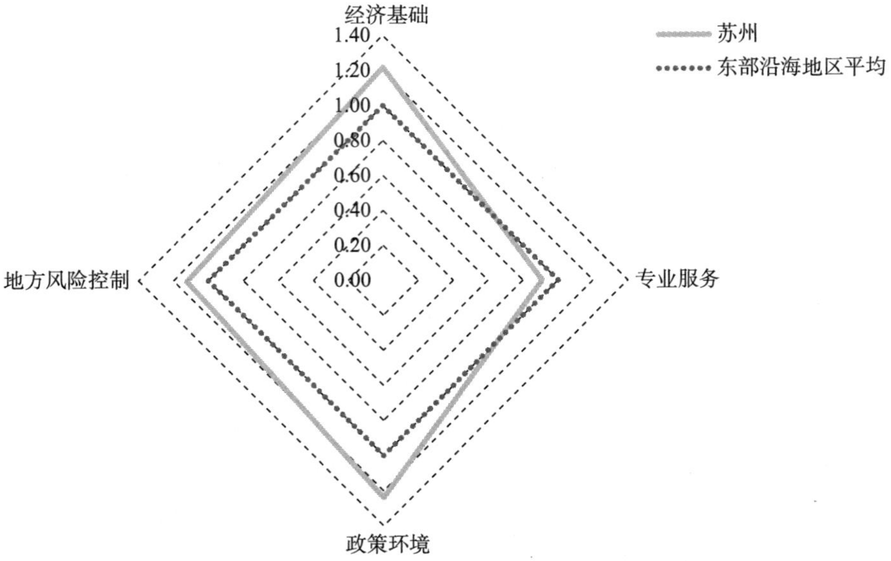

图 5.4.6　苏州金融商业环境与东部沿海地区平均水平的比较

• 苏州普通高等学校 25 所,普通高等学校在校学生 29.3 万人。

• 2022 年,苏州每万人拥有的执业医师数 31.8 人。

• 2022 年,苏州地方政府负债率 7.4%,地方政府债务率 71%,均为区域内最低。

• 2022 年,苏州当年实际利用外资总额 74.2 亿美元,为区域内第二;当年进出口总额 3866 亿美元,为区域内第一。

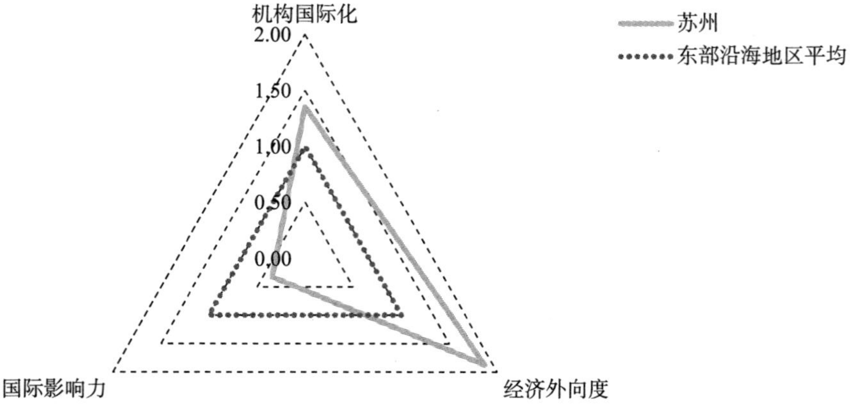

图 5.4.7　苏州金融国际化环境与东部沿海地区平均水平的比较

5.5　宁波金融中心评价

宁波是浙江省辖地级市、副省级市、计划单列市，是中国东南沿海重要的港口城市、长江三角洲南翼经济中心。宁波在2005年就定位建设区域金融中心。

1. 宁波金融中心综合竞争力表现

从往期得分与排名来看，宁波金融中心综合竞争力得分保持稳步提升，排名有所提高，但存在波动，基本保持在国内前二十水平。近十来年，宁波金融中心综合竞争力得分累计上升了21.2分。

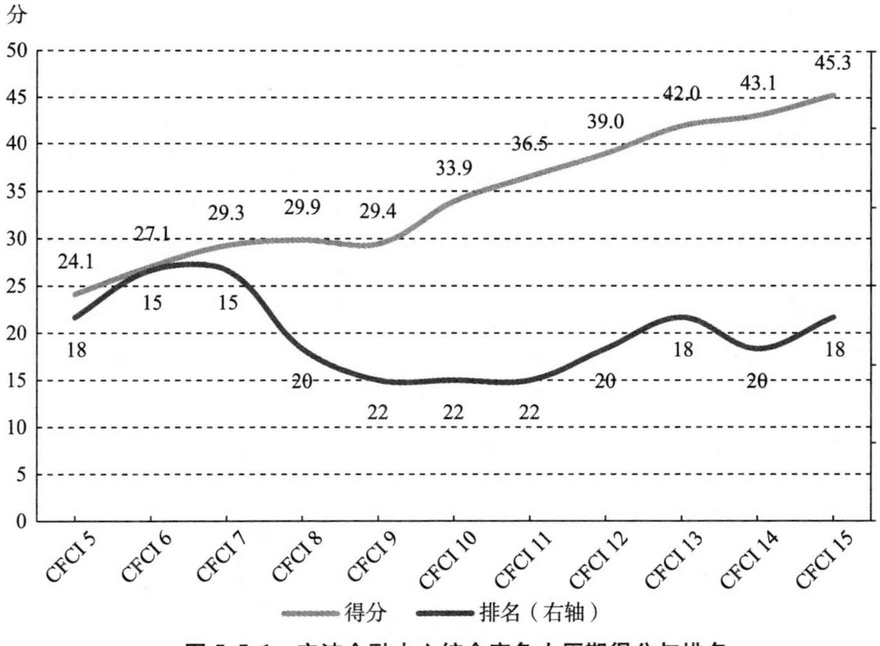

图5.5.1　宁波金融中心综合竞争力历期得分与排名

本期CFCI宁波综合竞争力得分为45.3分，上升2.2分，排名第18，比上期上升2名。宁波在金融产业绩效、金融机构实力和金融生态环境的得分上均实现增长，金融市场规模得分略微下降，但排名上升2位。

表 5.5.1　宁波在 CFCI 15 中的评价结果

评价分类	CFCI 15 得分	同比上期	得分增幅	CFCI 15 排名	排名变化
金融产业绩效	71.36	5.20	7.87%	20	4
金融机构实力	28.74	1.34	4.91%	13	1
金融市场规模	11.36	−0.11	−0.98%	12	2
金融生态环境	75.78	2.50	3.41%	19	0
金融人才环境	6.41	0.07	1.03%	33	1
金融商业环境	8.24	−0.10	−1.19%	15	0
国际化环境	2.13	0.59	38.08%	14	3

2. 宁波金融中心金融产业绩效表现

在金融产业绩效方面，宁波表现为在区域内和全国都相对落后，如图 5.5.2 所示。

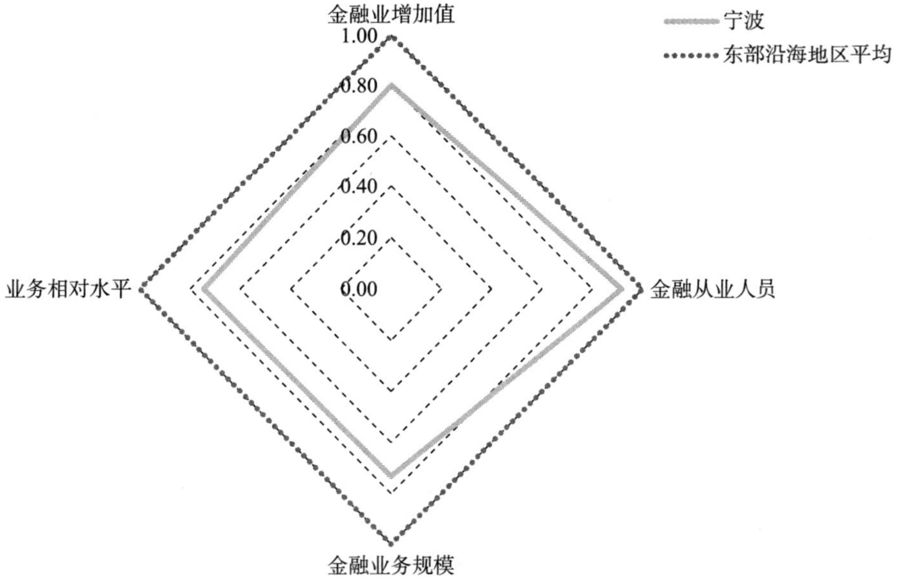

图 5.5.2　宁波金融产业绩效同东部沿海地区平均水平的比较

• 2022 年，宁波金融业增加值 1266.8 亿元，金融业增加值三年平均增长率 7.6%。

• 2020 年，宁波金融从业人员总数 8.5 万人；金融从业人员占常住人口比重 0.9%，为区域内第二。

- 2022 年，宁波保险深度仅为 2.6%，保险密度为 4326 元/人。

3. 宁波金融中心金融机构实力表现

在金融机构实力方面，宁波与东部沿海地区平均水平接近，如图 5.5.3 所示。

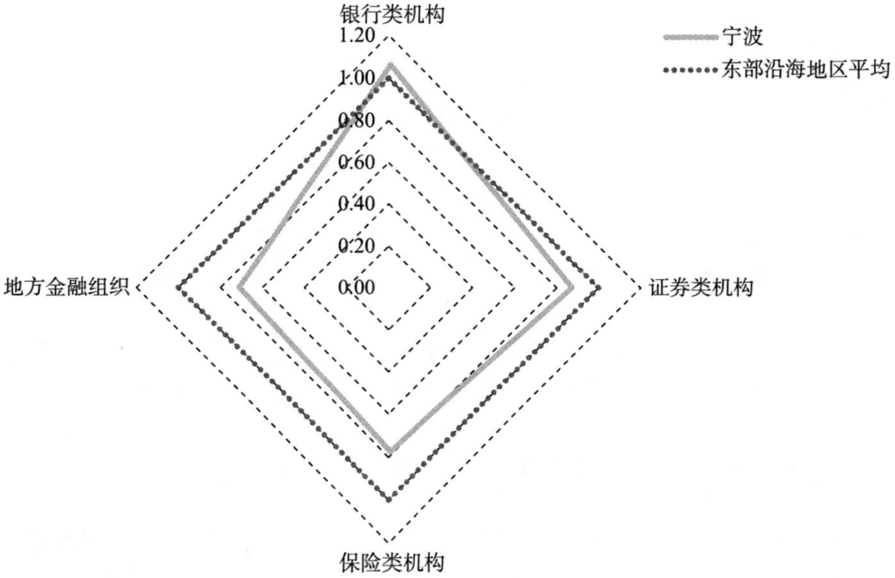

图 5.5.3　宁波金融机构实力与东部沿海地区平均水平的比较

- 宁波拥有本地法人商业银行 11 家，为区域内第二；2022 年本地法人商业银行资产总规模 3.1 万亿元，为区域内第三。
- 2021 年，宁波私募基金管理人 791 家，私募基金数量 5023 只，为区域内第二，仅次于杭州。
- 2022 年，宁波本地法人保险公司 1 家、保险资管法人 1 家，法人保险公司资产规模 16 亿元，大幅落后于区域平均水平。

4. 宁波金融中心金融市场规模表现

在金融市场规模方面,宁波的金融市场规模处于东部沿海地区平均水平,如图 5.5.4 所示。

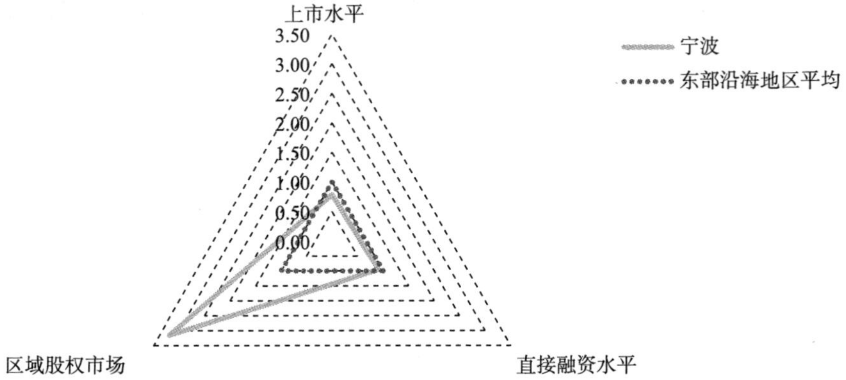

图 5.5.4　宁波金融市场规模与东部沿海地区平均水平的比较

- 宁波本地 A 股上市公司数 114 家,2022 年新增 A 股上市公司 8 家。
- 宁波区域股权市场拥有的挂牌公司数 3707 家,为区域内第一。

5. 宁波金融中心金融生态环境表现

在金融生态环境方面,宁波金融生态环境在专业服务和国际化环境方面在东部沿海地区相对落后,如图 5.5.5、图 5.5.6 和图 5.5.7 所示。

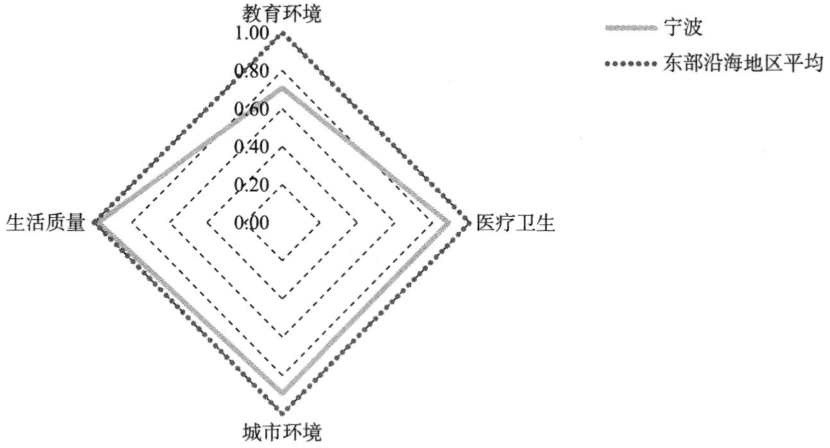

图 5.5.5　宁波金融人才环境与东部沿海地区平均水平的比较

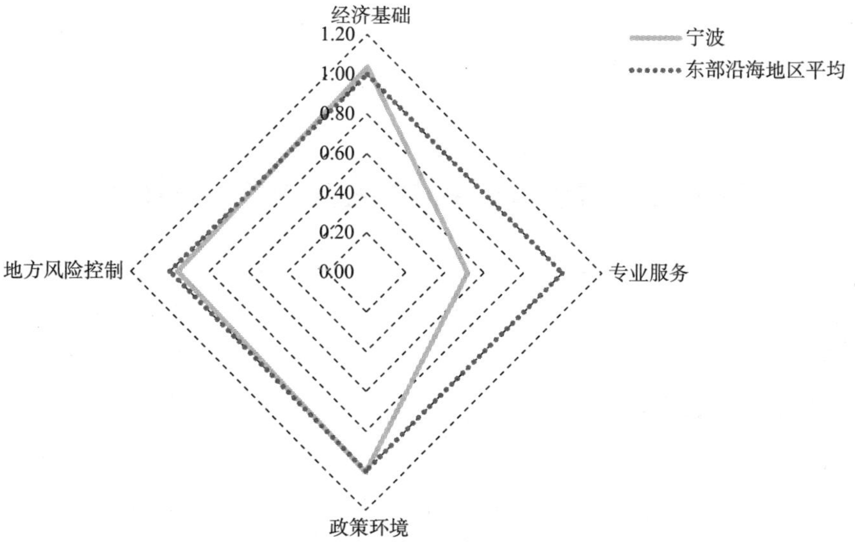

图 5.5.6　宁波金融商业环境与东部沿海地区平均水平的比较

• 2022 年,宁波地方政府负债率 18.4%,地方政府债务率 167%,处于区域平均水平。

• 宁波近三年无违约债券余额,为区域内最好。

• 宁波拥有外资金融机构营业性机构 14 家;2022 年,宁波当年实际利用 FDI 总额 37.3 亿美元,低于区域内平均水平。

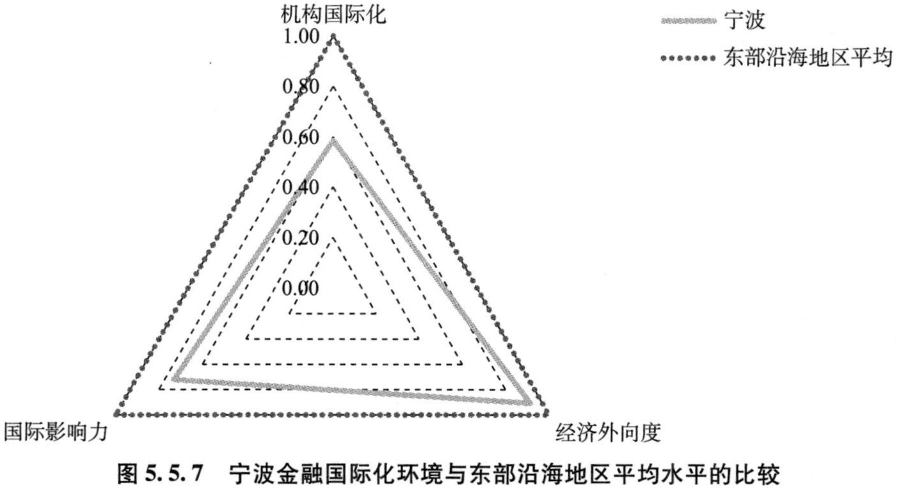

图 5.5.7　宁波金融国际化环境与东部沿海地区平均水平的比较

第 6 章　南部沿海地区金融中心评价

6.1　总体评价

南部沿海地区位于中国最南部，由广东、福建、海南三省组成，作为粤港澳大湾区所在地，是我国经济发展最活跃、开放程度最高、创新能力最强的区域之一，在国家现代化建设大局和全方位对外开放格局中占据着举足轻重的战略地位。区域内共有 5 个城市明确提出建设金融中心目标，除了深圳位列三大全国性金融中心之一，还有广州、福州、厦门、海口等 4 个城市为区域性金融中心。

1. 综合竞争力表现

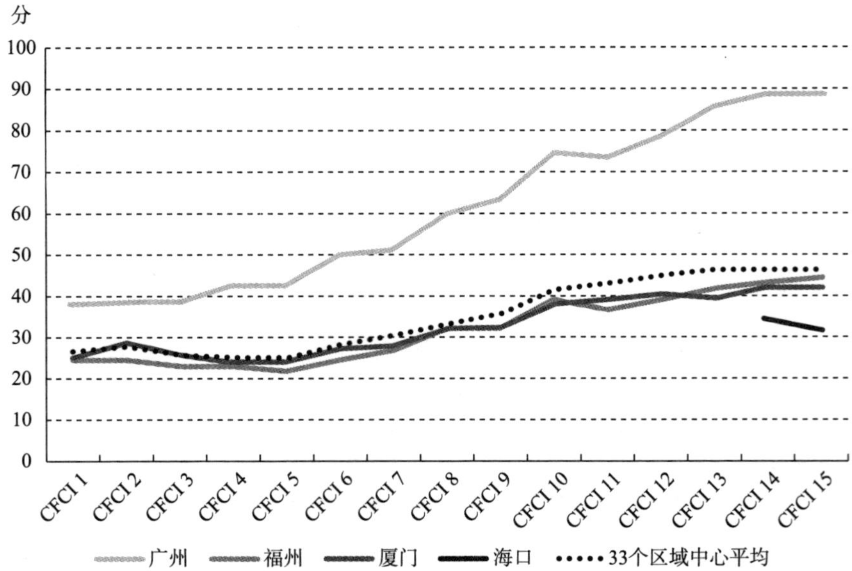

图 6.1.1　南部沿海地区金融中心历期 CFCI 综合竞争力得分

● 南部沿海地区金融中心综合竞争力与全国33个区域金融中心平均水平总体相当,其中广州金融中心综合竞争力“一枝独秀”,高于全国平均水平,福州、厦门、海口金融中心综合竞争力低于全国平均得分,但与全国平均水平分差不大。

表6.1.1　南部沿海地区金融中心在CFCI 15中的评价结果

城市	综合竞争力		金融产业绩效		金融机构实力		金融市场规模		金融生态环境	
	得分	排名	得分	排名	得分	排名	得分	排名	得分	排名
广州	88.66	4	148.03	4	56.96	6	25.03	6	135.15	3
福州	44.18	19	71.29	21	32.10	11	5.51	22	72.88	23
厦门	42.18	21	70.66	22	18.91	24	5.11	23	82.32	17
海口	31.95	33	66.89	26	11.68	34	2.13	31	52.99	36

● 广州在南部沿海地区排名第1,全国排名第4,本期综合竞争力得分88.66分,与上期基本持平。

● 福州在南部沿海地区排名第2,全国排名第19,本期综合竞争力得分44.18分,较上期下降1位。

● 厦门本期综合竞争力得分42.18分,较上期略有下降,全国排名第21,与上期持平。

● 海口作为上期新加入金融中心城市,综合竞争力得分31.95分,全国排名第33。

2. 金融产业绩效分项表现

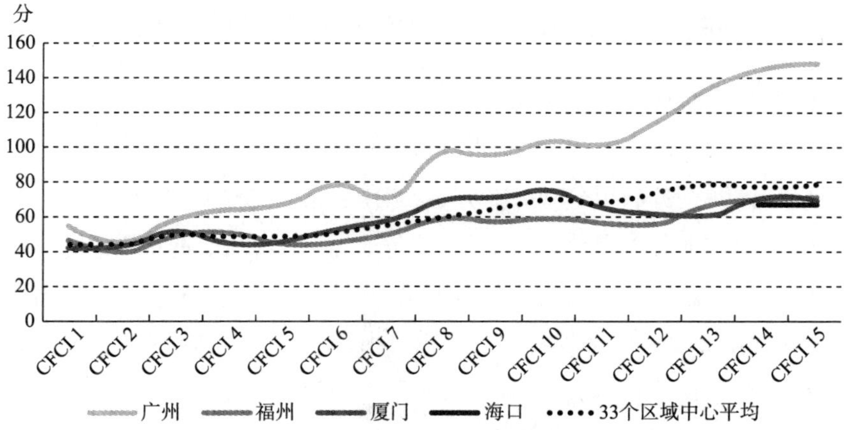

图6.1.2　南部沿海地区金融中心历期金融产业绩效得分

- 南部沿海地区金融产业绩效出现较大分化,其中广州分项得分呈现“一枝独秀”态势,而福州、厦门和海口得分略低于33个区域金融中心平均水平。
- 广州本期分项得分148.03分,较上期增长10.59分,排名南部沿海地区第1,全国第4。
- 福州金融产业绩效得分进入稳步上行通道,本期得分71.29分,较上期增长1.38分,排名全国第21。
- 厦门本期分项得分70.66分,较上期略降,排名全国第22。
- 海口本期分项得分66.89分,较上期略降,排名全国第26。

3. 南部沿海地区金融中心金融机构实力表现

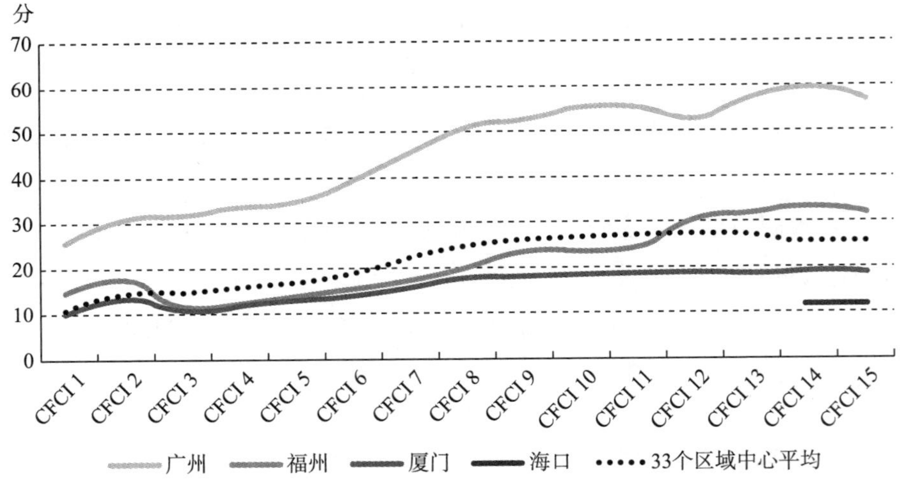

图6.1.3 南部沿海地区金融中心历期金融机构实力得分

- 南部沿海地区金融机构实力差距较大,其中广州、福州高于33个区域金融中心平均水平,厦门、海口低于33个区域金融中心平均水平。
- 广州本期分项得分56.96分,全国排名第6,较上期下降2位。
- 福州本期分项得分32.10分,排名全国第11,与上期持平。
- 厦门金融机构实力表现相对不足,本期分项得分18.91分,排名上升1位至全国第24。
- 海口本期分项得分11.68分,排名全国第34。

4. 金融市场规模分项表现

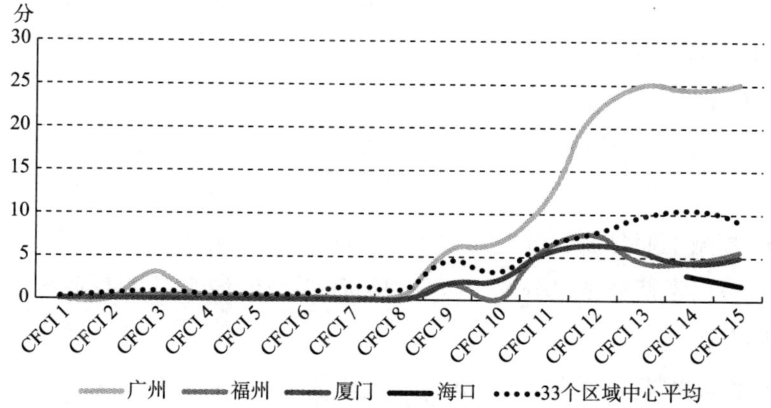

图 6.1.4　南部沿海地区金融中心的金融市场规模分项对比

- 南部沿海地区金融市场规模呈现两极分化，仅广州分项得分高于 33 个区域金融中心平均水平，而福州、厦门、海口分项得分均低于 33 个区域金融中心平均水平。
- 广州本期分项得分 25.03 分，与上期基本持平，排名全国第 6。
- 福州金融市场规模保持增长态势，本期得分上升 1 分，排名上升 3 位至全国第 22。
- 厦门本期得分上升 0.68 分，排名上升 3 位至全国第 23。
- 海口本期得分仅为 2.13 分，排名全国第 31。

5. 金融生态环境分项表现

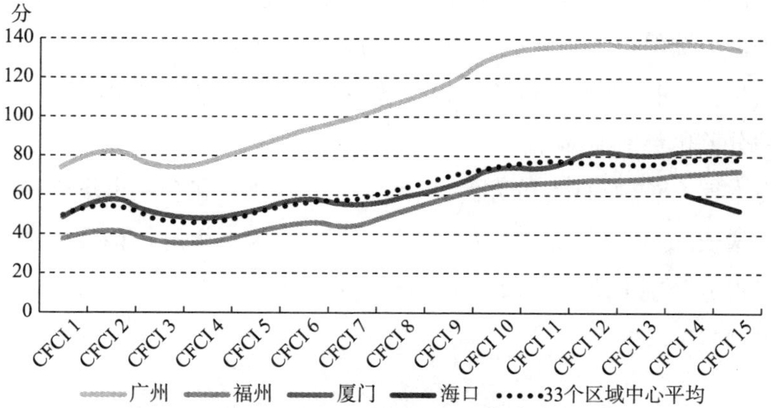

图 6.1.5　南部沿海地区金融中心历期金融生态环境得分

• 南部沿海地区金融生态环境得分表现平稳,与全国 33 个金融中心发展动态保持一致。其中,广州分项得分仍处于领先地位,与厦门分项得分高于 33 个区域金融中心平均水平;福州和海口分项得分低于 33 个区域金融中心平均水平。

• 广州本期分项得分 135. 15 分,较上期下降 2. 27 分,全国排名第 3,未发生变化。

• 福州本期分项得分上升 2. 3 分,全国排名上升 1 位至第 23。

• 厦门本期分项得分 82. 32 分,接近 33 个区域金融中心平均水平,排名全国第 17。

• 海口本期分项得分 52. 99 分,全国排名下降 4 位至第 36。

6. 2 广州金融中心评价

广州是广东省会、副省级城市、国家中心城市、首批沿海开放城市,地处珠江三角洲北缘,邻近港澳,面向南海,背靠华南,是中国通往世界的南大门、粤港澳大湾区的核心引擎和“一带一路”的枢纽城市。“十四五”时期,广州金融业发展总体定位为“三中心一标杆一高地”。“三中心”,即打造财富管理中心、风险管理中心和金融资源配置中心;“一标杆”,即创建数字金融标杆城市;“一高地”,即建设绿色金融创新发展高地。

1. 广州金融中心综合竞争力表现

从往期得分与排名来看,广州金融中心综合竞争力得分持续稳定增长,全国排名长期保持第 4 位不变,稳定处于区域金融中心发展第一梯队。值得注意的是,广州本期综合竞争力得分 88. 66 分,较上期略降 0. 26 分,与杭州之间的分差优势有所缩小。

在本期 CFCI 指标评价方面,广州金融产业绩效和金融市场规模得分保持较快增长,分别增长 2. 25%和 2. 25%。与此同时,金融机构实力和金融生态环境得分分别下降 4. 21%和 1. 65%。

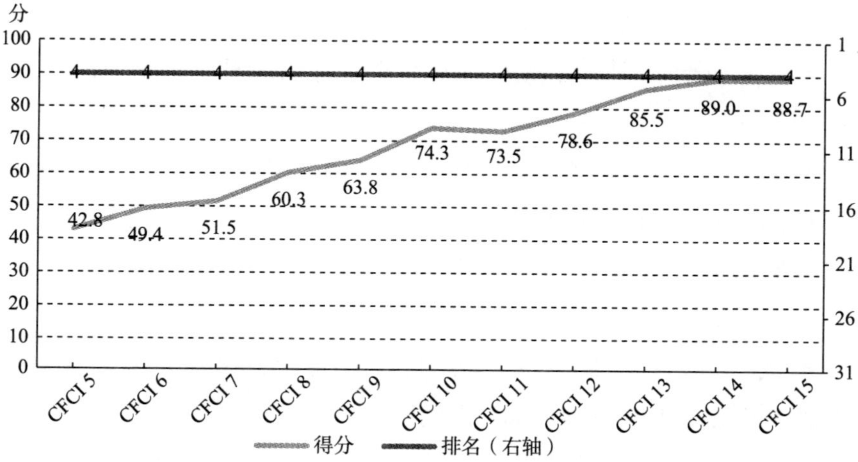

图 6.2.1　广州金融中心综合竞争力历期得分与排名

表 6.2.1　广州在 CFCI 15 中的评价结果

评价分类	CFCI 15 得分	同比上期	得分增幅	CFCI 15 排名	排名变化
金融产业绩效	148.03	3.25	2.25%	4	0
金融机构实力	56.96	−2.51	−4.21%	6	−2
金融市场规模	25.03	0.55	2.25%	6	0
金融生态环境	135.15	−2.27	−1.65%	3	0
金融人才环境	10.96	−0.68	−5.85%	2	0
金融商业环境	12.06	−0.51	−4.08%	4	0
国际化环境	6.90	0.69	11.12%	4	0

2. 广州金融中心金融产业绩效表现

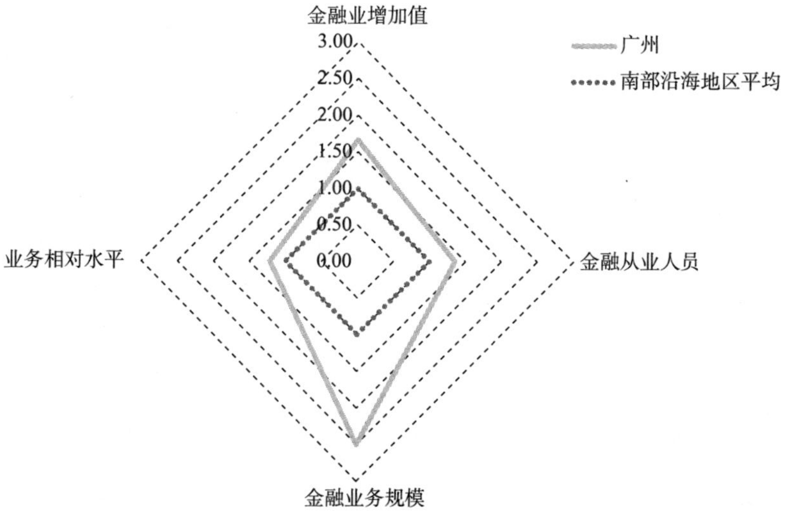

图 6.2.2　广州金融产业绩效同南部沿海地区平均水平的比较

在金融产业绩效方面,广州金融业务规模具有明显领先优势,金融从业人员和金融业增加值均大幅度领先南部沿海地区平均水平,如图 6.2.2 所示。

- 2022 年广州金融业实现增加值 2596 亿元,近三年平均增长率 6.9%,占地方生产总值比重为 9.0%。
- 2020 年广州金融从业人员 22.3 万人,近三年平均增长率 22.8%,占常住人口比重为 1.19%。
- 截至 2022 年年底,广州本外币存款余额 80500 亿元,本外币贷款余额 68900 亿元,远高于其他南部沿海地区城市。
- 截至 2022 年年底,广州全年保费收入 1545 亿元,保险深度 5.4%,保险密度人均 8246 元(常住人口统计口径)。

专栏 6.2.1　广州发布金融高质量发展"1+N"政策体系

2019 年,中共中央、国务院印发《粤港澳大湾区发展规划纲要》,提出共建粤港澳大湾区国际金融枢纽,支持广州完善现代金融服务体系。同年,广州市人民政府印发《关于支持广州区域金融中心建设的若干规定》,主要用于扶持在广州注册或运营的从事金融活动以及与金融直接相关的机构和个人,包括法人金融机构、法人金融类控股集团、金融机构地区总部、专业子公司、金融市场交易平台、金融中介服务机构、小额贷款公司、融资性担保公司、利用资本市场发展的企业、股权投资机构、金融科技类主体、金融机构高级管理人员、高层次金融人才以及其他优化金融发展的组织或项目。该政策作为广州市最重要的金融产业政策,实施以来取得了明显成效,对稳住广州经济基本盘、推动经济高质量发展发挥了重要作用。

2023 年 12 月,广州市地方金融监管局在原有政策基础上,制定发布了广州金融高质量发展"1+N"政策体系。其中,"1"是指 1 个核心文件,即《广州市促进金融业高质量发展若干措施》,对标建设金融强市的目标,明确了对持牌金融机构、增资扩股、企业上市、风投创投、期货市场、绿色金融等项目的一系列资金支持。该政策是整个政策体系的核心内容,于 2024 年 1 月 1 日起正式实施。"N"是指专项支持政策,已有 9 个专项支持政策经市政府同意印发实施,主要围绕广州金融发展的长远谋划,提出理财和资管中心、金融开放创新、现代金融服务体系、企业上市、地方金融组织等下一步重点工作的具体方案。后续,广州市地方金融监管局还将根据工作需要充实丰富"N"专项支持政策体系。

3. 广州金融中心金融机构实力表现

在金融机构实力方面,广州银行类机构、证券类机构、保险类机构和地方金融组织实力得分远高于南部沿海地区平均水平，如图6.2.3所示。

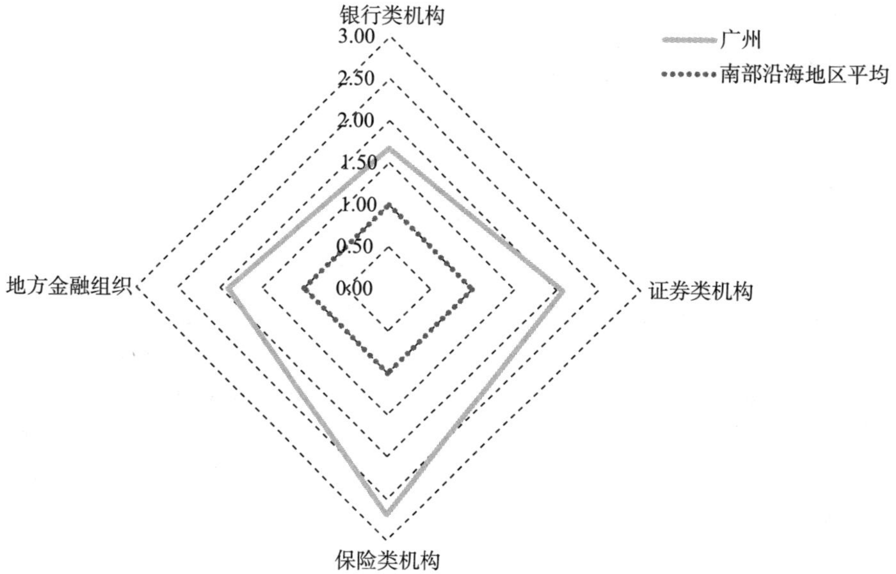

图6.2.3　广州金融机构实力与南部沿海地区平均水平的比较

- 截至2022年年底，广州本地法人商业银行共3家，资产总规模54453亿元，商业银行支行数量2231家。
- 截至2022年年底，广州本地法人证券公司共4家，资产总规模6989亿元。截至2023年上半年，广州证券公司营业部共288家，分别是福州和厦门的2倍、海口的10倍。
- 截至2022年年底，广州本地法人保险公司共5家，资产总规模1234亿元。

4. 广州金融中心金融市场规模表现

在金融市场规模方面，广州相较于南部沿海地区其他金融中心，上市水平、直接融资水平、区域股权市场都具有领先优势，如图6.4.2所示。

- 截至2022年年底，广州本地A股上市公司146家，新三板挂牌公司230家，年度新增IPO公司15家，企业上市表现良好。
- 截至2022年年底，广州A股市场累计融资额3694.3亿元，年度新增股票融资规模271.8亿元，融资市场表现活跃。

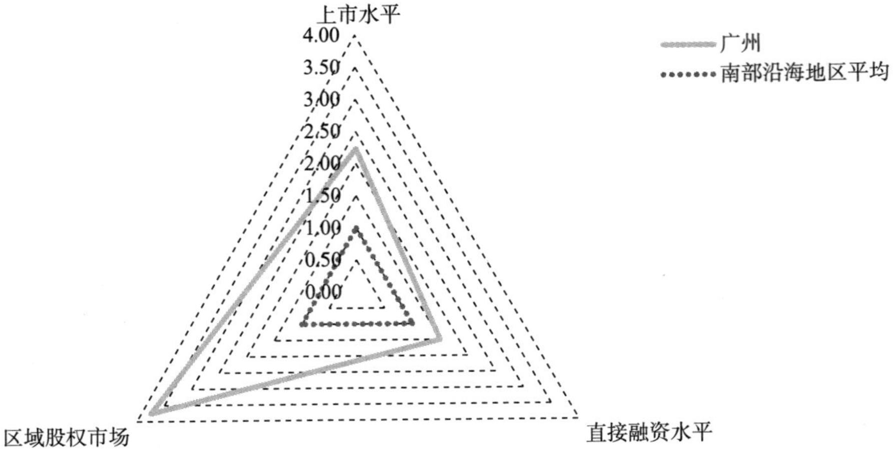

图 6.2.4　广州金融市场规模与南部沿海地区平均水平的比较

• 截至 2023 年上半年，广州区域股权市场挂牌公司 17524 家，远高于区域内其他城市。

5. 广州金融中心金融生态环境表现

在金融生态环境方面，广州全国排名第 3，仅次于北京、上海，高于深圳，尤其是在教育环境、专业服务、国际化环境等方面具有明显优势，如图 6.2.5、图 6.2.6 和图 6.2.7 所示。

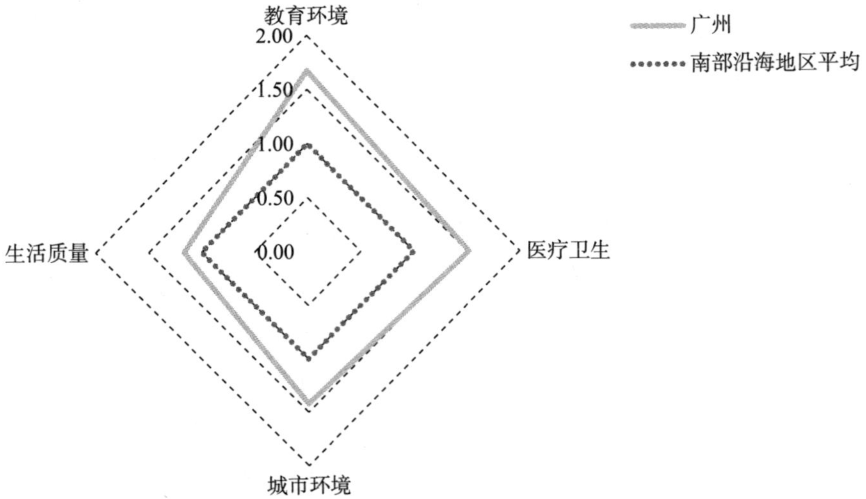

图 6.2.5　广州金融人才环境与南部沿海地区平均水平的比较

● 截至 2022 年年底，广州拥有普通高等学校在校学生 94 万人，普通高等学校 83 所，“双一流”高校 7 所，教育资源充足，稳居南部沿海地区首位。

● 截至 2022 年年底，广州每万人拥有医院病床 53.6 张，每万人拥有执业医师 36.7 人，在全国处于第一梯队。

● 截至 2022 年年底，广州人均公园绿地面积 17.2 平方米，每百万人城市轨道交通里程 33.2 公里，日航班次 730 次，城市环境建设持续优化完善。

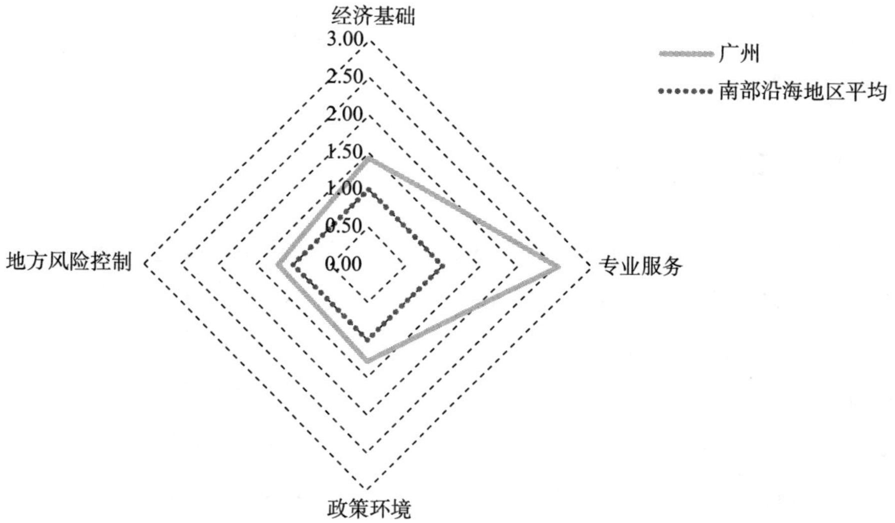

图 6.2.6 广州金融商业环境与南部沿海地区平均水平的比较

● 2022 年广州实现地区生产总值 28839 亿元，人均地区生产总值 153939 元，经济基础优势突出。

● 截至 2022 年上半年，广州拥有执业律师 18512 人。截至 2022 年年底，广州拥有注册会计师（CPA）3456 人。截至 2022 年上半年，广州拥有 747 家专业保险中介机构，专业服务保障性较强。

● 2022 年，广州金融业发展促进政策支持力度得分 6.6 分，产业政策友好度得分 7.0 分，高于南部沿海地区平均水平。

● 截至 2022 年年底，广州拥有 70 家外资金融机构营业性机构，机构国际化水平较高。

● 2022 年广州作为全球金融中心（GFCI）入选城市，国际知名度远大于福州、厦门和海口。

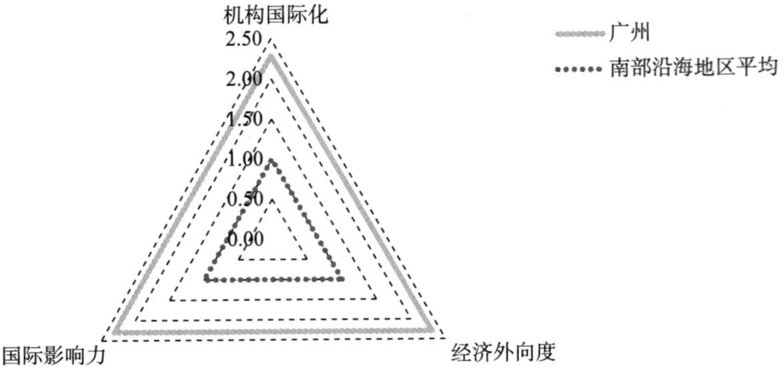

图 6.2.7 广州国际化环境与南部沿海地区平均水平的比较

6.3 厦门金融中心评价

厦门是福建省辖地级市、经济特区、副省级城市、计划单列市,是国家综合配套改革试验区、中国(福建)自由贸易试验区组成部分和国家海洋经济发展示范区。2010 年国务院批准在厦门建设两岸区域性金融服务中心,2011 年 3 月建设厦门两岸区域性金融服务中心被写入国家“十二五”规划纲要,2021 年厦门市“十四五”规划纲要明确提出,推进金融强市建设,加快形成结构合理、功能齐备、创新活跃的多元化现代金融体系,建设服务两岸、辐射东南亚、连接海上丝绸之路、面向全球的区域金融中心。

1. 厦门金融中心综合竞争力表现

从往期得分与排名来看,厦门金融中心综合竞争力得分与排名存在背离现象,特别是从 CFCI 10 以来,排名出现连续下滑趋势。究其原因,厦门经济体量、人口总数及金融产业规模整体偏弱,导致在金融业增加值、金融业从业人员、人民币存贷款余额等关键性指标上,与其他金融中心城市相比差距明显。在国内金融中心建设“强者越强”马太效应作用下,金融资源竞争比较劣势有所放大,处于不利局面。近十年来,厦门金融中心综合竞争力得分保持增长态势,但增幅相对不显著,综合排名反而下降 4 位。

在本期 CFCI 分项评价方面,厦门金融产业绩效、金融机构实力和金融生态环境得分实现小幅下降,较上期分别下降 0.57%、0.83%、0.47%;金融市场规模得分实现大幅增长,较上期增长 15.36%,全国排名上升 3 位。

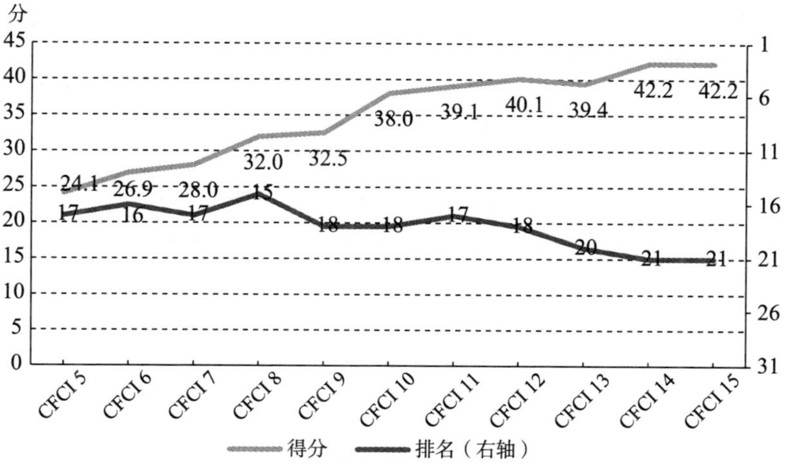

图 6. 3. 1　厦门金融中心综合竞争力历期得分与排名

表 6. 3. 1　厦门在 CFCI 15 中的评价结果

评价分类	CFCI 15 得分	同比上期	得分增幅	CFCI 15 排名	排名变化
金融产业绩效	70. 66	-0. 41	-0. 57%	22	-3
金融机构实力	18. 91	-0. 16	-0. 83%	24	1
金融市场规模	5. 11	0. 68	15. 36%	23	3
金融生态环境	82. 32	-0. 39	-0. 47%	17	-1
金融人才环境	6. 49	0. 06	0. 97%	32	1
金融商业环境	9. 39	-0. 34	-3. 50%	10	0
国际化环境	2. 35	0. 19	8. 91%	12	2

2. 厦门金融中心金融产业绩效表现

在金融产业绩效方面，厦门在金融业增加值、金融从业人员、金融业务规模、业务相对水平上，均低于南部沿海地区平均水平，其中金融业务规模指标落后幅度较大，如图 6. 3. 2 所示。

- 2022 年厦门金融业实现增加值 893. 8 亿元；近三年平均增长 6. 0%；占地方生产总值比重为 11. 5%，高于广州和福州。

- 2020 年厦门金融从业人员达 6. 1 万人，近三年平均增长 17. 1%，占地方常住人口比重为 1. 15%。

- 截至 2022 年年底，厦门金融机构本外币存款余额 16167 亿元，本外币贷款余额 17319 亿元，均低于福州。

- 2022 年厦门全年实现保费收入 270 亿元，低于福州；年末保险深度

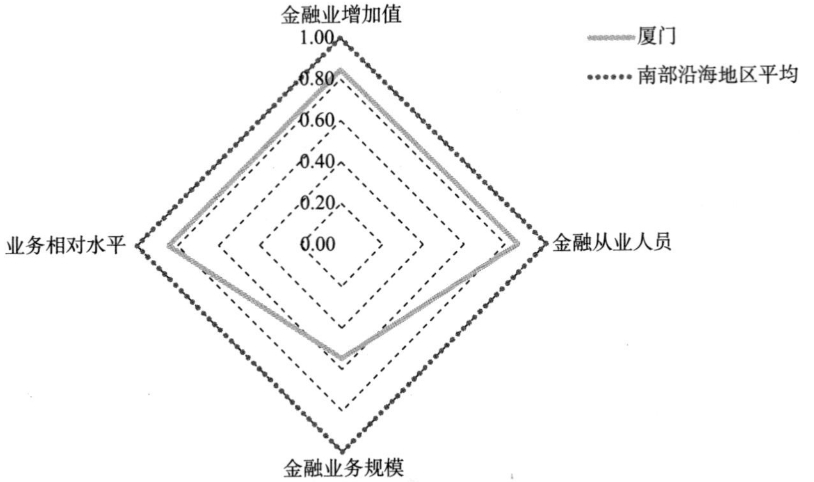

图 6.3.2 厦门金融产业绩效同南部沿海地区平均水平的比较

3.5%,保险密度人均 5095 元(常住人口统计口径),均高于福州。

3. 厦门金融中心金融机构实力表现

在金融机构实力方面,厦门银行类机构、证券类机构、保险类机构和地方金融组织实力较为均衡,但都低于南部沿海地区平均水平,如图 6.3.3 所示。

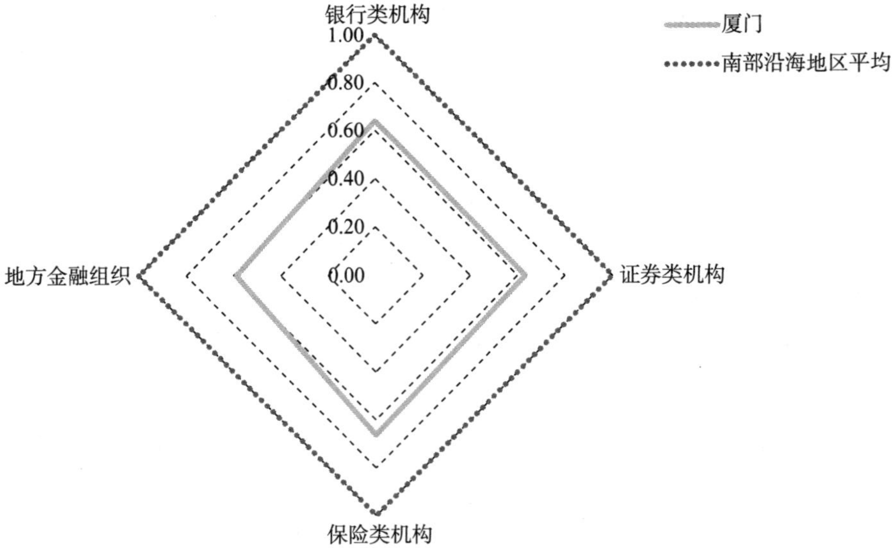

图 6.3.3 厦门金融机构实力与南部沿海地区平均水平的比较

● 截至2022年年底，厦门本地法人商业银行共4家，资产总规模15938亿元，商业银行支行584家，数量均低于福州。

● 截至2022年年底，厦门本地法人证券公司共2家，资产总规模132亿元。截至2023年上半年，厦门证券公司营业部共109家，数量少于福州。

● 截至2022年年底，厦门本地法人保险公司共2家，资产总规模69亿元，均高于福州。

4. 厦门金融中心金融市场规模表现

在金融市场规模方面，厦门在上市水平、直接融资水平和区域股权方面，相对南部沿海地区其他金融中心城市均无明显优势，如图6.3.4所示。

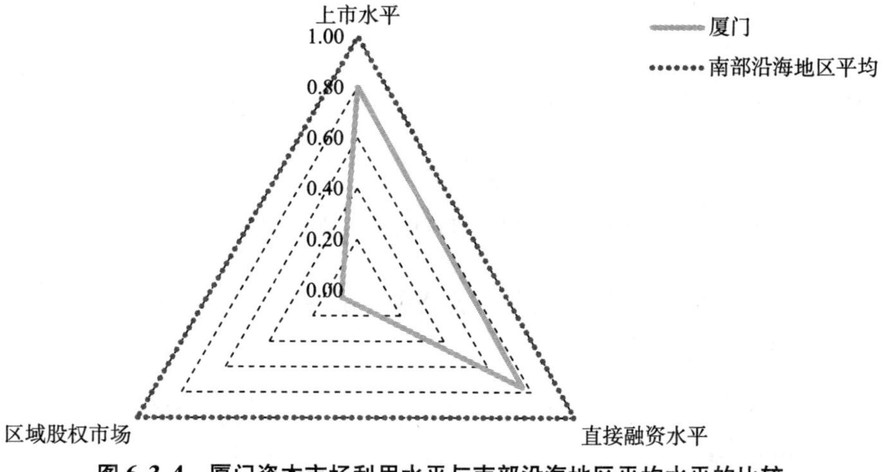

图6.3.4　厦门资本市场利用水平与南部沿海地区平均水平的比较

● 截至2022年年底，厦门本地A股上市公司63家，数量多于福州；年度新增IPO公司3家，数量与福州相当。

● 截至2022年年底，厦门A股市场累计融资额987.9亿元，低于福州；年度新增股票融资规模220.9亿元，优于福州。

● 截至2023年上半年，厦门区域股权市场挂牌公司316家。

5. 厦门金融中心金融生态环境表现

在金融生态环境方面,厦门全国排名第 17,与其他南部沿海地区城市相比,在城市环境、政策环境方面具有一定优势,如图 6. 3. 5、图 6. 3. 6 和图 6. 3. 7 所示。

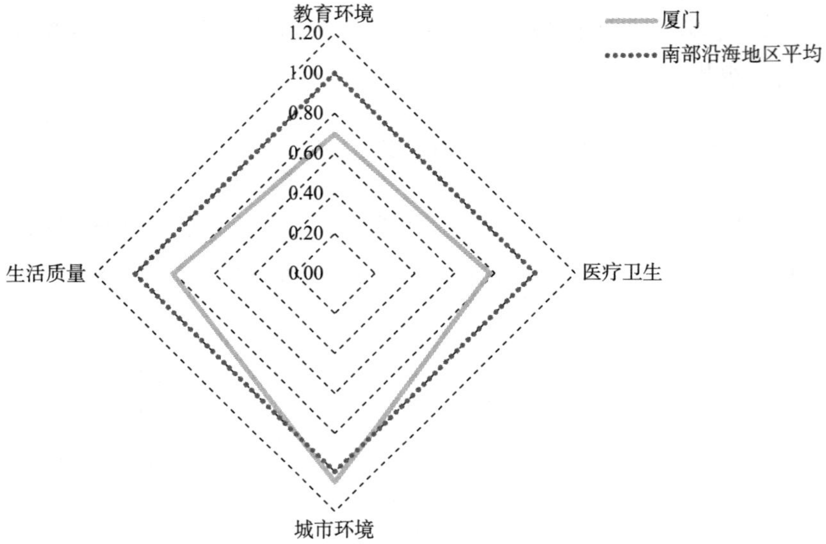

图 6. 3. 5　厦门金融人才环境与南部沿海地区平均水平的比较

- 截至 2022 年年底,厦门拥有普通高等学校在校学生 21. 2 万人,普通高等学校 16 所,数量少于福州。
- 截至 2022 年年底,厦门每万人拥有医院病床 40. 3 张,每万人拥有执业医师 35. 2 人。
- 截至 2022 年年底,厦门人均公园绿地面积 10. 2 平方米,高于福州和海口;每百万人城市轨道交通里程 18. 5 公里,日航班次数 274 次,城市环境良好。

专栏 6. 3. 1　厦门两岸区域性金融中心片区建设

两岸区域性金融中心是厦门经济特区实施综合配套改革、深化两岸交流合作、发挥对台先行先试作用的重要窗口,也是建设“五大发展”示范市、打造两岸交流窗口城市、实施大海湾城市战略的重要平台。

片区定位。为贯彻落实中央的决策部署,厦门市在本岛东部规划 22. 8 平方公里的两岸区域性金融中心片区作为两岸区域性金融中心空间载体,东至环岛路,南到会展中心,西临云顶路,北至五缘湾,横跨思明和湖里两个行政区。片区以金融业、高端服务业、总部办公为核心功能,着力打造“高素质、高颜值、现代化、国际化”的金融集聚区、高端商务办公区和岛内东部新城区。

空间布局。片区规划空间布局为“一核、两带、五组团”，形成良好的两岸金融集聚效应，构筑两岸金融互联互通的桥梁和“金融会客厅”。其中“一核”，即五通高端商务区，“两带”，即金融及高端商务办公带、环岛滨海旅游带，“五组团”，即前埔会展组团、观音山商务组团、软件园组团、五缘湾大健康组团和湖边生态居住组团。

政策支持。片区具有“市级政策+片区专项政策”双重政策优惠，在总部企业用地、金融业、人才政策、信息产业、旅游会展等方面享受厦门市政策优惠的同时，在基金小镇股权投资类企业、金融科技产业园、私募证券投资基金发展等方面可享受片区专项政策，包括《厦门市人民政府关于扶持金融业发展的若干措施》《厦门市金融人才计划实施办法》《厦门市人民政府关于印发促进股权投资行业发展若干措施的通知》《厦门自贸区基金小镇股权投资类企业发展办法》《厦门金融科技产业园发展管理办法》等。

建设成效。片区发挥对台先行先试区域性金融中心的典范作用，吸引两岸金融机构集聚发展，大陆首家台资股东直接持股的城商行厦门银行、首家两岸合资消费金融公司金美信消费金融公司、福建省首家法人产险公司富邦财险、首家两岸合资证券公司金圆统一证券、厦门首家两岸合资证券投资基金公司圆信永丰基金管理公司、厦门市首家台资融资租赁公司一银租赁有限公司等台资元素金融机构创造多个对台第一。

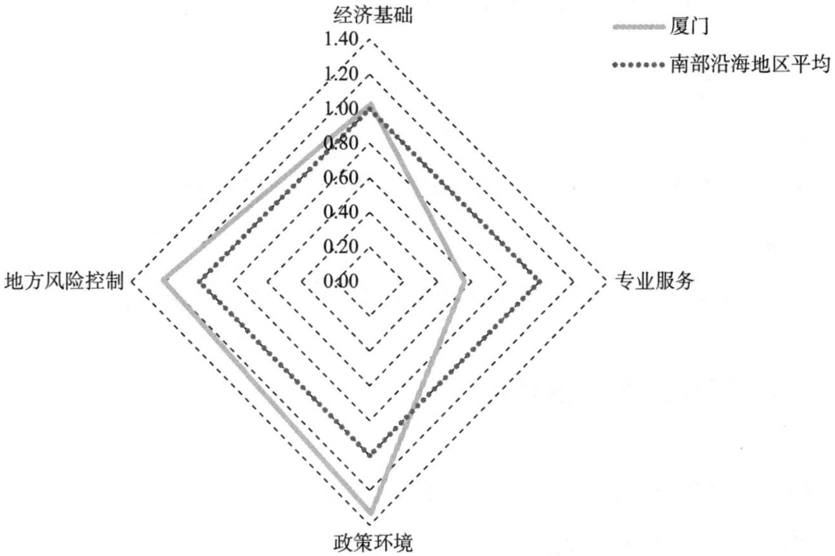

图 6.3.6　厦门金融商业环境与南部沿海地区平均水平的比较

• 2022 年厦门实现地区生产总值 7803 亿元，人均地区生产总值 146998 元，与福州相当。

• 截至 2022 年上半年，厦门拥有执业律师 4371 人；截至 2022 年年底，厦门拥有注册会计师(CPA)952人;截至2022年上半年,厦门专业保险中介机构126家。

- 2022年厦门金融业发展促进政策支持力度得分6.4分,产业政策友好度得分9.8分,较区域内其他城市具有一定优势。

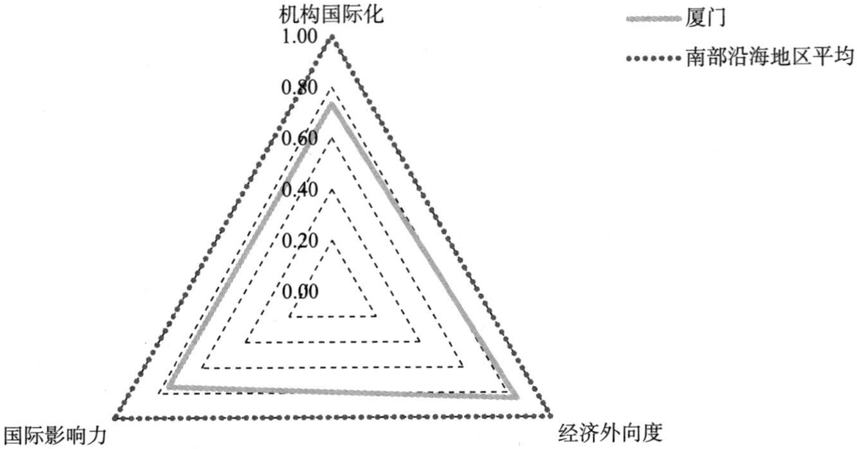

图6.3.7 厦门金融国际化环境与南部沿海地区平均水平的比较

- 截至2022年年底,厦门外资金融机构营业性机构数达22家,机构国际化程度低于区域平均水平。
- 2022年厦门当年实际利用外资总额22.1亿美元,当年进出口总额1371.6亿美元,是福州的2倍。
- 厦门在机构国际化和国际影响力方面仍有较大提升空间。

6.4 福州金融中心评价

福州地处中国、东部、闽江下游及沿海地区,是福建省会、首批对外开放沿海开放城市、海峡西岸经济区中心城市之一、海洋经济发展示范区、海上丝绸之路门户以及中国(福建)自由贸易试验区组成部分。“十四五”期间,福州定位打造普惠金融改革示范区、绿色金融改革示范区和金融服务实体经济示范区,着力建设海上丝绸之路金融合作平台和两岸金融融合发展平台,建设特色金融优势突出、国际化特征鲜明的区域金融中心。

1. 福州金融中心综合竞争力表现

福州本期综合竞争力得分 44. 18 分,较上期增长 0. 12 分,全国排名第 19,拉开与同省金融强市厦门的差距。从往期得分与排名来看,福州金融中心综合竞争力得分与排名呈现同步上升态势,实现金融中心综合竞争力得分增长速度快于全国和南部沿海地区平均水平。

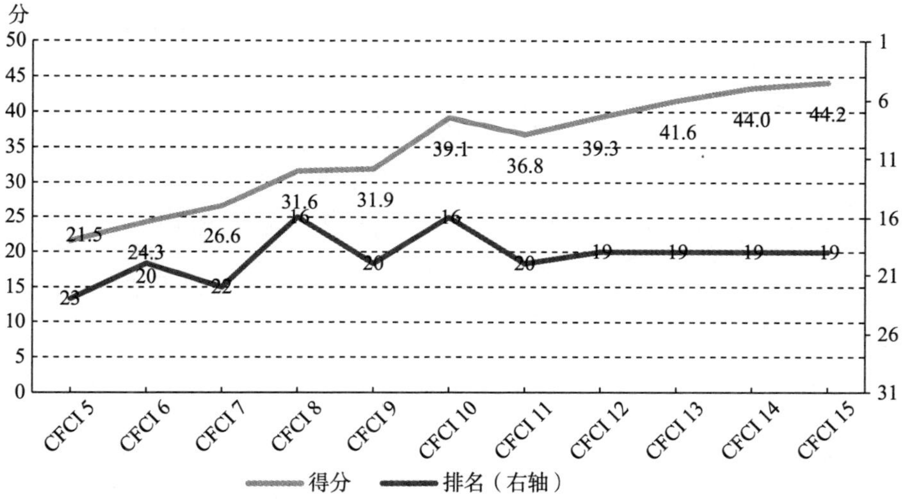

图 6. 4. 1　福州金融中心综合竞争力历期得分与排名

在本期 CFCI 分项指标评价方面,福州金融产业绩效、金融市场规模和金融生态环境得分实现正增长,其中金融市场规模增长幅度最大,较上期增长 22. 08%,全国排名上升 3 位。与此同时,福州金融机构实力出现下滑,较上期下降 3. 10%,全国排名保持不变,如表 6. 4. 1 所示。

表 6. 4. 1　福州在 CFCI 15 中的评价结果

评价分类	CFCI 15 得分	同比上期	得分增幅	CFCI 15 排名	排名变化
金融产业绩效	71. 29	1. 38	1. 97%	21	−1
金融机构实力	32. 10	−1. 03	−3. 10%	11	0
金融市场规模	5. 51	1. 00	22. 08%	22	3
金融生态环境	72. 88	2. 30	3. 25%	23	1
金融人才环境	6. 95	0. 23	3. 42%	29	1
金融商业环境	7. 57	0. 14	1. 84%	18	0
国际化环境	1. 62	0. 14	9. 61%	22	−4

2. 福州金融中心金融产业绩效表现

在金融产业绩效方面,福州金融业增加值与南部沿海地区平均水平相当,但金融从业人员、金融业务规模、业务相对水平低于南部沿海地区平均水平,如图 6.4.2 所示。

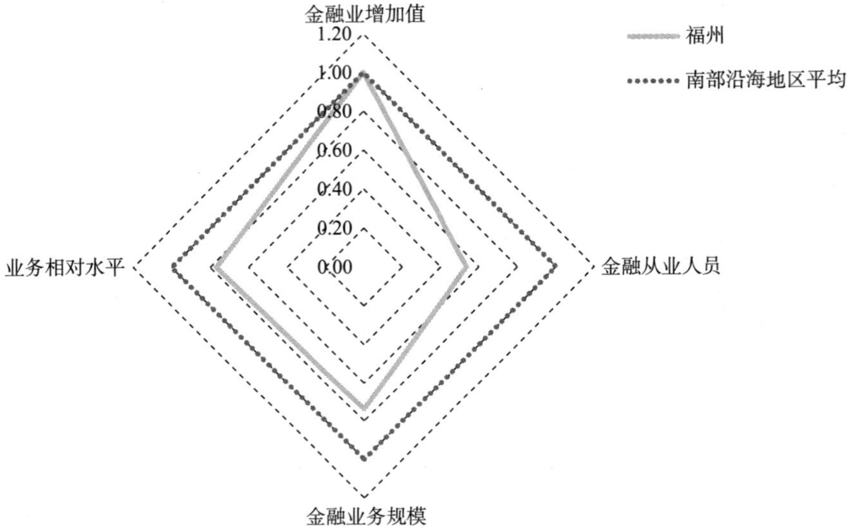

图 6.4.2 福州金融产业绩效同南部沿海地区平均水平的比较

- 2022 年福州金融业实现增加值 1269.6 亿元,规模大于厦门;近三年平均增长 5.9%,增速略低于厦门;占地方生产总值比重为 10.3%,高于广州、低于厦门。
- 2020 年福州金融从业人员达 6.8 万人,近三年平均增长 6.2%,占地方常住人口比重为 0.80%。
- 截至 2022 年年底,福州金融机构本外币存款余额 21259 亿元,本外币贷款余额 23048 亿元,均高于厦门。
- 2022 年福州全年实现保费收入 404 亿元;年末保险深度 3.3%,保险密度人均 4780 元(常住人口统计口径),均低于厦门。

专栏 6.4.1 福州践行“3820”战略工程,构建海丝核心区金融中心

1992 年,时任中共福州市委书记的习近平同志倡议并主持编制《福州市 20 年经济社会发展战略设想》,科学谋划“3820”战略工程。围绕“3820”战略工程,福州前瞻性布局和发展金融产业。

一是深入实施“引金入榕”工程。1996年福州城市合作银行开业，2009年更名为福建海峡银行。2016年海峡金桥保险开业，实现福建省地方法人保险机构零的突破。2017年落地全省第三家地方资产管理公司兴业AMC；组建市金控集团，形成“投、基、保、租、理、链、当”等多平台联动的大型国有金融控股平台。2019年兴银理财在福州市开业，成为全国第三家股份行理财子公司。2020年浙商银行福州分行落地，实现全国12家股份制商业银行省级分行全部落地。2022年修订出台《福州市引进和培育金融机构奖励办法》，推动注册资金1000亿元省金投落地，政府性融资担保公司实现县域全覆盖。海峡金融商务区、闽江北岸中央商务区形成“保险楼”“律师楼”“私募楼”等税收超亿元特色楼宇。

二是引导金融“活水”灌溉实体经济。围绕“服务实体经济、防控金融风险、深化金融改革”三大任务，建立政金企产融对接、典型工作推进、上市后备企业梯度服务三个工作机制，“财政+金融+国企”联动，提升金融服务经济社会高质量发展能力。自2017年以来，与银行机构签订超2万亿元战略合作框架协议，全力支持“六个城”、福州都市圈、科创走廊、乡村振兴等领域建设。1993年福耀玻璃成为福建省第一家上市公司，2017年福建海峡环保集团有限公司成为福州第一家上市市属国企。自2019年以来，与兴业证券、中信证券等机构签订战略合作协议，推进上市辅导员机制；市金控集团设立（参股）政府引导基金26只，基金规模231.24亿元，加大对重点上市后备企业投资力度。

三是推动金融开放创新不断向纵深发展。2001年香港恒生银行福州分行开业，成为第一家在榕落户的港资银行。2012年渣打银行福州分行开业，成为福州第一家欧美外资银行。2015年台湾合作金库福州分行开业，成为福建第一家落户台资银行，之后彰化银行（2015年）、华南银行（2015年）、台湾银行（2016年）等台资银行相继入驻。自2016年以来，落地全国首批（4家）“本外币合一银行账户体系试点”、建立中国（福建）国际贸易单一窗口区块链公共服务平台、全国率先建立台企资本项下便利化的“白名单”制度、台商台胞金融信用证书，推动设立国内首家总行级“海峡两岸跨境金融中心”、自贸区内首家“两岸金融服务中心”等特色业务中心、海峡股权交易中心建成“台资板”等。

3. 福州金融中心金融机构实力表现

在金融机构实力方面，福州金融机构实力具有较大优势，主要得益于兴业系银行类机构、证券类机构的有力支撑，如图6.4.3所示。

- 截至2022年年底，福州本地法人商业银行共8家，资产总规模96940亿元，远高于广州和厦门。
- 截至2022年年底，福州本地法人证券公司共2家，资产总规模3210亿元，远高于厦门。截至2023年上半年，福州证券公司营业部共133家，数量比厦门多。

4. 福州金融中心金融市场规模表现

在金融市场规模方面，福州上市水平、直接融资水平和区域股权市场方

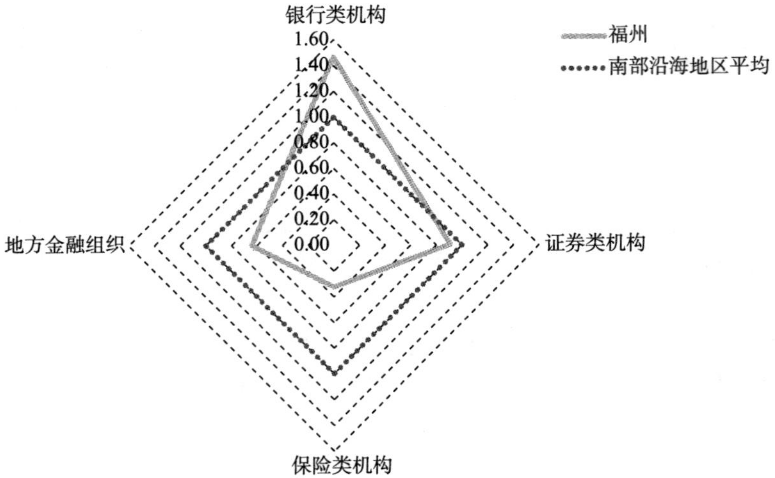

图 6.4.3　福州金融机构实力与南部沿海地区平均水平的比较

面得分与厦门类似。

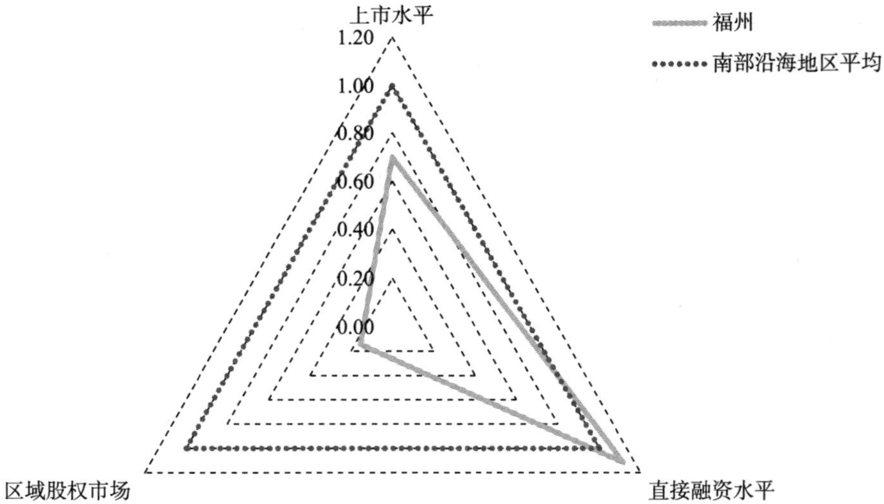

图 6.4.4　福州资本市场利用水平与南部沿海地区平均水平的比较

- 截至 2022 年年底,福州本地 A 股上市公司 54 家,仅为广州的 1/3;年度新增 IPO 公司 3 家,数量与厦门相当。
- 截至 2022 年年底,福州 A 股市场累计融资额 3269.4 亿元,接近广州,高于厦门;年度新增股票融资规模 146.4 亿元,低于福州。
- 截至 2023 年上半年,福州区域股权市场挂牌公司 559 家,数量多于厦门。

5. 福州金融中心金融生态环境表现

在金融生态环境方面,福州排名全国第 23,在教育环境、生活质量方面接近南部沿海地区平均水平,如图 6. 4. 5、图 6. 4. 6 和图 6. 4. 7 所示。

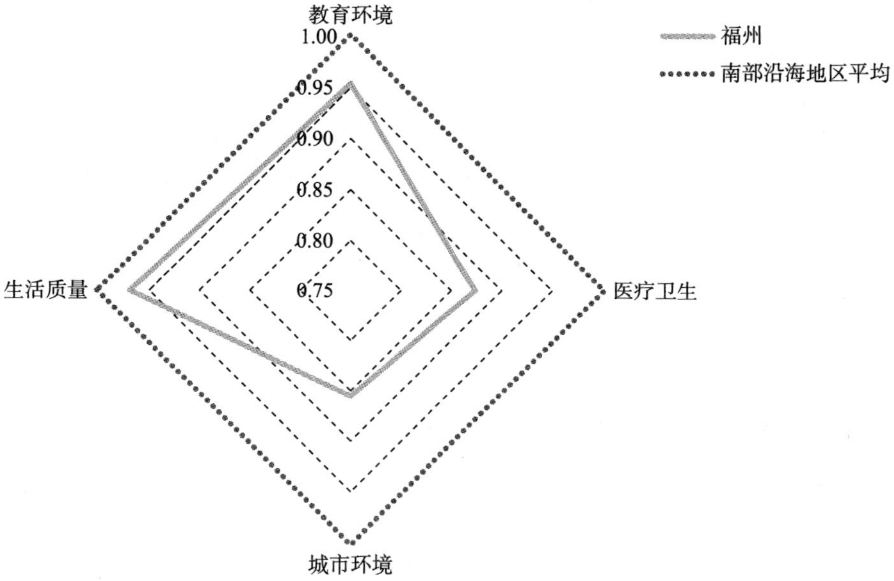

图 6. 4. 5　福州金融人才环境与南部沿海地区平均水平的比较

- 截至 2022 年年底,福州拥有普通高等学校在校学生 45. 9 万人,普通高等学校 35 所,均超过厦门的 2 倍。
- 截至 2022 年年底,福州每万人拥有医院病床 47. 2 张,每万人拥有执业医师 34. 5 人。
- 截至 2022 年年底,福州人均公园绿地面积 6. 2 平方米,落后区内其他城市;每百万人城市轨道交通里程 13. 1 公里,日航班次数 159 个。
- 2022 年福州实现地区生产总值 12308 亿元;人均地区生产总值 145694 元,与厦门相当。
- 截至 2022 年上半年,福州拥有执业律师 4859 人;截至 2022 年年底,福州拥有注册会计师(CPA)970 人;截至 2022 年上半年,福州专业保险中介机构 162 家。
- 2022 年福州金融业发展促进政策支持力度得分 3. 6 分,产业政策友

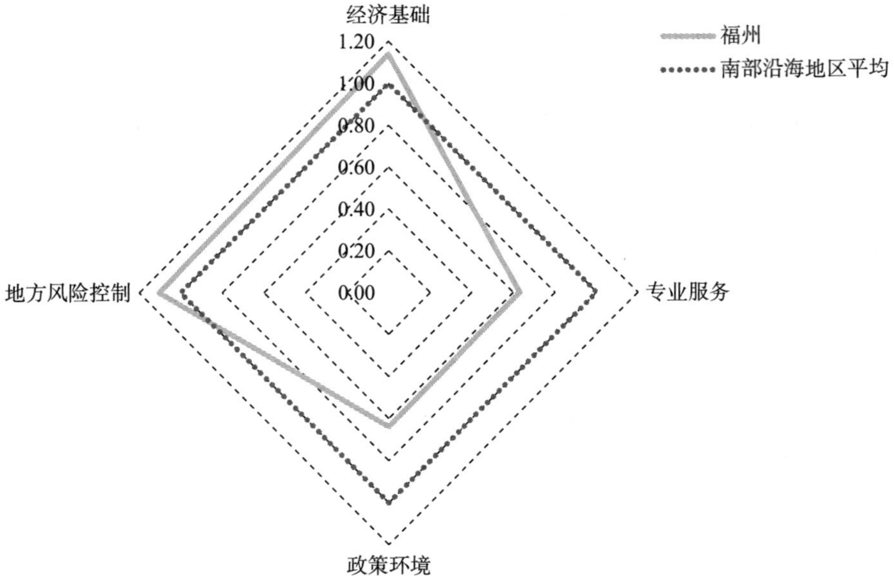

图 6.4.6　福州金融商业环境与南部沿海地区平均水平的比较

好度得分 2.4 分,较区域内其他城市劣势较大。

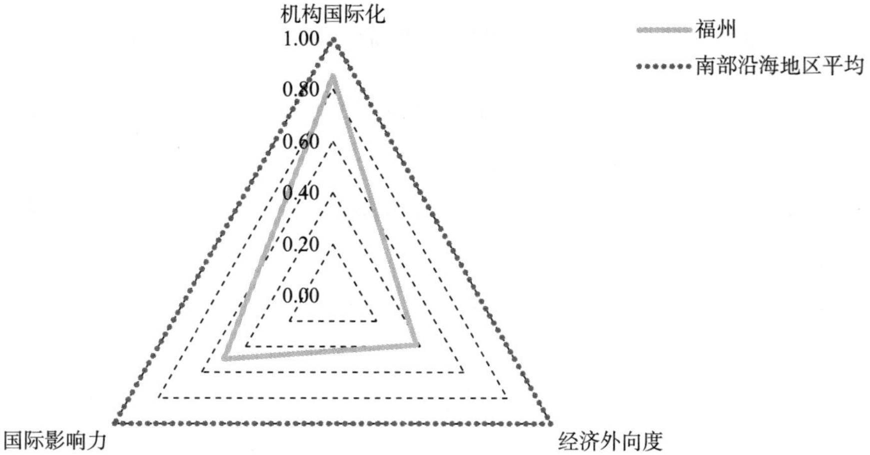

图 6.4.7　福州金融国际化环境与南部沿海地区平均水平的比较

- 截至 2022 年年底,福州外资金融机构营业性机构数达 27 家,数量略多于厦门。
- 2022 年福州当年实际利用外资总额 11 亿美元,当年进出口总额

543.7 亿美元,仅为厦门的一半。

6.5　海口金融中心评价

海口是海南省辖地级市、省会,国家"一带一路"倡议支点城市,海南自由贸易港核心城市,北部湾城市群重要节点城市。海南自由贸易港是中国在新时代推进改革开放的重大战略举措,也是中国参与全球经济治理和国际经济合作的重要平台。作为自由贸易港的重要组成部分,离岸金融中心是海南自由贸易港建设的核心内容之一,也是海南自由贸易港对外开放的重要窗口。

1. 海口金融中心综合竞争力表现

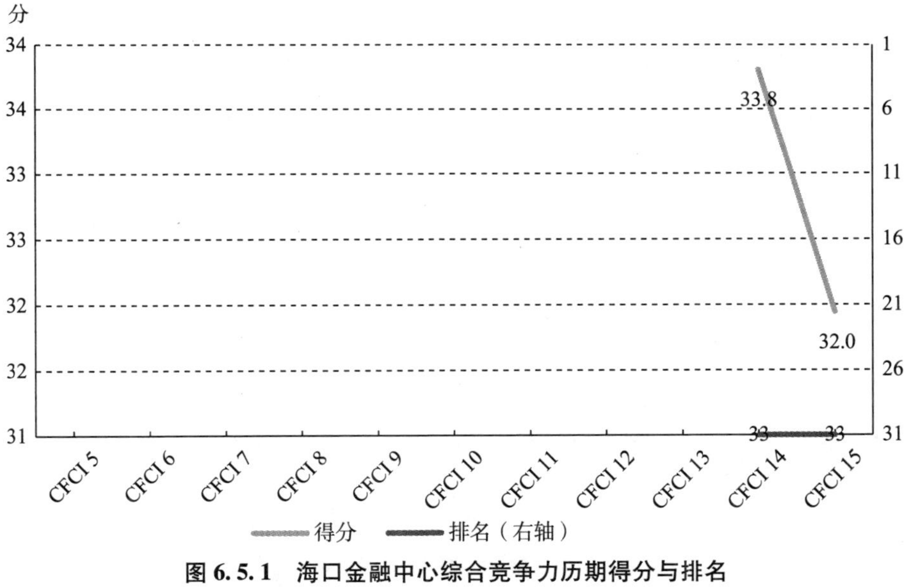

图 6.5.1　海口金融中心综合竞争力历期得分与排名

从往期得分与排名来看,海口 2022 年首次入选中国金融中心指数(CDI CFCI)排名,与其他区域金融中心发展相比,金融业发展仍有较大提升空间。海口本期综合竞争力得分 31.95 分,较上期下降 3.82 分,全国排名下降 6 位至第 33 位。

在本期 CFCI 分项评价方面,海口各分项得分与上期相比均有下降,降幅从高到低依次为:金融市场规模得分下降 30.97%,金融生态环境得分下降 11.37%,金融机构实力得分下降 1.42%,金融产业绩效得分下降 0.45%。

表 6.5.1 海口在 CFCI 15 中的评价结果

评价分类	CFCI 15 得分	同比上期	得分增幅	CFCI 15 排名	排名变化
金融产业绩效	66.89	-0.30	-0.45%	26	-3
金融机构实力	11.68	-0.17	-1.42%	34	0
金融市场规模	2.13	-0.96	-30.97%	31	1
金融生态环境	52.99	-6.80	-11.37%	36	-4
金融人才环境	6.27	-0.03	-0.49%	35	0
金融商业环境	4.33	-1.71	-28.33%	35	-7
国际化环境	1.13	0.24	26.98%	24	1

2. 海口金融中心金融产业绩效表现

在金融产业绩效方面,海口的业务相对水平和金融从业人员具有比较优势,金融业增加值和金融业务规模相对落后,如图 6.5.2 所示。

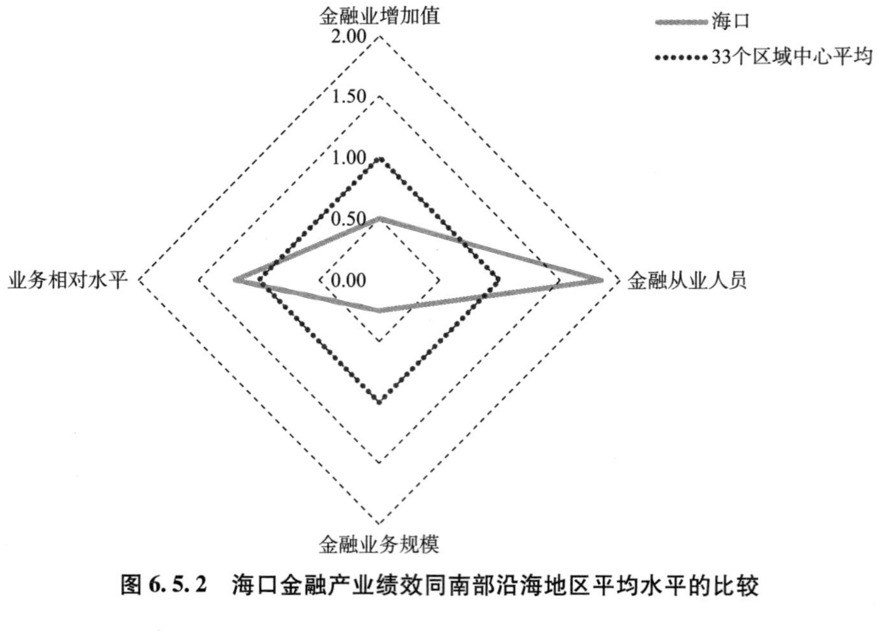

图 6.5.2 海口金融产业绩效同南部沿海地区平均水平的比较

- 2022 年海口金融业实现增加值 243.0 亿元,近三年平均增长 4.0%,

占地方生产总值比重为11.4%。

- 2020年海口金融从业人员达6.5万人，与福州、厦门相当。
- 截至2022年年底，海口金融机构本外币存款余额6399亿元，本外币贷款余额7073亿元。
- 2022年海口全年实现保费收入135亿元；年末保险深度6.3%，居南部沿海地区首位；保险密度人均4583元（常住人口统计口径）。

3. 海口金融中心金融机构实力表现

在金融机构实力方面，海口银行类机构、证券业机构、保险类机构、地方金融组织实力较弱，如图6.5.3所示。

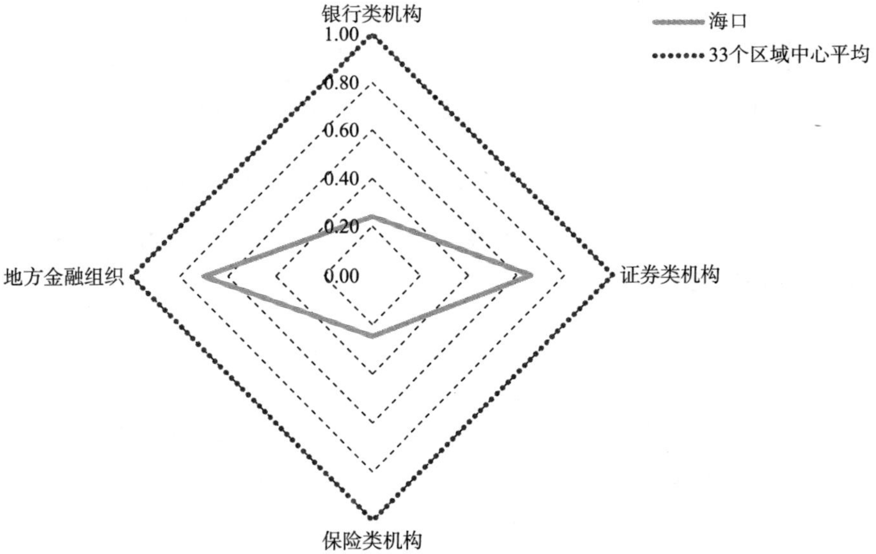

图6.5.3　海口金融机构实力与南部沿海地区平均水平的比较

- 截至2022年年底，海口本地法人商业银行共3家，资产总规模2670亿元，商业银行支行351家。
- 截至2022年年底，海口本地法人证券公司共2家，与福州、厦门一致；资产总规模350亿元，大于厦门。截至2023年上半年，海口证券公司营业部仅29家。
- 截至2022年年底，海口本地法人保险公司仅1家，但资产总规模312亿元，高于福州和厦门。

4. 海口金融中心金融市场规模表现

在金融市场规模方面,海口直接融资水平表现相对优秀,上市水平和区域股权市场方面得分较差,如图 6.5.4 所示。

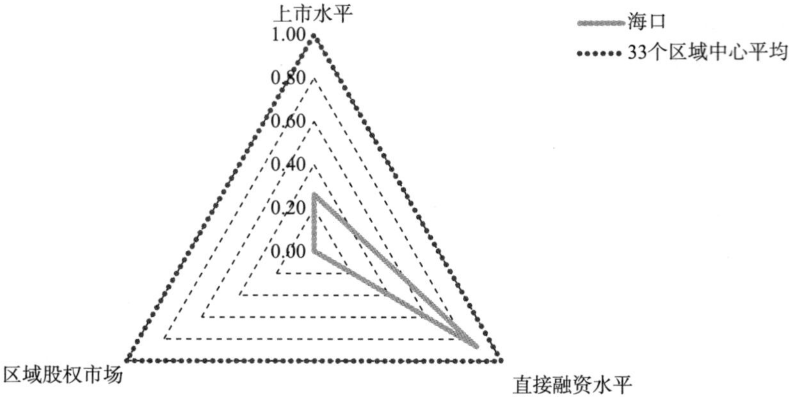

图 6.5.4　海口金融市场规模与南部沿海地区平均水平的比较

- 截至 2022 年年底,海口本地 A 股上市公司 24 家,年度未有新增 IPO 公司。
- 截至 2022 年年底,海口 A 股市场累计融资额 1392.7 亿元,年度新增股票融资规模 122.7 亿元。

5. 海口金融中心金融生态环境表现

在金融生态环境方面,与其他南部沿海地区城市相比,海口生活质量和医疗卫生表现较好,教育环境和城市环境表现不佳,如图 6.5.5、图 6.5.6 和图 6.5.7 所示。

- 截至 2022 年年底,海口拥有普通高等学校在校学生 18.9 万人,普通高等学校 13 所,其中“双一流”高等学校 1 所。
- 截至 2022 年年底,海口每万人拥有医院病床 60.8 张,每万人拥有执业医师 40.1 人,高于广州、福州和厦门。
- 截至 2022 年年底,海口人均公园绿地面积 8.5 平方米,日航班次数 290 次,主要短板是尚未开通城市地铁。

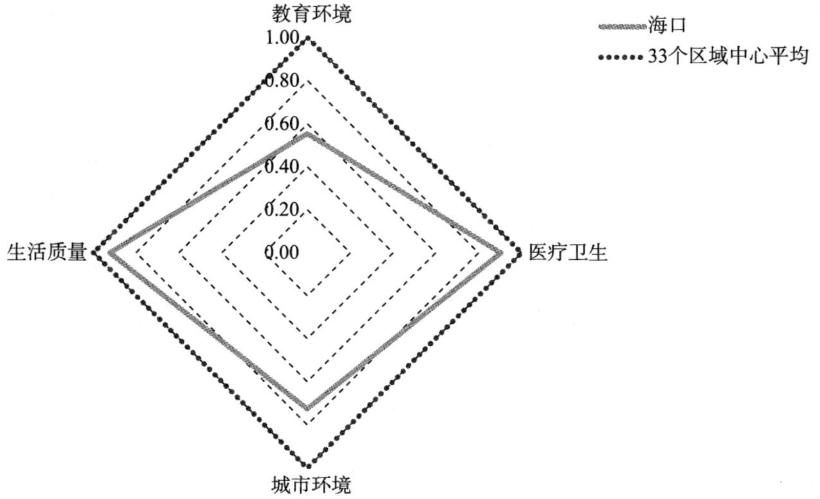

图 6.5.5　海口金融人才环境与南部沿海地区平均水平的比较

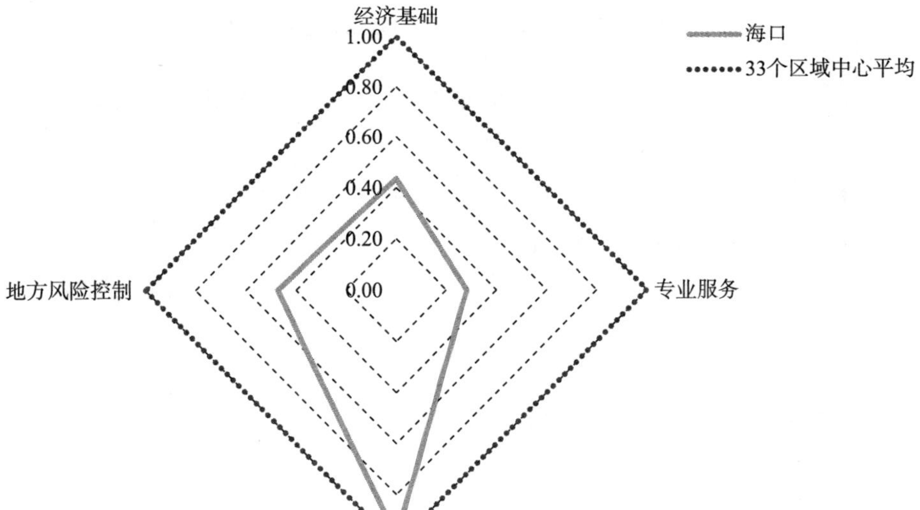

图 6.5.6　海口金融商业环境与南部沿海地区平均水平的比较

- 2022 年海口实现地区生产总值 2135 亿元;人均地区生产总值 72619 元,仅相当于福州、厦门的一半。
- 截至 2022 年上半年,海口拥有执业律师 2135 人,专业保险中介机构 102 家。

• 2022 年海口金融业发展促进政策支持力度得分 3.4 分,产业政策友好度得分 5.7 分。

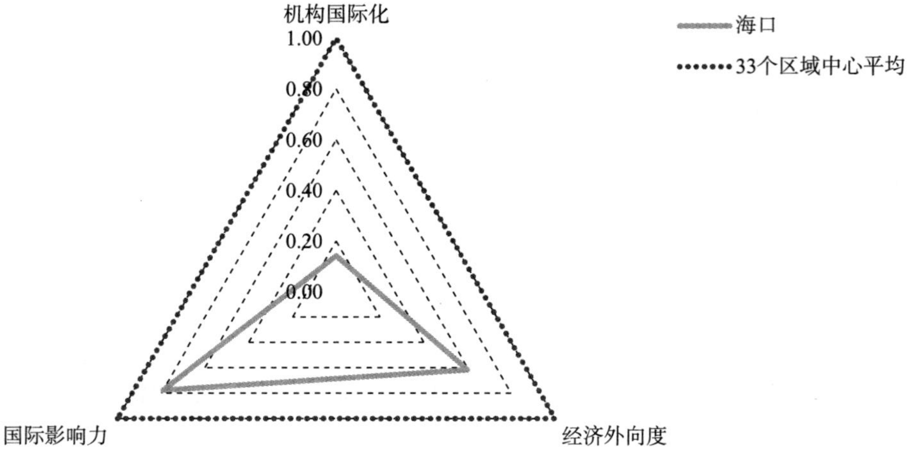

图 6.5.7　海口金融国际化环境与南部沿海地区平均水平的比较

• 截至 2022 年年底,海口外资金融机构营业性机构只有 3 家,机构国际化程度远低于区域平均水平。

• 2022 年海口当年实际利用外资总额 20.3 亿美元,当年进出口总额 90.0 亿美元,仍有较大提升空间。

第 7 章　中部地区金融中心评价

7.1　总体评价

中部地区主要是覆盖黄河中游和长江中游的地区，包括山西、河南、内蒙古、湖北、湖南、江西、安徽六省一区，有 7 个样本城市，分别是武汉、长沙、郑州、合肥、南昌、太原和呼和浩特。本期将对武汉、郑州、长沙、合肥 4 个区域内领先的金融中心城市进行详细分析。

1. 综合竞争力表现

表 7.1.1　中部地区金融中心在 CFCI 15 中的评价结果

城市	综合竞争力		金融产业绩效		金融机构实力		金融市场规模		金融生态环境	
	得分	排名	得分	排名	得分	排名	得分	排名	得分	排名
武汉	57.85	10	87.49	12	37.88	10	14.29	10	99.53	6
郑州	53.49	12	80.80	14	24.01	16	33.87	5	83.76	12
长沙	47.26	14	74.01	18	27.41	14	9.22	15	85.85	16
合肥	43.11	20	76.04	16	21.03	20	9.26	14	73.22	21
太原	38.60	24	76.50	15	14.62	30	1.94	33	68.83	26
南昌	37.51	25	63.80	27	17.13	27	6.67	21	69.36	27
呼和浩特	26.99	36	44.18	36	9.48	36	1.24	36	59.46	31

- 从综合竞争力得分变化来看，中部地区各金融中心已形成武汉、郑州、长沙、合肥、太原、南昌依次递减的梯队格局。其中，武汉和郑州的综合竞争力明显高于 33 个区域金融中心的平均水平，长沙的最近两期综合竞争

力得分也逐步超过平均水平。

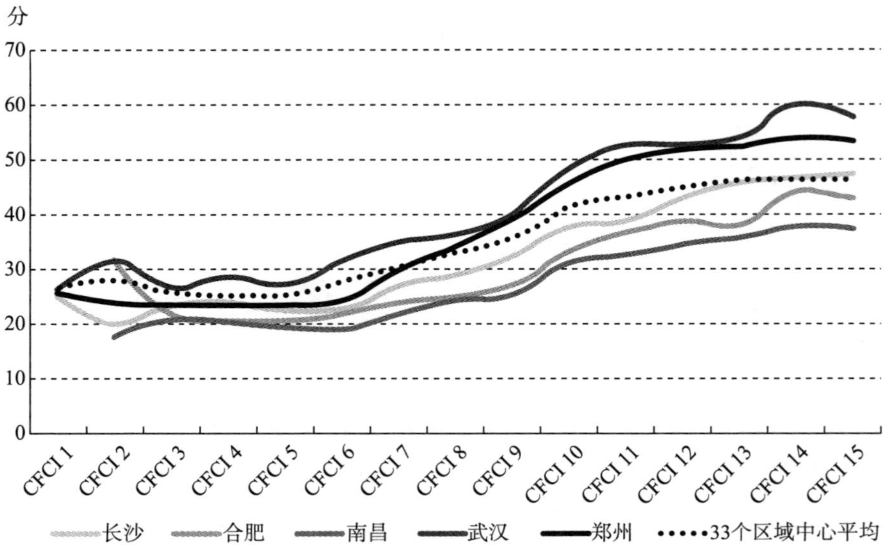

图 7.1.1　中部地区金融中心历期 CFCI 综合竞争力得分

- 武汉金融中心本期综合竞争力得分小幅下滑,在中部区域排名第 1,在全国排名第 10,本期综合竞争力得分 57.85 分,较上期下滑 1.85 分,与 33 个区域中心平均得分分差优势缩小到 11.53 分。

- 郑州金融中心综合竞争力得分在中部地区排名第 2,在全国排名第 12,排名与上期持平。从综合竞争力得分趋势来看,郑州金融中心综合竞争力得分增幅放缓,但与武汉的差距本期有所收窄。

- 长沙金融中心综合竞争力得分在中部地区排名第 3,在全国排名第 14,相比上一期提升 1 位。本期综合竞争力得分 47.26 分,与中部排名第 2 的郑州得分差距达到 6.23 分,与中部排名第 1 的武汉得分差距达到 10.59 分,但差距都正在收窄。

- 合肥金融中心综合竞争力得分在中部地区排名第 4,在全国排名第 20,比上一期下滑 1 位。合肥本期综合竞争力得分 43.11 分,从得分趋势来看,与长沙的差距再次拉大。

2. 金融产业绩效分项表现

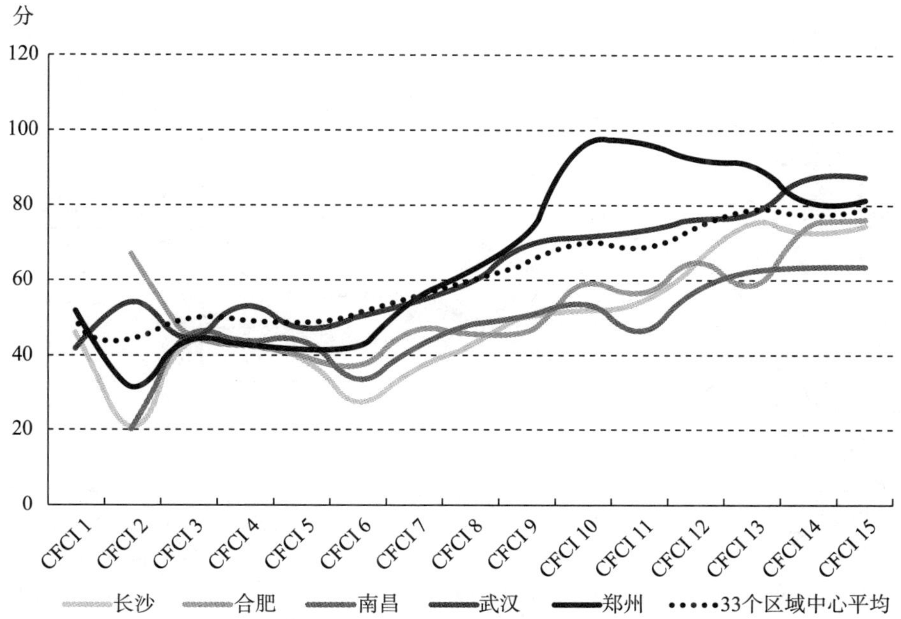

图 7.1.2　中部地区金融中心历期金融产业绩效得分

• 中部地区各金融中心的金融业发展出现较大分化，郑州金融产业绩效近几期得分明显下滑，武汉则稳步上升，但两个城市金融产业绩效整体高于 33 个区域金融中心平均水平。合肥、长沙、南昌金融产业绩效得分则低于 33 个区域金融中心城市平均得分。

• 郑州金融中心金融产业绩效从 CFCI 6 期开始得分迅速提高，到 CFCI 10 期，郑州金融中心产业绩效得分远超区域第 2 的武汉。但在接下来的四期中，郑州金融中心产业绩效得分呈现明显下滑趋势，到 CFCI 15 期得分已连续落后于武汉。

• 相较而言，武汉本期金融产业绩效得分 87. 49 分，得分小幅提高 0. 15 分，在中部地区继续维持第 1，在全国排名较上一期下滑 1 位，表明过去一年武汉金融产业绩效发展相对偏慢。

• 合肥本期金融产业绩效得分 76. 04 分，排名中部地区第 4 位和全国第 16 位，相比上一期，合肥金融产业绩效得分排名维持不变，表现相对稳健。

3. 金融机构实力分项表现

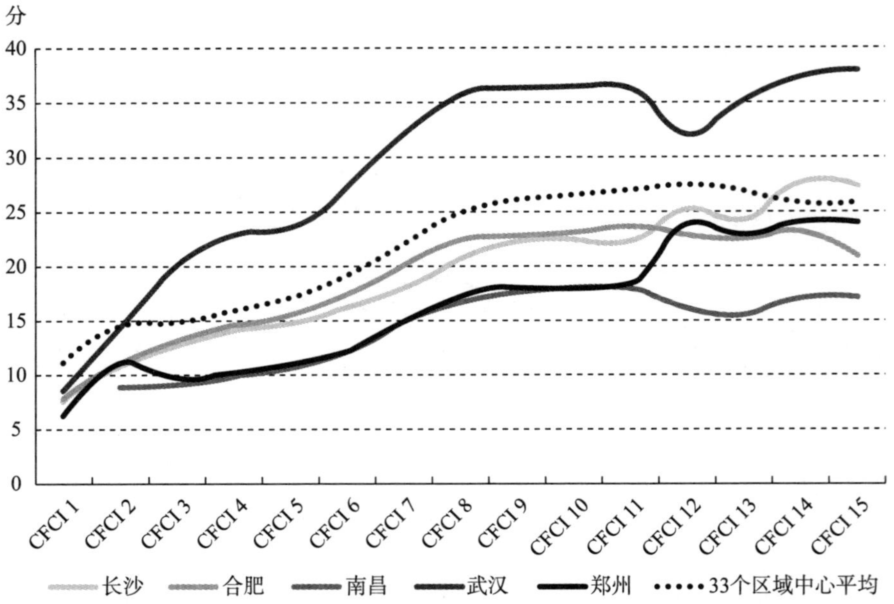

图 7.1.3　中部地区金融中心历期金融机构实力得分

- 中部地区金融中心的金融机构实力评价得分呈现明显的分化特征,武汉“一枝独秀”,得分远超中部地区其他金融中心;长沙排名第 2,但与武汉的得分差距明显;合肥与郑州的差距再次拉大,南昌金融机构实力得分则相比中部地区其他金融中心城市呈现明显差距。
- 武汉金融机构实力得分 37.88 分,全国排名第 10,排名相比上一期小幅下降 1 位,与自身综合竞争力排名一致。
- 长沙金融中心金融机构实力本期得分 27.41 分,全国排名第 14 位,排名较上一期下滑 1 位,中部地区仅次于武汉。
- 合肥本期金融机构实力得分与郑州的差距拉大,二者得分分别为 21.03 分和 24.01 分。但回溯 CFCI 11 期,郑州金融中心金融机构实力与合肥有较大差距,到 CFCI 12 期,郑州金融机构实力得分反超合肥,虽然近几期郑州金融机构实力得分增长放缓,但合肥本期金融机构实力出现明显下滑,导致二者差距拉大。

4. 金融市场规模分项表现

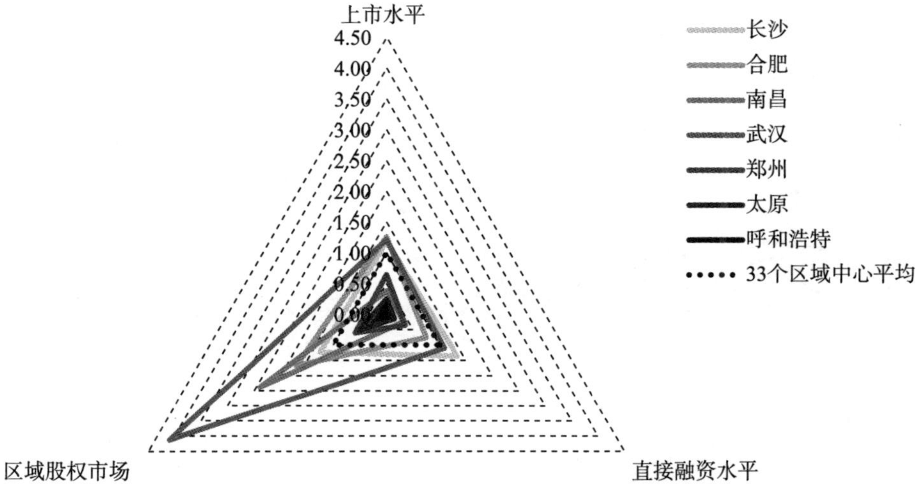

图 7.1.4　中部地区金融中心的金融市场规模分项对比

- 郑州拥有郑州商品交易所，2020 年郑州商品期货市场成交额达到 96.77 万亿元，同比出现下滑，但作为国内少数几个具有全国性金融市场的区域金融中心，在中部地区“一枝独秀”。

- 在金融市场规模方面，中部地区的 7 个金融中心的得分表现有明显分化，武汉、合肥在区域股权市场方面表现突出，明显超过 33 个区域中心的平均水平；长沙直接融资水平突出，明显超过 33 个区域中心的平均水平；上市水平方面，武汉、合肥、长沙水平相近，均略超过 33 个区域中心的平均水平。

- 7 个中部金融中心的上市公司同样分化明显，长沙、武汉、合肥上市公司数量均超过 75 家，郑州、南昌、太原、呼和浩特则不超过 40 家，同期 33 个区域金融中心平均值为 45 家。

- 2022 年，合肥和长沙分别新增了 8 家和 6 家境内上市公司，表现在中部区域排名第 1 和第 2，年度新增股票融资规模也排名区域前列，金融市场支持实体经济表现相对突出。

5. 金融生态环境分项表现

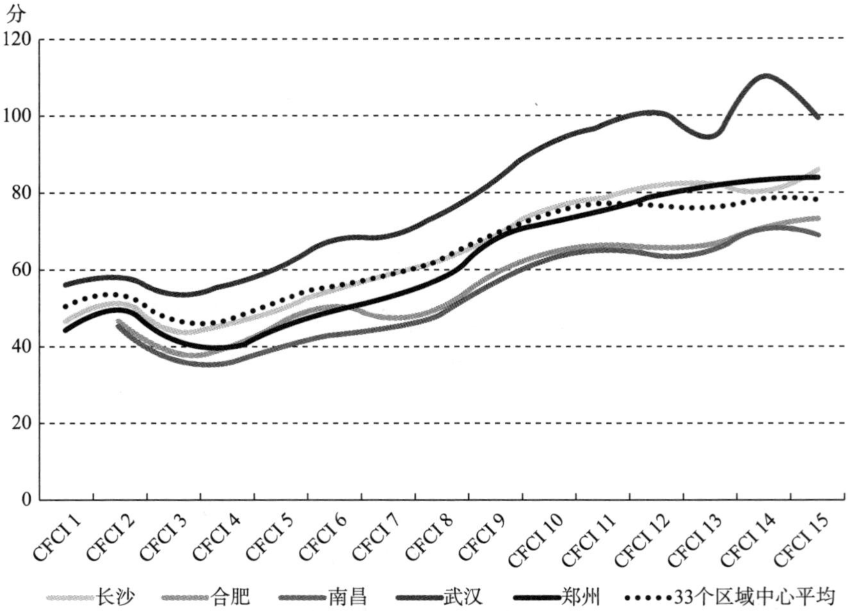

图 7.1.5　中部地区金融中心历期金融生态环境得分

- 整体而言,中部地区金融生态环境得分整体高于 33 个区域中心的平均水平,其中武汉、郑州和长沙高于 33 个区域中心的平均水平,合肥、南昌低于 33 个区域中心的平均水平。
- 武汉金融中心金融生态环境表现在中部地区呈现明显的领先态势,但本期金融生态环境得分下滑明显,与区域内其他金融中心城市差距有所收窄。
- 郑州和长沙金融生态环境评价得分分别位列中部地区第 2、第 3,二者得分差距不大,但长沙本期金融生态环境进步较大,反超郑州排名中部地区第 2,与 33 个区域中心的平均水平的差距也在拉大。
- 自 CFCI 8 以来,合肥和南昌金融生态环境得分和走势基本一致,但本期出现一定分化:合肥金融生态环境得分保持增长态势,南昌出现下滑,二者已出现一定差距。

7.2　武汉金融中心评价

武汉是湖北省省会,地处江汉平原东部、长江中游,有“九省通衢”之称,是中国内陆最大的水陆空交通枢纽、长江中游航运中心。2015 年,武汉正式发布《武汉区域金融中心建设 2014—2030 年总体规划》,明确提出要建设区域金融中心。2016 年 12 月,国家发展改革委明确要求武汉加快建成以全国经济中心、高水平科技创新中心、商贸物流中心和国际交往中心四大功能为支撑的国家中心城市。2021 年 6 月,武汉研究制定《武汉市打造区域金融中心实施方案(2021—2025 年)》《武汉市加快区域金融中心建设若干支持政策》《市人民政府关于进一步深化科技金融改革创新的实施意见》等系列文件,全力打造区域金融中心。

1. 武汉金融中心综合竞争力表现

自首期进入 CFCI 榜单以来,武汉金融中心综合竞争力实现稳步提升。第 15 期 CDI CFCI 评价结果显示,武汉金融中心综合竞争力得分为 57. 85 分,综合竞争力排名全国第 10 位,中部地区首位。11 年期间,综合竞争力得分大幅增长,累计增幅达到 114. 26%;综合竞争力排名连续 6 年稳定在第 10 位,区域金融中心地位稳固,如图 7. 2. 1 所示。

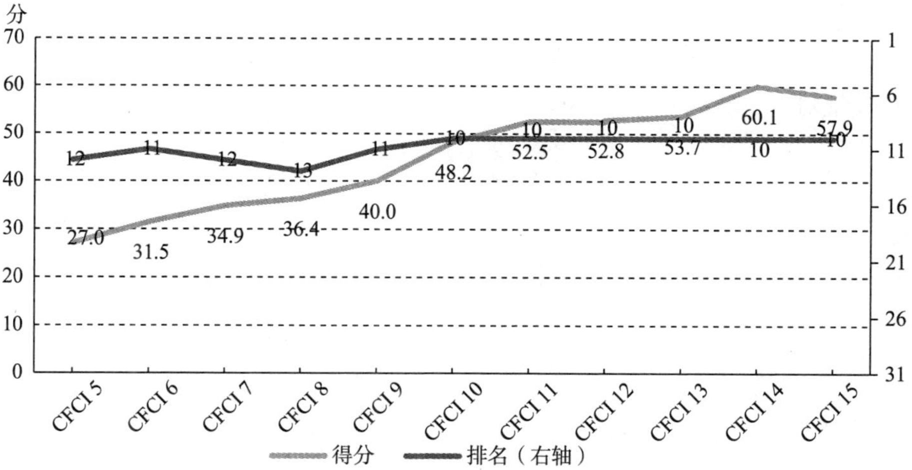

图 7. 2. 1　武汉金融中心综合竞争力历期得分与排名

2022 年,武汉金融业增加值 1929 亿元,同比增长 4. 80%;年末金融机构本外币存款余额达到 35754 亿元,金融机构本外币贷款余额达到 44384 亿元;全年保费收入 865 亿元;年末保险深度达到 4. 6%,保险密度达到人均 6296 元(常住人口统计口径)。

在本期CFCI分项指标评价方面,武汉金融产业绩效和金融机构实力两项的得分增长,其中金融产业绩效得分增长4.04%,排名不变;金融机构实力得分增长1.41%,排名下滑1位。武汉金融市场规模和金融生态环境两项的得分出现下滑,其中金融市场规模得分下滑2.34%,排名维持不变;金融生态环境得分下滑9.55%,排名下滑2位,如表7.2.1所示。

表7.2.1 武汉在CFCI 15中的评价结果

	CFCI 15得分	同比上期	得分增幅	CFCI 15排名	排名变化
金融产业绩效	87.49	3.40	4.04%	12	0
金融机构实力	37.88	0.53	1.41%	10	-1
金融市场规模	14.29	-0.34	-2.34%	10	0
金融生态环境	99.53	-10.51	-9.55%	8	-2
金融人才环境	10.28	0.21	2.06%	4	0
金融商业环境	9.84	-0.71	-6.75%	9	-2
国际化环境	1.91	-1.82	-48.81%	17	-10

2. 武汉金融中心金融产业绩效表现

在金融产业绩效方面,武汉金融业务规模及金融业增加值在中部地区具有绝对优势,如图7.2.2所示。

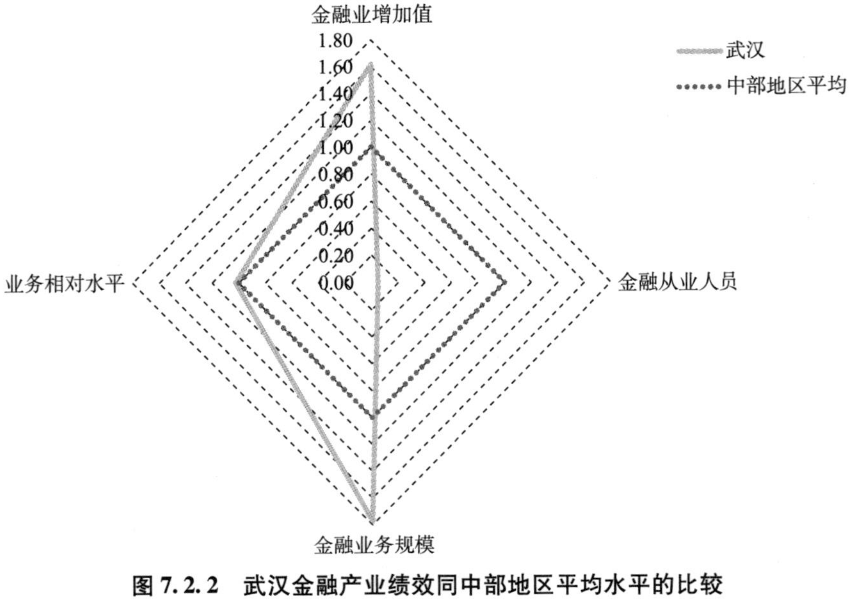

图7.2.2 武汉金融产业绩效同中部地区平均水平的比较

• 2022年,武汉金融业增加值达到1929亿元,明显高于中部地区其他城市,金融业增加值占地区GDP比重达到10.2%,仅次于郑州的11.1%。

• 2022年,武汉的金融机构本外币存款余额和贷款余额继续排名区域内第1位,是区域内唯一一个本外币存款余额和贷款余额分别突破了3万亿元和4万亿元的城市。

• 武汉市金融从业人员数量大幅低于区域平均水平,2020年武汉金融从业人员数量达到5.7万人,与合肥(12.5万人)、长沙(9.5万人)、郑州(7.9万人)、太原(7.7万人)差距明显。而且武汉金融从业人员近三年平均增长率为-10.3%,下滑趋势明显。

3. 武汉金融中心金融机构实力表现

在金融机构实力方面,武汉保险类机构发展在中部地区远远领先区域平均水平,地方金融组织发展也相对突出,如图7.2.3所示。

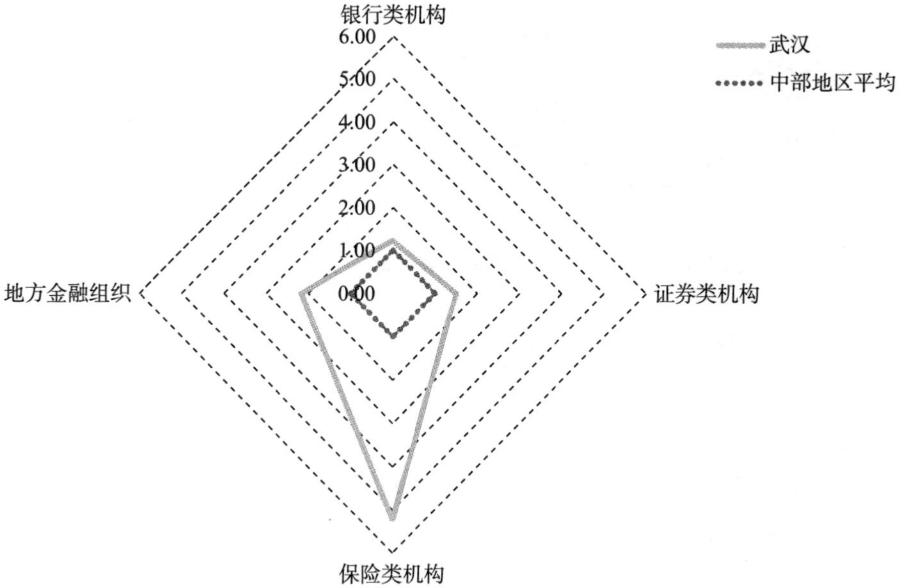

图7.2.3 武汉金融机构实力与中部地区平均水平的比较

• 武汉拥有4家本地法人保险公司,保险公司资产总规模达到5012亿元,而区域内其他金融中心城市都分别只有1家保险公司,保险公司资产总规模均不超过500亿元。

• 武汉的地方金融组织在区域内同样发展领先,2023 年上半年,小额贷款、融资租赁、融资担保三类机构数量分别达到 105 家、15 家、73 家,均为中部地区最多。

• 证券类机构方面,武汉私募基金管理人、管理私募基金数量分别达到 354 家和 1225 只,为中部地区金融中心城市中数量最多。

4. 武汉金融中心金融市场规模表现

在金融市场规模方面,武汉在上市水平、区域股权市场、直接融资水平三方面均明显超过中部地区平均水平,如图 7.2.4 所示。

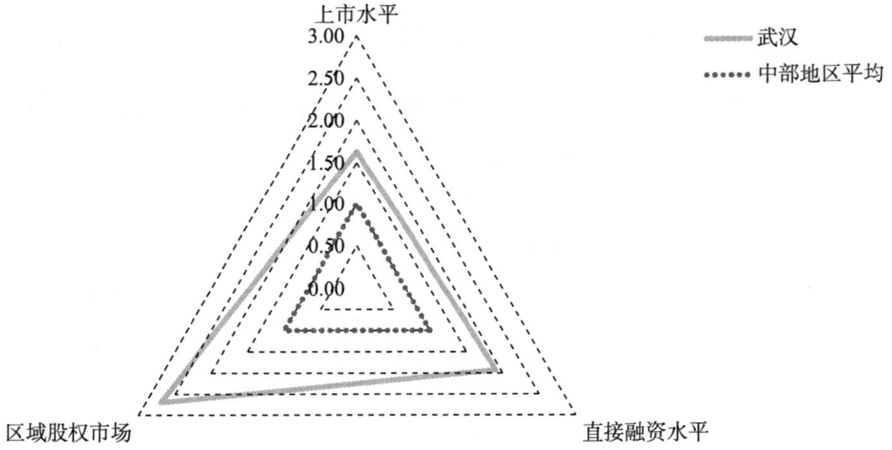

图 7.2.4 武汉金融市场规模与中部地区平均水平的比较

• 在上市水平方面,武汉 2022 年本地 A 股上市公司数、新三板挂牌公司数分别达到 76 家、162 家,在中部地区各金融中心城市中分别排名第 2、第 1。

• 从直接融资水平看,武汉 2022 年底,本地 A 股市场累计融资额达到 2281.2 亿元,仅次于长沙。年度新增股票融资规模 100.6 亿元,排名中部地区第 2。

• 从区域股权市场来看,武汉区域股权市场拥有的挂牌公司数达到 6389 家,排名中部地区第 1,2019 年区域股权市场筹资金额达到 185.5 亿元,排名中部地区第 2。

5. 武汉金融中心金融生态环境表现

在金融人才环境方面，武汉在全国排名高达第 4 位，中部地区排名第 1 位，在教育环境和城市环境两方面具有相对优势，如图 7.2.5 所示。

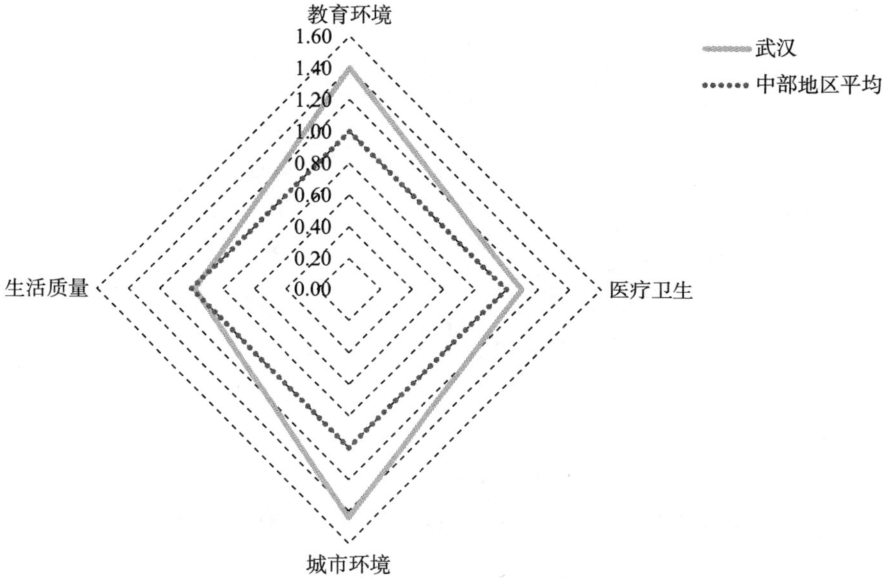

图 7.2.5　武汉金融人才环境与中部地区平均水平的比较

- 在教育环境方面，武汉拥有 83 所普通高等学校和 7 所“双一流”高校，均排名中部地区金融中心第 1 位，普通高校在校生达到 133.3 万人，仅次于郑州。
- 在城市环境方面，武汉每百万人城市轨道交通里程达到 37.1 公里，远远超过中部地区其他金融中心城市，在全国 36 个金融中心城市中排名第 4 位，仅次于宁波、北京、上海。
- 生活质量方面，武汉金融从业人员人均年薪酬达到 17 万元，仅次于郑州的 20 万元，但住宅房价收入比也相对偏高，达到 6.03，仅次于合肥。
- 在医疗卫生方面，武汉每万人拥有的医院病床数均落后于郑州、长沙、合肥、太原等中部地区其他城市，但武汉具备器官移植资质的医院数达到 7 家，在中部地区排名第 1。

在金融商业环境方面,武汉在全国排名第 9 位,中部地区排名第 1,在专业服务、经济基础、政策环境等方面具有相对优势,如图 7.2.6 所示。

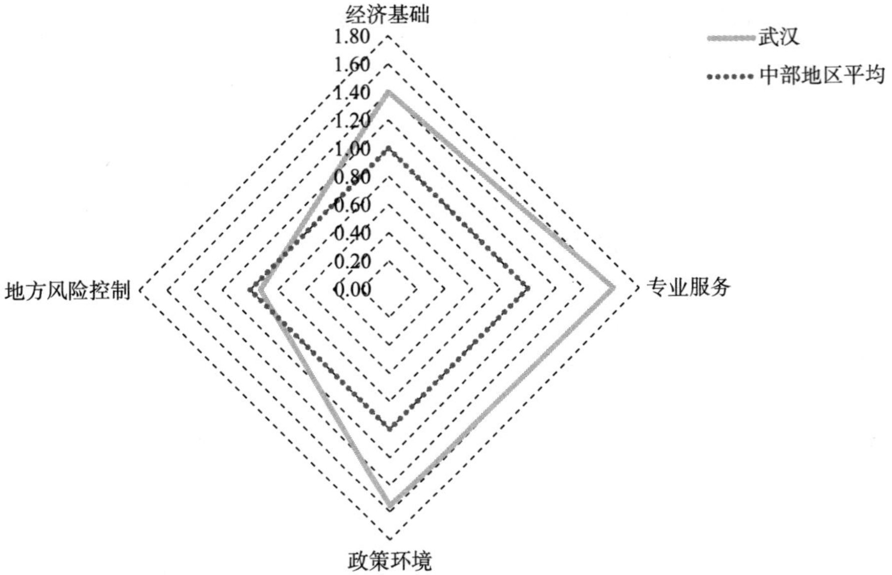

图 7.2.6　武汉金融商业环境与中部地区平均水平的比较

- 在专业服务方面,截至 2020 年年底,武汉拥有注册会计师(CPA)2921 人,在中部地区排名第 1;截至 2022 年上半年,武汉拥有专业保险中介机构 408 家,在中部地区位列第 1。
- 在经济基础方面,武汉 2022 年地区生产总值达到 18866 亿元,人均 GDP 达到 137320 元,均为中部地区第 1,GDP 增速达到 4%,仅次于长沙,经济发展势头较好。
- 在政策环境方面,根据 CDI 研究评比结果,武汉金融发展促进政策支持力度得分为 5.6 分,远高于中部地区其他金融中心城市。

在国际化环境方面,武汉在机构国际化、国际影响力、经济外向度方面均高于中部地区平均水平,如图 7.2.7 所示。其中,2022 年武汉外资金融机构营业性机构数达到 32 家,在中部地区排名第 1;2022 年实际利用外资总额为 20.4 亿美元,仅次于长沙; 接待入境旅游者人数保持中部地区领先。

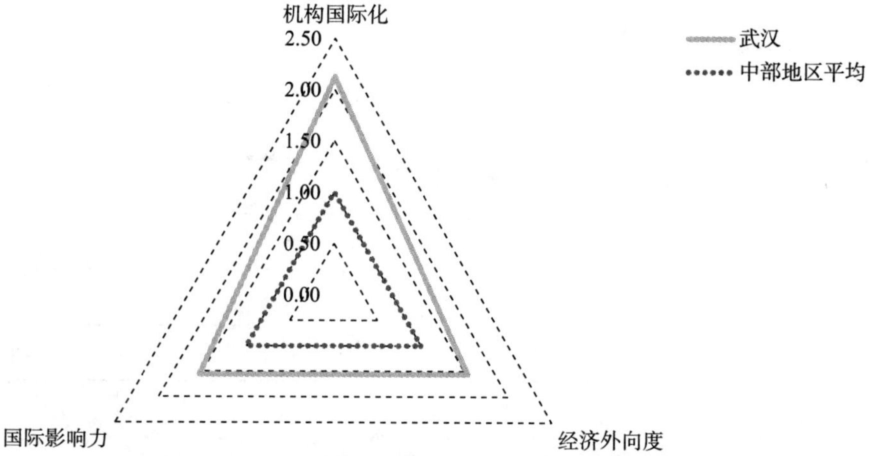

图 7.2.7　武汉国际化环境与中部地区平均水平的比较

7.3　郑州金融中心评价

郑州是河南省省会,华夏文明重要发祥地之一,是中国中部地区重要的中心城市、国家重要的综合交通枢纽、中原经济区核心城市。2007 年,经河南省政府同意,《郑州区域性金融中心建设规划纲要》正式发布,明确建设区域金融中心。2022 年 7 月,郑州市发布《关于建设国家区域性现代金融中心的实施意见》,提出力争“十四五”期间,全市主要金融指标逐步跻入全国前 10 位或走在全国同类城市前列。

1. 郑州金融中心综合竞争力表现

自首期进入 CFCI 榜单以来,郑州金融中心竞争力经历了两个阶段,第一阶段从 CFCI 1 到 CFCI 6,这一阶段郑州金融中心综合竞争力得分变化不大,排名亦维持在 20 名左右;第二阶段从 CFCI 6 到 CFCI 15,这一阶段郑州金融中心建设发展较快,到 CFCI 15 综合竞争力得分几乎翻倍。第 15 期 CFCI 评价结果显示,郑州金融中心综合竞争力得分为 53.5 分,综合竞争力排名全国第 12 位,中部地区仅次于武汉,如图 7.3.1 所示。

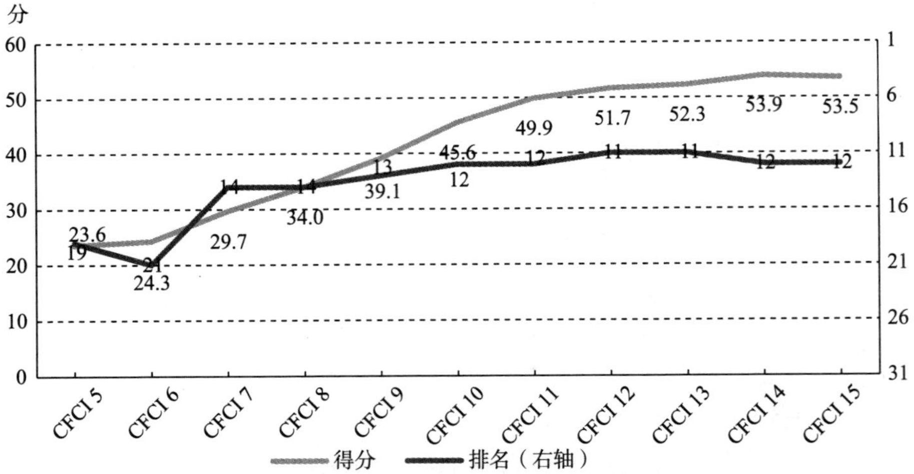

图 7.3.1　郑州金融中心综合竞争力历期得分与排名

2022 年,郑州金融业增加值 1433 亿元,同比增长 2.4%;年末金融机构本外币存款余额达到 29032 亿元,金融机构本外币贷款余额达到 34337 亿元;全年保费收入 729.2 亿元;年末保险深度达到 5.7%,保险密度达到人均 5722 元(常住人口统计口径)。

在 CFCI 15 一级分项指标评价方面,除金融生态环境排名前进 1 名外,郑州金融产业绩效、金融机构实力两项的得分排名均下滑 1 名,金融市场规模得分排名不变,如表 7.3.1 所示。

表 7.3.1　郑州在 CFCI 15 中的评价结果

评价分类	CFCI 15 得分	同比上期	得分增幅	CFCI 15 排名	排名变化
金融产业绩效	80.80	0.11	0.14%	14	-1
金融机构实力	24.01	-0.05	-0.20%	16	-1
金融市场规模	33.87	-2.67	-7.30%	5	0
金融生态环境	83.76	0.83	1.00%	14	1
金融人才环境	9.65	0.15	1.59%	5	1
金融商业环境	7.22	0.43	6.28%	20	4
国际化环境	1.68	-0.39	-19.04%	21	-6

2. 郑州金融中心金融产业绩效表现

在金融产业绩效方面，郑州在金融业务规模、金融业增加值方面优势相对突出，业务相对水平也有亮点，但金融从业人员得分明显低于平均水平，如图 7.3.2 所示。

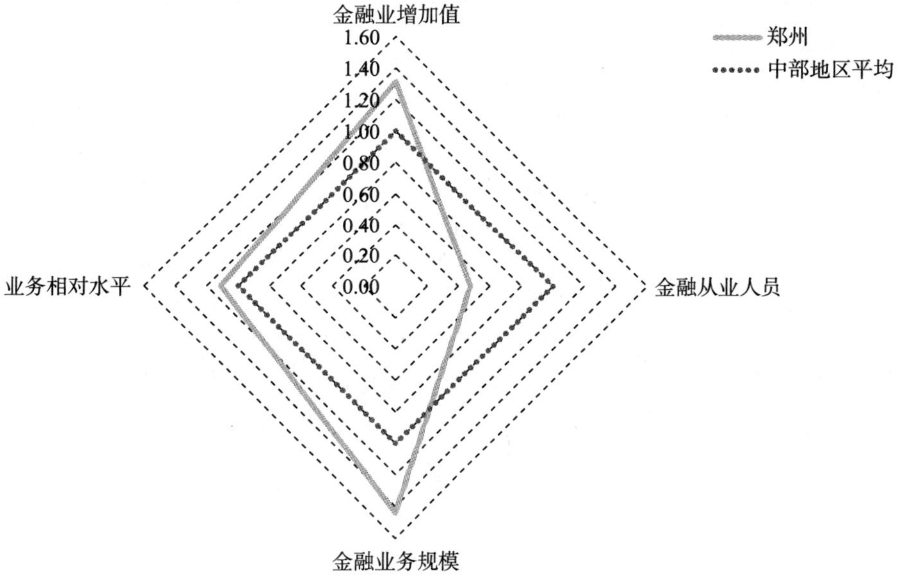

图 7.3.2　郑州金融产业绩效同中部地区平均水平的比较

- 从金融业增加值来看，2022 年郑州金融业增加值达到 1433 亿元，中部地区仅次于武汉。金融业增加值三年平均增速 3.5%，金融业增加值占 GDP 比重为 11.1%，中部地区排名第 1。
- 从金融从业人员来看，郑州 2020 年金融从业人员数量达到 7.9 万，在中部地区排名第 3。金融从业人员三年平均增长率达到-2.8%，呈现下滑趋势。
- 从金融业务规模来看，郑州在中部地区优势明显。2022 年，郑州金融机构本外币存、贷款余额分别达到 29032 亿元、34337 亿元，在中部地区仅次于武汉；2022 年全年本地证券交易量达到 4.94 万亿元，在中部地区遥遥领先；保费收入 722.6 亿元，仅次于武汉。
- 从业务相对水平来看，郑州保险行业优势突出，郑州保险深度达到

5.6%,在中部地区排名第1,在全国排名第7,郑州保险密度达到人均5633元,仅次于武汉。

3. 郑州金融中心金融机构实力表现

在金融机构实力方面,郑州在银行类机构和地方金融组织两方面表现相对突出,但证券类机构和保险类机构表现均低于中部地区平均水平,如图7.3.3所示。

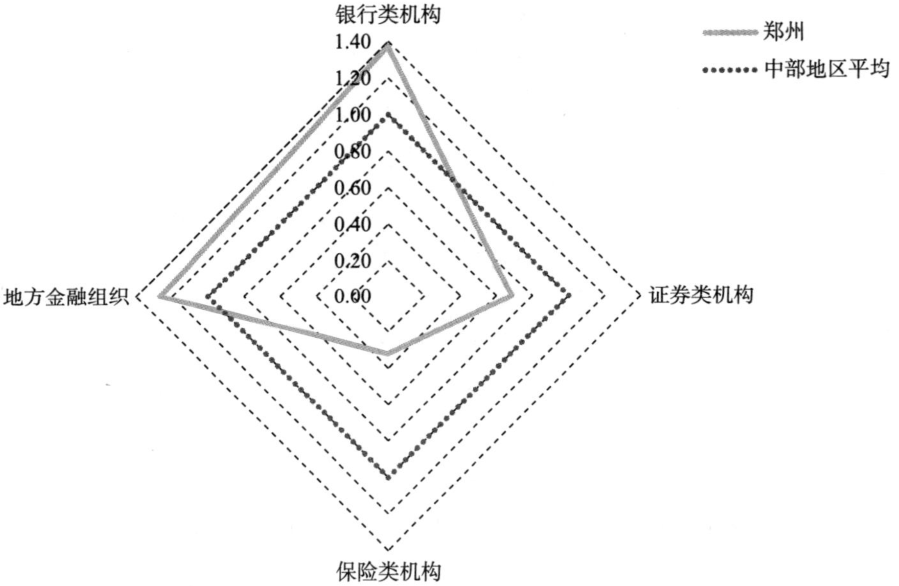

图7.3.3　郑州金融机构实力与中部地区平均水平的比较

- 从银行类机构来看,截至2022年年底,郑州拥有9家本地法人商业银行,资产规模合计21556亿元,数量和资产规模均为中部第1,但规模次于长沙和合肥;商业银行支行数量1399家,仅次于武汉。

- 从地方金融组织来看,郑州在商业保理机构方面表现突出,2023年上半年商业保理机构数量53家,仅次于武汉。

- 从保险机构实力来看,郑州本地仅有1家法人保险公司,资产规模62亿元,与武汉差距较大。

- 从证券类机构来看,郑州证券类机构实力整体偏弱,目前仅有1家本地法人证券公司,2022年资产规模为502亿元,在中部地区基本处于末位;

私募基金管理人数量 132 家,私募基金数量 475 只,与武汉、长沙、合肥也有较大差距。

4. 郑州金融中心金融市场规模表现

在金融市场规模方面,作为郑商所所在地,郑州是中部地区金融中心城市中唯一拥有全国性金融市场的金融中心城市。但是,郑州在上市水平、区域股权市场、直接融资水平三方面却低于中部地区平均水平,如图 7.3.4 所示。

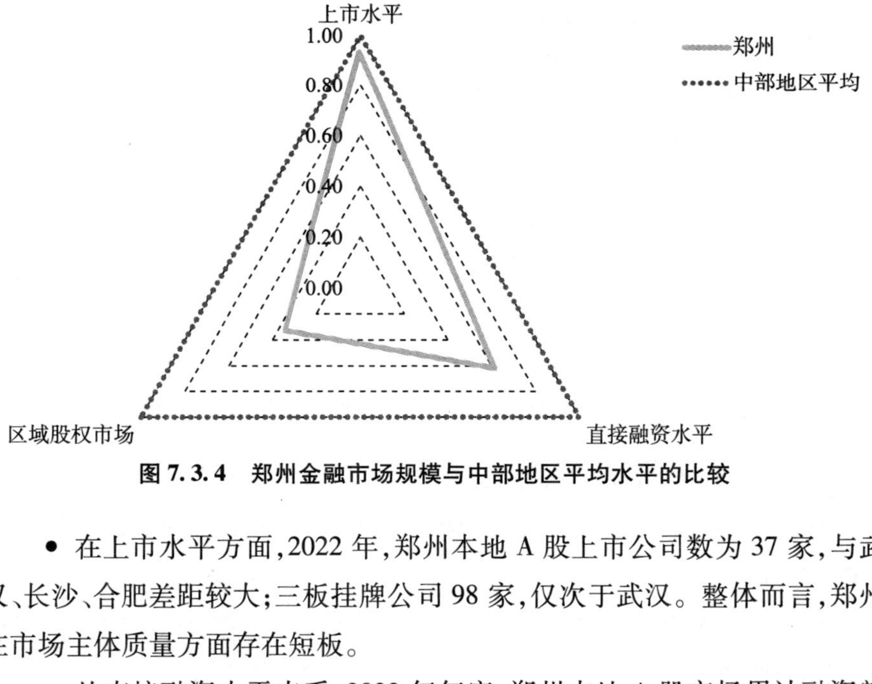

图 7.3.4　郑州金融市场规模与中部地区平均水平的比较

- 在上市水平方面,2022 年,郑州本地 A 股上市公司数为 37 家,与武汉、长沙、合肥差距较大;三板挂牌公司 98 家,仅次于武汉。整体而言,郑州在市场主体质量方面存在短板。
- 从直接融资水平来看,2022 年年底,郑州本地 A 股市场累计融资额达到 738. 3 亿元,与长沙、武汉、合肥等差距较大;2022 年年度新增股票融资规模仅为 33. 1 亿元,排名中部地区第 4。
- 从区域股权市场来看,郑州区域股权市场拥有的挂牌公司数、年度区域股权市场筹资金额与合肥、武汉、长沙等城市相比差距较大。

5. 郑州金融中心金融生态环境表现

在金融人才环境方面,郑州在全国排名第 5 位,其中教育环境相对中部地区平均水平有一定优势,如图 7.3.5 所示。

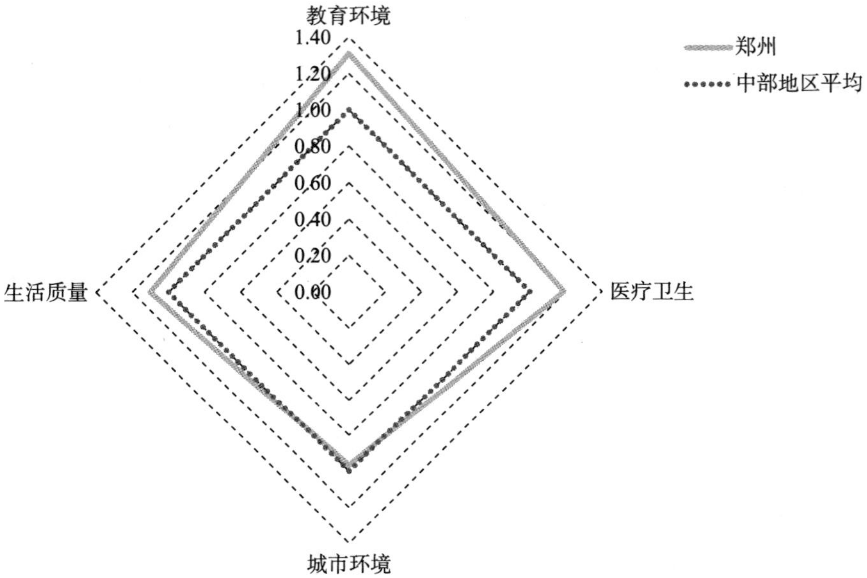

图 7.3.5 郑州金融人才环境与中部地区平均水平的比较

- 在教育环境方面,截至 2022 年年底,共拥有普通高等院校 67 所,数量在中部地区仅次于武汉,在校大学生 139.6 万人,在中部地区和全国排名均高居第 1。
- 在医疗卫生方面,2022 年郑州每万人拥有的医院病床数和执业医师数分别达到 76.9 张和 41.7 人,在中部地区处于中上游水平。
- 在生活质量方面,郑州 2020 年金融从业人员年均薪酬达到 20 万元,在中部地区排名第 1,在全国排名第 6;2022 年城镇居民家庭人均消费支出 2.89 万元,在中部地区中心城市中仅高于太原。
- 在城市环境方面,郑州各项指标在中部地区均为中流水平,但空气质量优良率相对较差,2022 年为 60.8%,是中部地区金融中心城市中最差的。

在金融商业环境方面,郑州在全国排名第20位,其中专业服务相对中部地区平均水平优势明显,但经济基础、政策环境、地方风险控制三方面表现均低于中部地区平均水平,如图7.3.6所示。

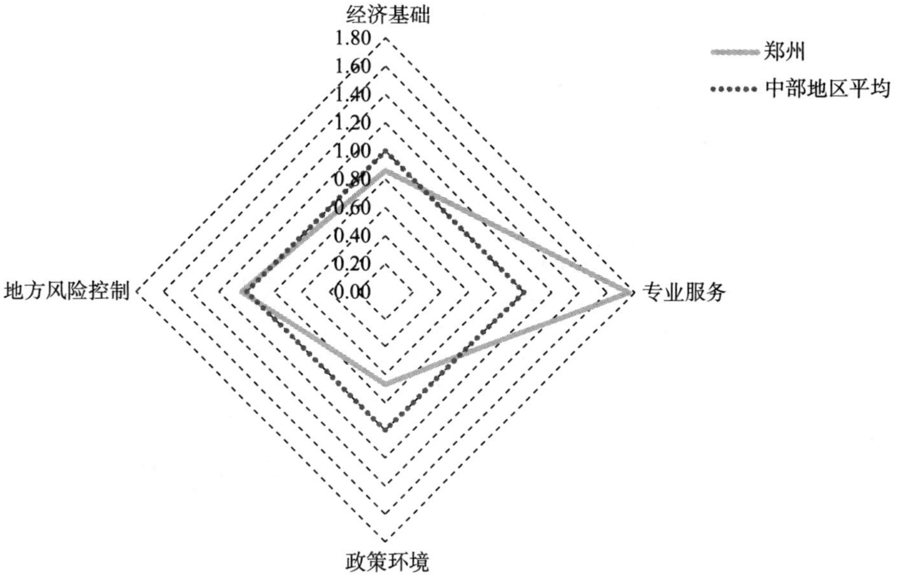

图7.3.6 郑州金融商业环境与中部地区平均水平的比较

- 从专业服务来看,郑州在专业服务方面具有较强的优势,2022年上半年执业律师达到13982人;截至2022年年底,注册会计师2310人,专业保险中介机构403家。在中部地区分别排名第1、第2和第2。
- 从经济基础来看,郑州2022年GDP总量为12935亿元,人均GDP为100832元,GDP总量仅次于武汉、长沙,但人均指标却低于武汉、长沙、合肥、南昌、太原。
- 从地方风险控制来看,2022年郑州银行业不良贷款率达到1.37%,仅低于呼和浩特和太原。

在国际化环境方面,郑州在全国中排名第21位,但在国际影响力、机构国际化和经济外向度等方面处于中部地区领先水平,如图7.3.7所示。

- 在经济外向度方面,郑州作为国际空港枢纽城市,2022年当年进出口总额达到902.4亿美元,在中部地区各城市中遥遥领先。
- 在机构国际化方面,2022年郑州外资金融机构营业性机构数达到22

家,在中部地区排名第2。

- 在国际影响力方面,郑州航空枢纽优势突出,国际航班连通城市数量达到20个,在中部地区排名第1。

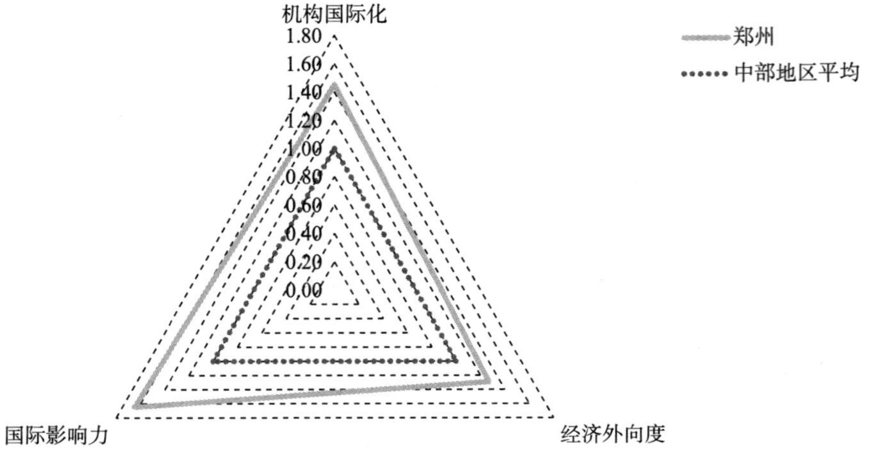

图7.3.7　郑州金融国际化环境与中部地区平均水平的比较

7.4　长沙金融中心评价

长沙是湖南省省会,全国“两型社会”综合配套改革试验区,全国性综合交通枢纽。长沙也是首批国家历史文化名城,历经三千年城名、城址不变,有“屈贾之乡”“潇湘洙泗”之称。2017年1月,《湖南省“十三五”金融业发展规划》明确提出,2016—2020年,要将长沙市打造成为区域性金融中心。2022年6月,长沙市政府联合四家省级金融监管部门发布《关于金融助推强省会战略的实施方案(2022—2026年)》,提出到2026年末,力争建设成服务全省、引领中西部、辐射全国的区域金融中心。

1. 长沙金融中心综合竞争力表现

自首期进入CFCI榜单以来,长沙金融中心发展加速,排名亦平稳攀升。第15期CFCI评价结果显示,长沙金融中心综合竞争力得分为47.26分,综合竞争力排名全国第14位,在中部地区仅次于武汉和郑州,如图7.4.1所示。

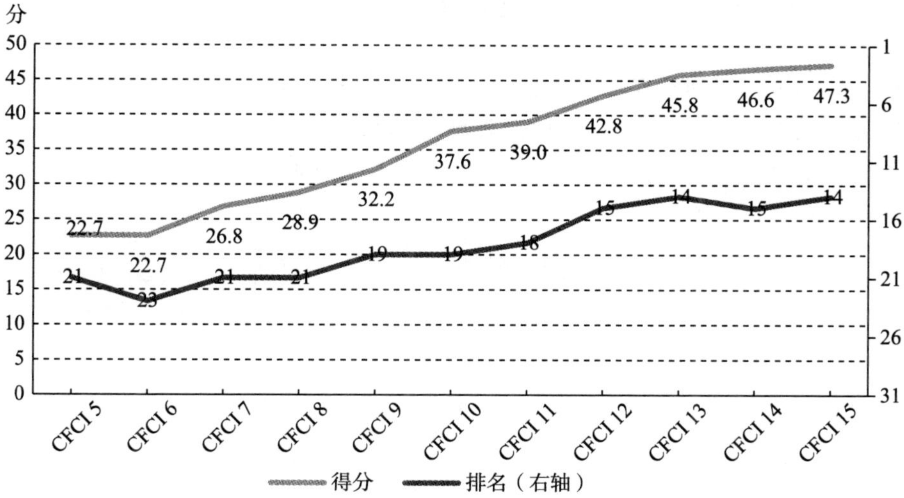

图 7.4.1　长沙金融中心综合竞争力历期得分与排名

2022 年，长沙金融业增加值 1010.6 亿元，同比增长 5.4%，占地区 GDP 比重达 6.5%；年末金融机构本外币存、贷款余额分别达到 27883 亿元、29853 亿元；全年保费收入 578 亿元；全年股票基金交易量达到 4.35 万亿元。

在第 CFCI 15 一级分项指标评价方面，长沙金融产业绩效和金融生态环境得分有所增长，排名也分别上升 3 位和 4 位；但金融机构实力和金融市场规模得分均出现下滑，排名也分别下滑 1 位和 2 位，如表 7.4.1 所示。

表 7.4.1　长沙在 CFCI 15 中的评价结果

评价分类	CFCI 15 得分	同比上期	得分增幅	CFCI 15 排名	排名变化
金融产业绩效	74.01	1.71	2.36%	18	3
金融机构实力	27.41	-0.36	-1.30%	14	-1
金融市场规模	9.22	-3.32	-26.47%	15	-2
金融生态环境	85.85	5.50	6.85%	13	4
金融人才环境	8.64	0.10	1.12%	11	0
金融商业环境	8.55	0.46	5.66%	14	2
国际化环境	1.82	0.66	57.59%	18	6

2. 长沙金融中心金融产业绩效表现

在金融产业绩效方面,长沙在金融业务规模、金融从业人员方面略高于中部地区平均水平,金融业增加值表现基本与中部地区平均水平齐平,但业务相对水平则低于中部地区平均水平,如图 7.4.2 所示。

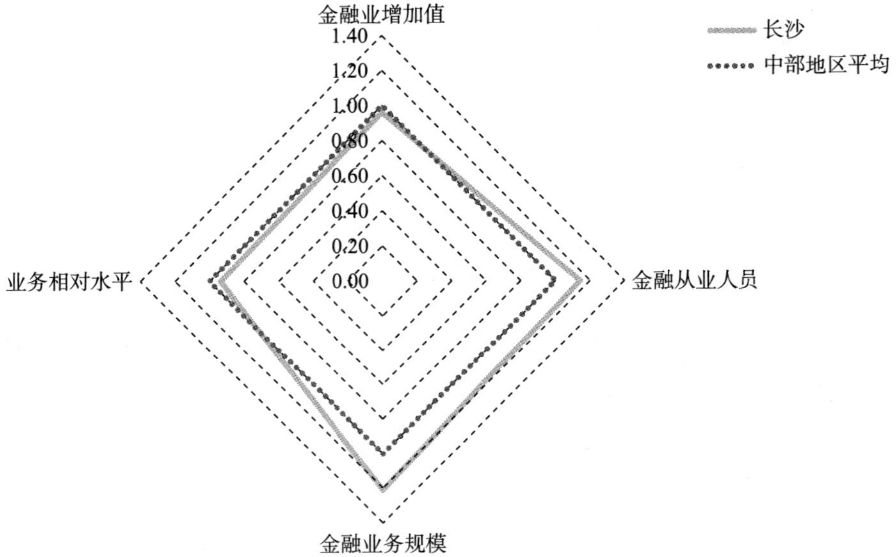

图 7.4.2 长沙金融产业绩效同中部地区平均水平的比较

• 从金融业增加值来看,长沙规模较小,但增速较快。2022 年长沙金融业增加值为 1010.6 亿元,首次突破千亿元,与合肥差距进一步缩小,但与武汉和长沙仍有较大差距;长沙金融业增加值三年平均增速达到 7.5%,在中部地区排名第 1。

• 从金融从业人员来看,长沙 2020 年金融从业人员数量达到 9.5 万,在中部地区排名第 3,金融从业人员三年平均增长率达到 10.5%,呈现较快增长趋势。

• 从金融业务规模来看,长沙金融机构本外币存款余额、贷款余额、本地证券交易量、保费收入等各项规模指标均排名中部地区第 3,仅次于武汉、郑州,与本地经济规模呈现高度一致性。

• 从业务相对水平来看,长沙存款余额与 GDP 比重、贷款余额与 GDP

比重、本地证券交易量与 GDP 比重、保险深度、保险密度等指标在中部地区各金融中心城市中均表现一般。

3. 长沙金融中心金融机构实力表现

在金融机构实力方面，长沙在证券类机构方面表现相对突出，银行类机构和地方金融组织两方面表现也高于中部地区平均水平，但保险类机构表现明显低于中部地区平均水平，如图 7.4.3 所示。

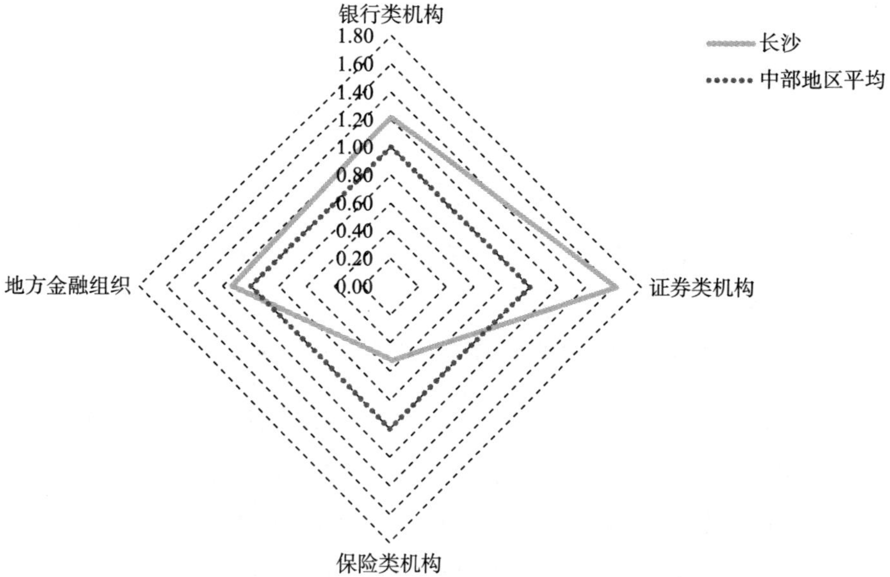

图 7.4.3　长沙金融机构实力与中部地区平均水平的比较

- 从银行类机构来看，截至 2022 年年底，长沙拥有 8 家本地法人商业银行，资产规模合计 17827 亿元，数量与南昌并列中部地区第 2，规模仅次于郑州、合肥；商业银行支行数量 1283 家，仅次于武汉和郑州。
- 从保险机构实力来看，长沙本地仅有 1 家法人保险公司，资产规模 312 亿元，虽然与武汉差距较大，但资产规模在中部地区也仅次于武汉。
- 从证券类机构来看，长沙证券类金融机构表现相对突出，本地法人证券公司有 3 家，2022 年资产总规模达到 2696 亿元，在中部地区金融中心城市中均排名第 1。

4. 长沙金融中心金融市场规模表现

在金融市场规模方面,长沙在直接融资水平方面明显超过了中部地区平均水平,上市水平也超过中部地区平均水平,但区域股权市场表现则略低于中部地区平均水平,如图 7.4.4 所示。

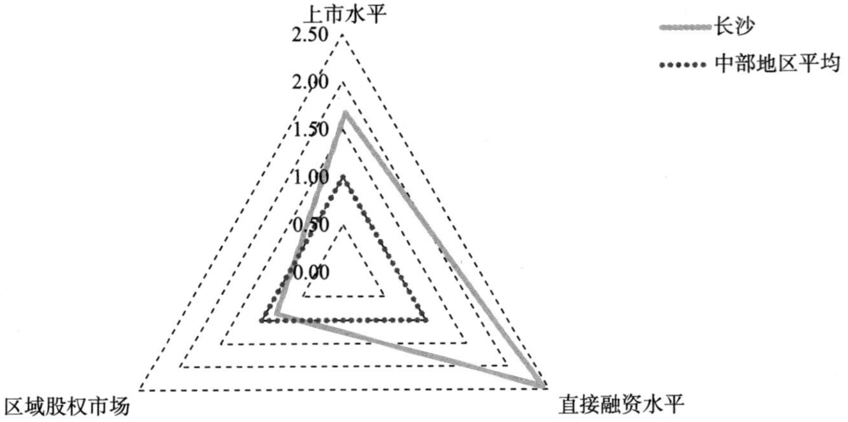

图 7.4.4　长沙金融市场规模与中部地区平均水平的比较

- 在上市水平方面,长沙表现亮眼。2022 年本地 A 股上市公司数为 84 家,排名中部地区第 1;新三板挂牌公司 73 家,仅次于武汉、郑州。
- 从直接融资水平来看,长沙同样表现突出,2022 年年底本地 A 股市场累计融资额达到 2616.3 亿元,中部地区排名第 1;2022 年年度新增股票融资规模达到 154.7 亿元,同样排名中部地区第 1。
- 从区域股权市场来看,长沙区域股权市场拥有的挂牌公司数仅次于武汉、太原,年度区域股权市场筹资金额在中部地区排名第 4。

5. 长沙金融中心金融生态环境表现

在金融人才环境方面,长沙全国排名第 11 位,主要是在医疗卫生和生活质量两方面相对中部地区平均水平有一定优势,如图 7.4.5 所示。

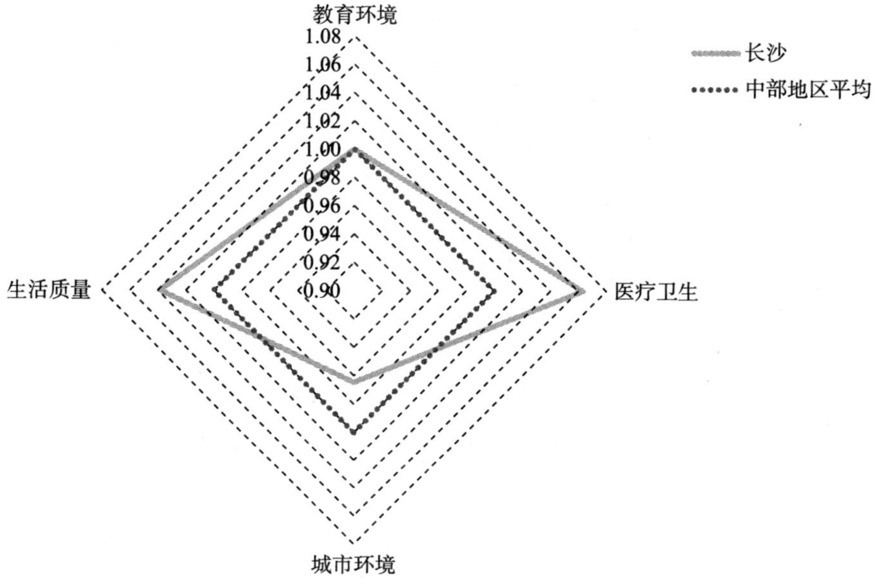

图 7.4.5　长沙金融人才环境与中部地区平均水平的比较

- 在医疗卫生方面，2022 年长沙每万人拥有的医院病床数和执业医师数分别达到 76.7 张和 35.3 人，在中部地区处于上游水平。
- 在生活质量方面，长沙 2022 年城镇居民家庭人均消费支出达到 42936 元，在中部地区各城市中排名第 1，住宅房价比仅为 3.61，在中部地区各城市中最低。
- 在教育环境方面，截至 2022 年底，长沙共拥有普通高等院校 57 所，数量在中部地区排名第 3，在校大学生 84.9 万人，同样排名第 3，“双一流”高校 4 所，数量仅次于武汉。
- 在城市环境方面，长沙各项指标在中部地区均表现一般，尤其是 2022 年交通健康指数为 56.8%，在中部地区排名倒数第 1，交通拥堵问题相对突出。

在金融商业环境方面，长沙在全国排名第 14 位，整体处于中下游水平，其中地方风险控制、政策环境两方面表现基本与中部地区平均水平齐平，但经济基础和专业服务相对中部地区平均水平有一定优势，如图 7.4.6 所示。

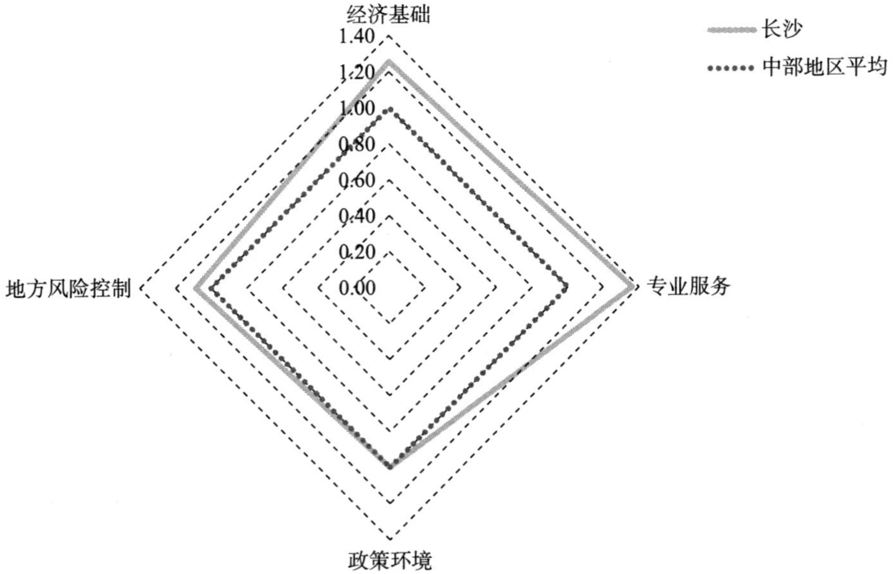

图 7.4.6　长沙金融商业环境与中部地区平均水平的比较

• 从专业服务来看,长沙具有一定优势。2022 年上半年执业律师达到 10457 人、注册会计师 1952 人、专业保险中介机构 303 家,在中部地区分别排名第 2、第 3 和第 3。

• 从经济基础来看,长沙 GDP 总量和人均 GDP 均仅次于武汉,表现相对突出,且 2022 年 GDP 增速为 4.5%,在中部地区中排名第 1。

• 从地方风险控制来看,长沙近三年未发生债券违约,地方政府负债率和债务率也基本处于中部地区金融中心城市中游水平。

• 从政策环境来看,根据 CDI 对各金融中心城市产业政策的综合评分,长沙得分 6.9 分,在中部地区金融中心城市中仅次于合肥。

在国际化环境方面,长沙在全国排名第 18 位,在经济外向度和国际影响力方面相对中部地区有一定优势,但机构国际化表现相对中部地区平均水平优势不大,如图 7.4.7 所示。

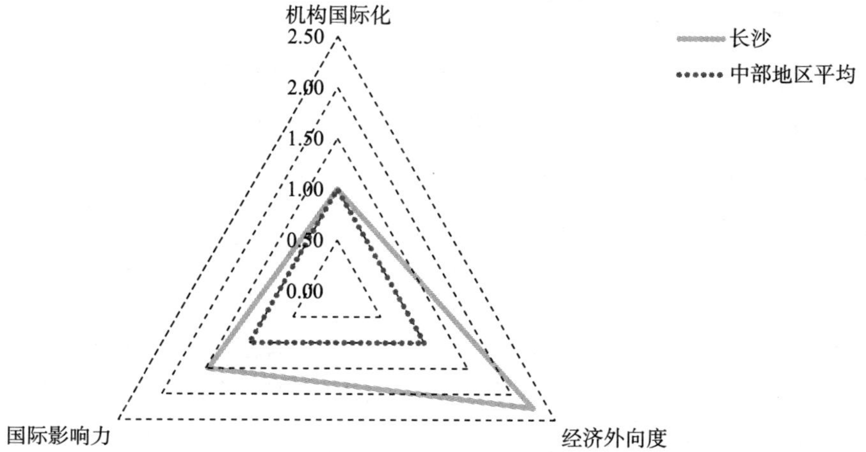

图 7.4.7　长沙金融国际化环境与中部地区平均水平的比较

- 在经济外向度方面，长沙 2022 年进出口总额达到 497.6 亿美元，当年实际利用外资 35.3 亿元，在中部地区各城市中处于中游水平。
- 在国际影响力方面，长沙 2022 年接待入境旅游者人数 3.8 万人次，在中部地区金融中心城市中仅次于武汉、郑州；国际航班连通城市数量达到 18 个，在中部地区仅次于郑州。
- 在机构国际化方面，2022 年长沙外资金融机构营业性机构数达到 15 家，在中部地区排名第 4。

7.5　合肥金融中心评价

合肥是安徽省省会，长三角城市群副中心，综合性国家科学中心，“一带一路”和长江经济带战略双节点城市。2017 年 2 月，《安徽省“十三五”金融业发展规划》发布，明确提出支持合肥建设区域金融中心城市。2021 年 8 月，安徽省人民政府办公厅发布《发展多层次资本市场服务“三地一区”建设行动方案》，支持合肥市设立科学城发展专项资金和投资发展基金，创新滨湖科学城投融资模式，打造区域性科创金融中心。对接上海国际金融中心，加快建设合肥国际金融后台基地。

1. 合肥金融中心综合竞争力表现

合肥在 CFCI 2 中首次进入榜单,排名第 10 位,之后排名回落至第 25 位左右。近几期,合肥金融中心综合竞争力有所提速。在 CFCI 15 中,综合竞争力得分 43.1 分,排名全国第 20 位,相比上一期下降 2 位,如图 7.5.1 所示。

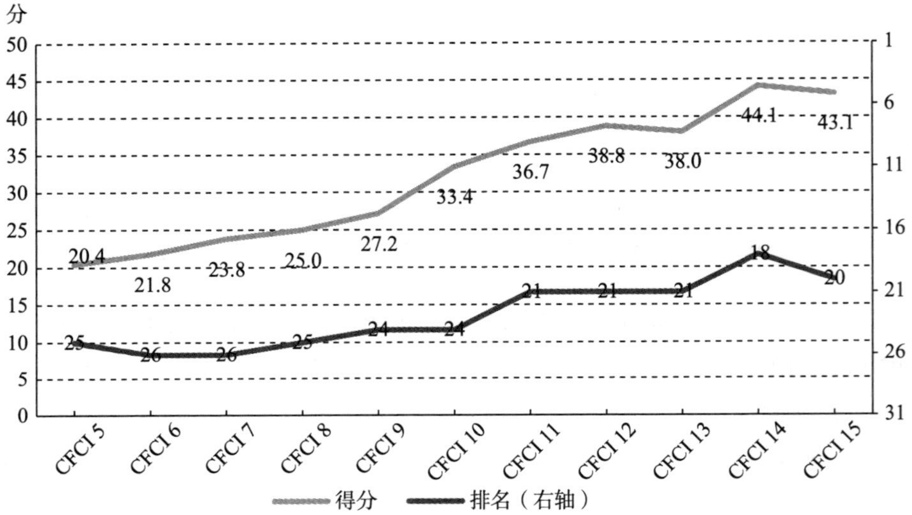

图 7.5.1　合肥金融中心综合竞争力历期得分与排名

2022 年,合肥金融业增加值 1166.7 亿元,同比增长 8.7%,占地区 GDP 比重达 9.7%;年末金融机构本外币存款余额达到 23097 亿元,年末金融机构各项贷款余额 23566 亿元;全年股票基金交易量 3.14 万亿元。

在第 15 期 CFCI 一级分项指标评价方面,合肥在金融产业绩效和金融生态环境两项得分有所提升,且排名分别上升 3 位和 1 位,但金融机构实力和金融市场规模得分均出现明显下滑,排名分别下滑 2 位和 3 位,如表 7.5.1 所示。

表 7.5.1　合肥在 CFCI 15 中的评价结果

评价分类	CFCI 15 得分	同比上期	得分增幅	CFCI 15 排名	排名变化
金融产业绩效	76.04	2.49	3.38%	16	3
金融机构实力	21.03	−2.13	−9.21%	20	−2
金融市场规模	9.26	−5.32	−36.48%	14	−3
金融生态环境	73.22	2.28	3.21%	22	1

续表

评价分类	CFCI 15 得分	同比上期	得分增幅	CFCI 15 排名	排名变化
金融人才环境	7.61	0.10	1.30%	24	-2
金融商业环境	7.53	0.69	10.01%	19	2
国际化环境	1.06	-0.28	-20.78%	25	-5

2. 合肥金融中心金融产业绩效表现

在金融产业绩效方面，合肥金融从业人员数量明显超过中部地区平均水平，金融业增加值也超出中部地区平均水平，但在金融业务规模、业务相对水平方面落后于中部地区平均水平，如图 7.5.2 所示。

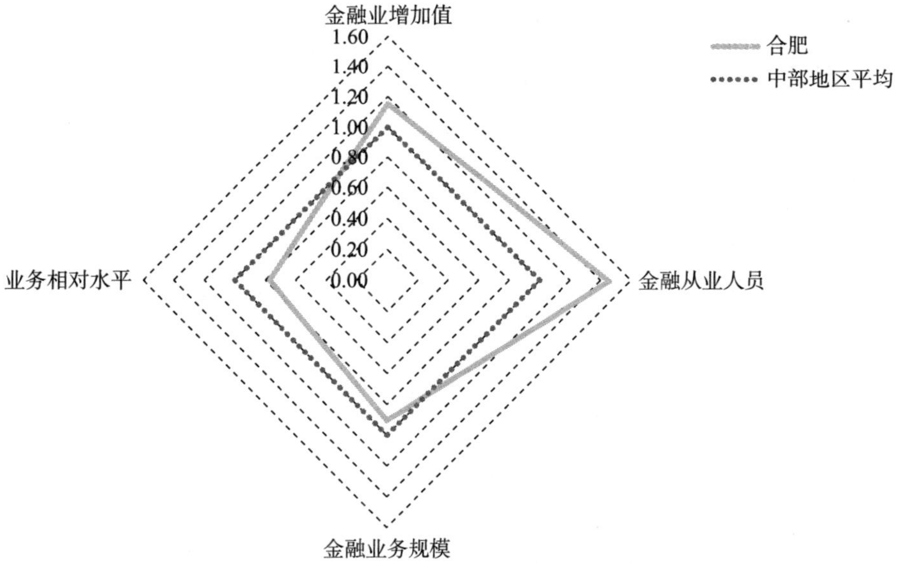

图 7.5.2　合肥金融产业绩效同中部地区平均水平的比较

- 从金融业增加值来看，合肥 2022 年金融业增加值为 1166.7 亿元，已经迈过 1000 亿元大关，在中部地区仅次于武汉、郑州，且合肥金融业增加值三年平均增速达到 7.5%，在中部地区排名第 1。
- 从金融从业人员来看，合肥 2020 年金融从业人员数量达到 12.5 万，在中部地区遥遥领先，且金融从业人员三年平均增长率达到 11.2%，呈现较快增长趋势。

• 从金融业务规模来看,合肥金融机构本外币存款余额、贷款余额、保费收入等各项规模指标均排名中部第4,与本地经济规模呈现高度一致性。

• 从业务相对水平来看,合肥存款余额与GDP比重、贷款余额与GDP比重、本地证券交易量与GDP比重、保险深度、保险密度等各项指标在中部地区各金融中心城市中均排名落后。

3. 合肥金融中心金融机构实力表现

在金融机构实力方面,合肥证券类机构相对中部地区平均水平略有领先,银行类机构和地方金融组织两方面表现则基本与中部地区平均水平持平,但保险类机构表现明显低于中部地区平均水平,如图7.5.3所示。

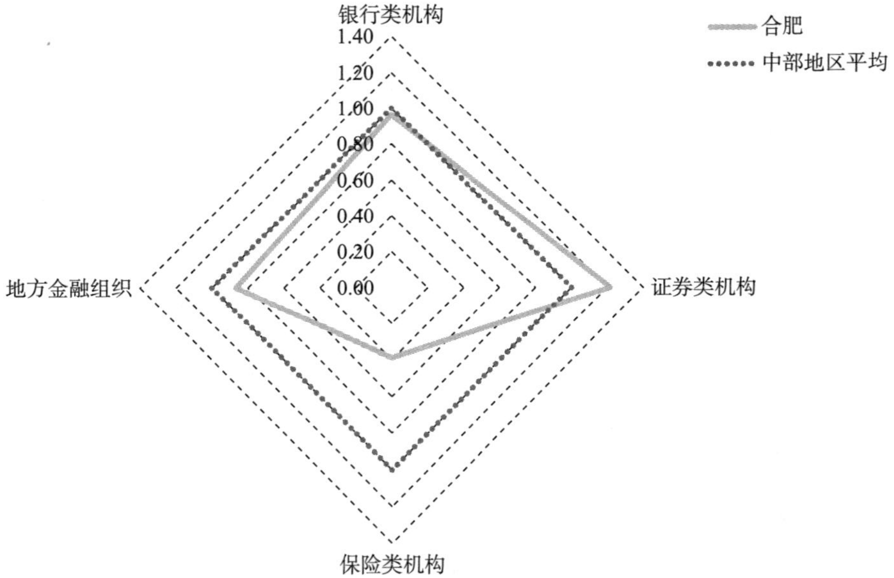

图7.5.3 合肥金融机构实力与中部地区平均水平的比较

• 从银行类机构来看,截至2022年年底,合肥拥有7家本地法人商业银行,资产规模合计18420亿元,数量排名中部地区第3,但资产规模仅次于郑州;商业银行支行数量存在短板,截至2022年年底,商业银行支行数量872家,在中部地区排名倒数第2。

• 从地方金融组织来看,合肥各类地方金融组织数量均表现一般。

• 从保险机构实力来看,合肥本地仅有1家法人保险公司,资产规模

132 亿元，与武汉差距较大。

• 从证券类机构来看，合肥证券类金融机构实力有一定优势，本地法人证券公司有 2 家，截至 2022 年年底资产总规模达到 2032 亿元，在中部地区金融中心城市中分别排名第 2、第 3。

4. 合肥金融中心金融市场规模表现

在金融市场规模方面，合肥在上市公司水平方面有一定优势，直接融资水平也超过中部地区平均水平，但区域股权市场表现基本与中部地区平均水平持平，如图 7.5.4 所示。

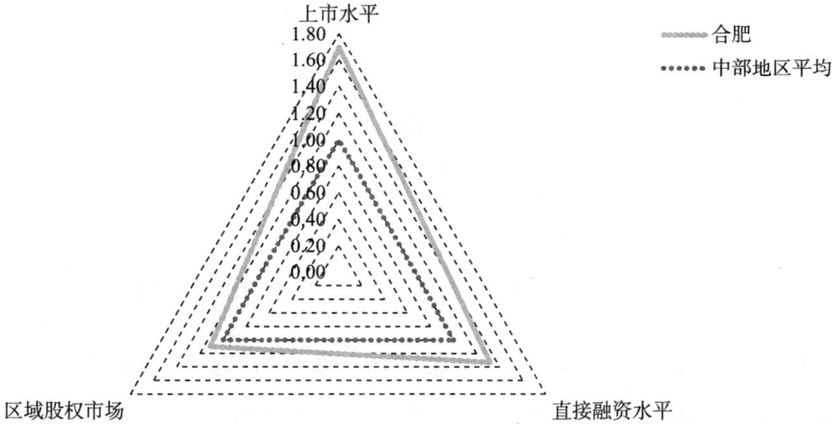

图 7.5.4　合肥金融市场规模与中部地区平均水平的比较

• 在上市水平方面，合肥 2022 年本地 A 股上市公司数为 75 家，排名中部地区第 3；新三板挂牌公司 64 家，排名中部地区第 4。

• 从直接融资水平来看，合肥 2022 年年底本地 A 股市场累计融资额达到 1297. 7 亿元，2022 年年度新增股票融资规模达到 98. 9 亿元，均排名中部地区第 3。

• 从区域股权市场来看，合肥区域股权市场在中部地区各金融中心城市中弱势相对明显，拥有的挂牌公司数仅为 318 家，2022 年年度区域股权市场筹资金额 153. 9 亿元，排名中部地区第 3。

5. 合肥金融中心金融生态环境表现

在金融人才环境方面，合肥表现不佳，在全国排名第 24 位，教育环境、城市环境、生活质量、医疗卫生等细分领域得分均低于中部地区平均水平,如图 7.5.5 所示。

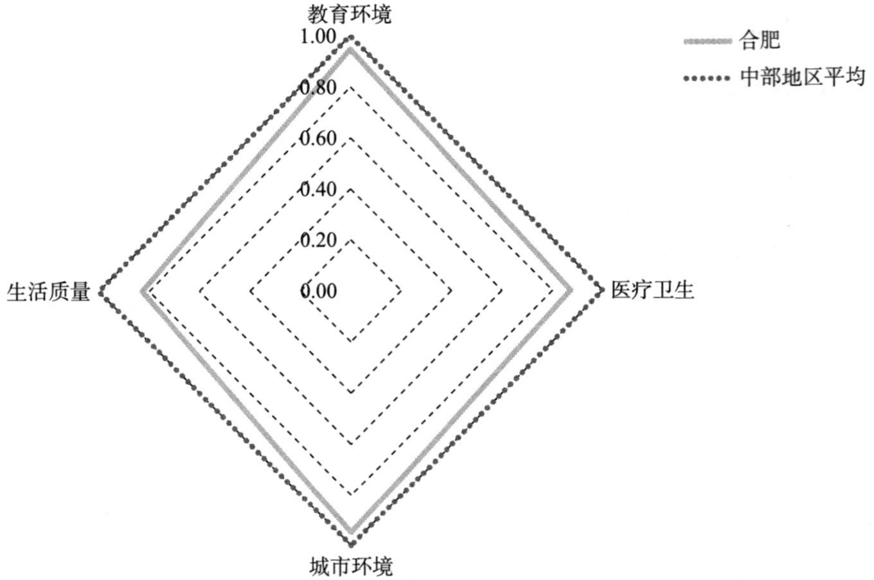

图 7.5.5　合肥金融人才环境与中部地区平均水平的比较

• 在医疗卫生方面,2022 年合肥每万人拥有的医院病床数和执业医师数分别达到 65.6 张和 3.9 人,在中部地区处于下游水平。

• 在生活质量方面,合肥 2020 年金融从业人员年均薪酬为 96286 元,低于中部地区其他城市;2022 年的住宅房价收入比达到 6.58,是中部地区各金融中心城市中最高的。

• 在教育环境方面,截至 2022 年年底,合肥共拥有普通高等院校 54 所,数量在中部地区排名中游,在校大学生 73.9 万人,在中部地区排名靠后,"双一流"高校 3 所,数量仅次于武汉、长沙。

• 在城市环境方面,合肥各项指标在中部地区均表现一般,各项指标表现在中部地区均排名中游水平。

在金融商业环境方面,合肥全国排名第 19 位,其中经济基础和地方风险控制两方面超过中部地区平均水平,但政策环境表现相对较差,如图 7.5.6 所示。

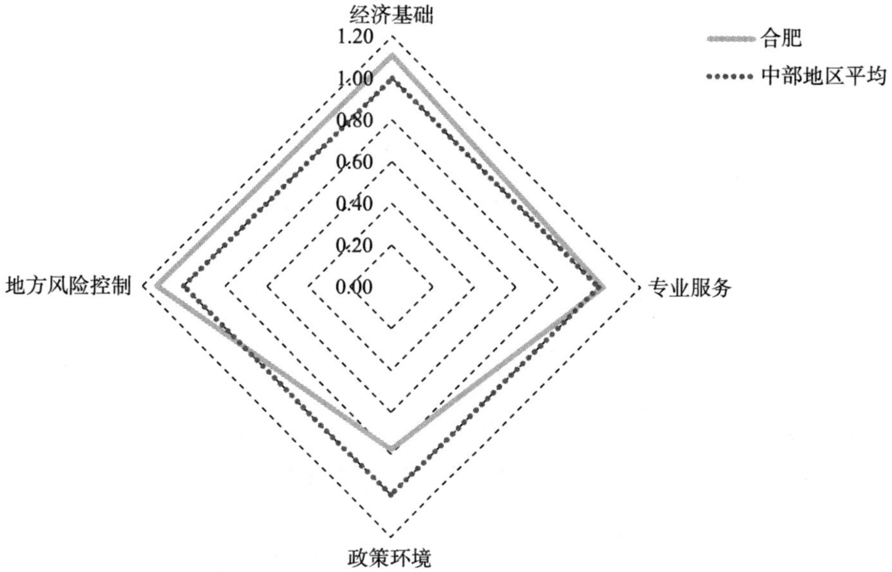

图 7.5.6　合肥金融商业环境与中部地区平均水平的比较

- 从专业服务来看，合肥 2022 年上半年执业律师达到 6625 人；2022 年年底，注册会计师 1471 人；2022 年上半年，专业保险中介机构 268 家，在中部地区均处于中游水平。

- 从经济基础来看，2022 年合肥 GDP 达到 12013 亿元，排名中部地区第 4；人均 GDP 为 120579 元，仅低于武汉、长沙。

- 从地方风险控制来看，由于出现债务违约，合肥近三年违约债务率达到 0.77%，在中部地区各金融中心是最高的，但其他地方风险指标表现相对良好。

- 从政策环境来看，根据 CDI 对各金融中心城市产业政策的综合评分，合肥得分 7.9 分，在中部地区金融中心城市中排名第 1。近年来招商引资的“合肥模式”成为各地方政府争相学习的热点，体现在金融中心生态环境上，就是合肥在产业政策环境方面的突出表现。

在国际化环境方面，合肥在全国排名第 25 位，其中机构国际化和经济外向度两方面的表现基本与中部地区平均水平持平，但国际影响力方面与中部地区平均水平相比存在明显差距，如图 7.5.7 所示。

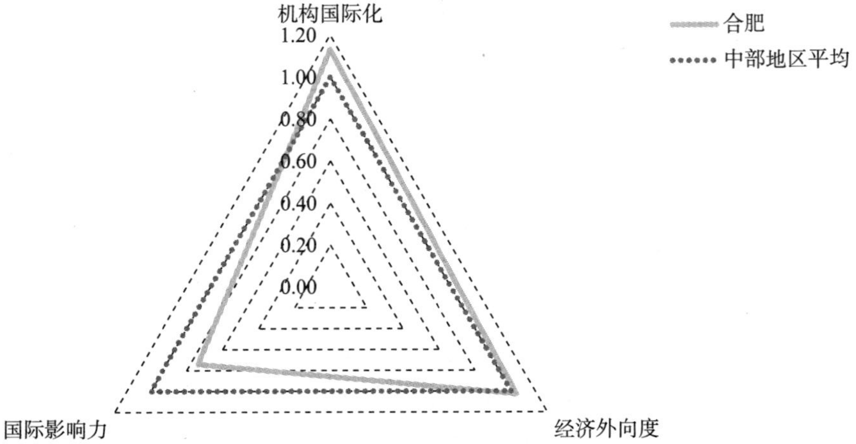

图 7.5.7　合肥金融国际化环境与中部地区平均水平的比较

- 在经济外向度方面,合肥 2022 年当年进出口总额达到 542.8 亿美元,当年实际利用外资 12.1 亿美元,分别排名中部地区第 2 和第 3。
- 在机构国际化方面,2022 年合肥外资金融机构营业性机构数达到 17 家,在中部地区排名第 3。
- 在国际影响力方面,合肥接待入境旅游者人数和国际航班连通城市数量在中部地区均排名靠后。

第8章　西部地区金融中心评价

8.1　总体评价

西部地区主要包括我国的西南地区和西北地区，由四川、云南、贵州、西藏、重庆、陕西、甘肃、青海、新疆、宁夏和广西12个省、自治区、直辖市组成。西部地区是我国经济欠发达、待开发的地区，但由于接通亚欧大陆广袤腹地，成为新丝绸之路经济带的起点和门户，加之蕴藏丰富的自然资源、矿产资源、能源资源与土地资源，拥有巨大的发展空间与潜力。西部地区提出建设金融中心的城市主要有成都、重庆、西安、南宁、昆明、乌鲁木齐、贵阳、兰州。

1. 综合竞争力表现

表8.1.1　西部区域金融中心在CFCI 15中的评价结果

城市	综合竞争力		金融产业绩效		金融机构实力		金融市场规模		金融生态环境	
	得分	排名	得分	排名	得分	排名	得分	排名	得分	排名
成都	68.91	6	118.00	6	41.46	8	14.69	9	110.76	5
重庆	65.26	7	113.34	8	50.96	7	9.47	13	92.72	9
西安	50.00	13	87.56	11	29.17	12	7.74	18	82.63	16
南宁	37.06	26	69.58	24	16.36	28	3.59	26	65.40	27
昆明	36.21	28	57.06	33	14.79	29	2.73	30	78.34	18
乌鲁木齐	33.89	31	70.36	23	12.93	33	3.47	28	54.86	35
贵阳	32.63	32	57.97	30	14.61	31	2.09	32	62.10	28
兰州	30.81	34	57.89	31	10.30	35	2.81	34	60.04	29

• 西部地区金融中心成渝双城领跑,持续巩固在西部地区的领先地位,本期两者综合竞争力分别排名全国第6和第7。西安处于第二梯队,从CFCI 6开始表现优于33个区域中心的平均水平;第三梯队的昆明、南宁、乌鲁木齐整体排名靠后,综合竞争力相对薄弱,被其他区域金融中心拉开较大差距。

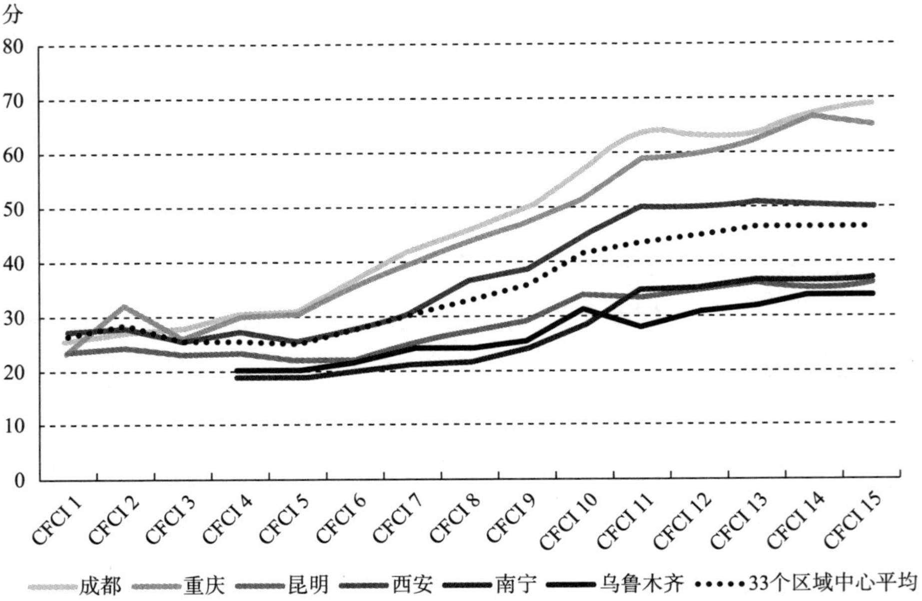

图 8.1.1 西部地区金融中心历期 CFCI 综合竞争力得分

• 成都金融中心在西部地区排名第1,在全国排名第6,本期综合竞争力得分68.91分,较上期增长1.62分。

• 重庆金融中心在西部地区排名第2,在全国排名第7,综合竞争力得分65.26分,较上期略有下降,但排名与上期持平。

• 西安本期综合竞争力得分略有下降,较上期降低0.68分,但排名与上期持平,居全国第13,西部第3。

• 昆明本期综合竞争力得分36.21分,上升1.02分,在全国排名上升3位,位列第28。

• 南宁本期综合竞争力得分37.06分,略有上升,在全国排名第26,与上期持平。

• 乌鲁木齐本期综合竞争力得分33.89分,略有下降,在全国排名第

31，上升2位。

● 贵阳和兰州综合竞争得分分别为32.63分、30.81分，在全国分别排名第32和第34。

2. 金融产业绩效分项表现

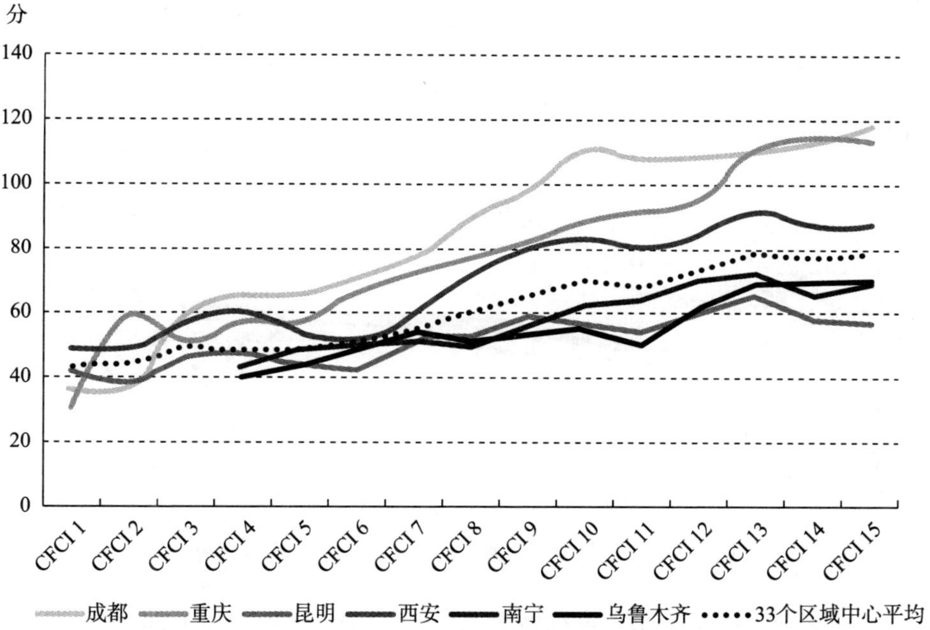

图8.1.2 西部地区金融中心历期金融产业绩效得分

● 成都本期金融产业绩效得分增长4.89分，排名上升1位，位居全国第6。

● 重庆本期金融产业绩效得分下降0.75分，排名下降2位，位居全国第8。

● 西安和南宁本期金融产业绩效得分分别上升0.26分和3.86分，排名均上升1位，分别居全国第11名、第24名。

● 昆明本期金融产业绩效得分下降1.12分，排名下降2位，居全国第33名。

● 乌鲁木齐本期金融产业绩效得分略有上升，但排名下降1位，居全国第23名。

• 贵阳和兰州金融产业绩效得分分别为57.97分、57.89分,在全国分别排名第30和第31。

3. 金融机构实力分项表现

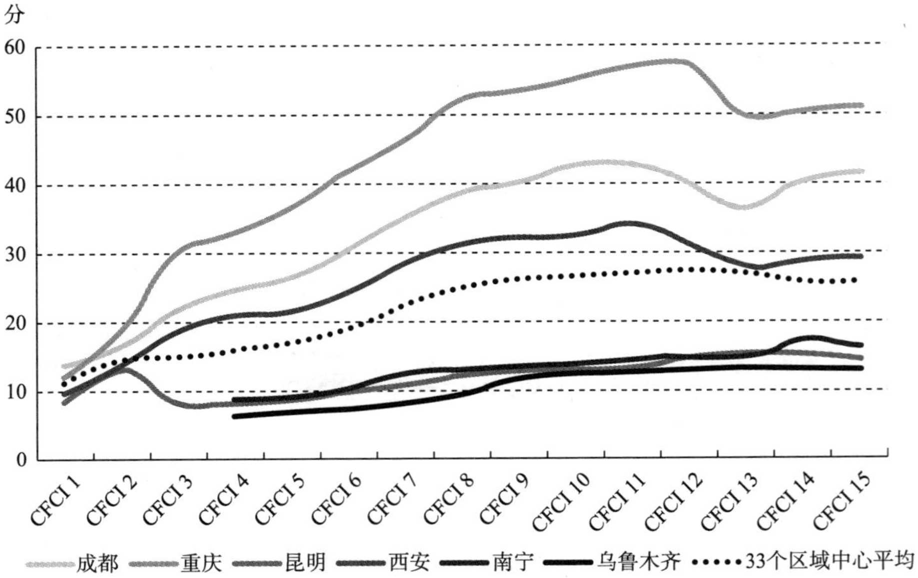

图8.1.3 西部地区金融中心历期金融机构实力得分

• 成都金融机构实力得分较上期上升1.37分,排名与上期持平,居全国第8位。

• 重庆金融机构实力得分增长0.53分,继续稳居全国第7位。

• 西安金融机构实力得分增长0.61分,排名不变,居全国第12位。

• 昆明金融机构实力得分下降0.52分,排名下降1位,居全国第29位。

• 南宁和贵阳金融机构实力得分均有所下降,排名均下降2位,分别居全国第28位和第31位。

• 乌鲁木齐金融机构实力得分下降0.25分,排名与上期持平,居全国第33位。

• 兰州金融机构实力得分上升0.06分,排名上升1位,居全国第35位。

4. 金融生态环境分项表现

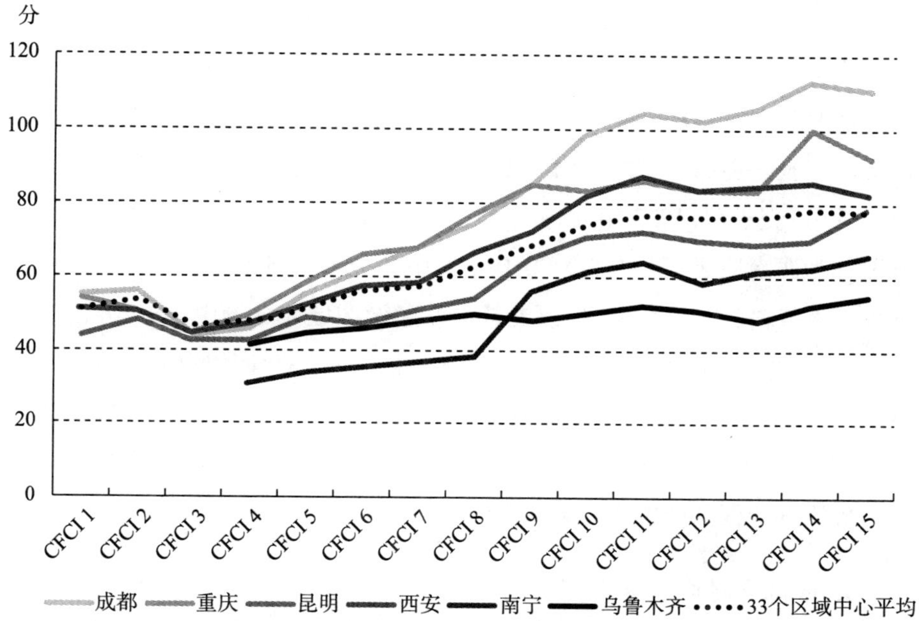

图 8.1.4　西部地区金融中心历期金融生态环境得分

- 成都金融生态环境得分较上期略微下降 1.13 分，但排名与上期持平，居全国第 5 位。

- 重庆金融生态环境得分较上期下降 7.19 分，排名下降 1 位，居全国第 9 位。

- 西安金融生态环境得分较上期下降 3.03 分，排名下降 4 位，居全国第 16 位。

- 昆明金融生态环境得分上升 8.26 分，排名上升 7 位，居全国第 18 位。

- 南宁和乌鲁木齐金融生态环境得分均有上升，南宁和乌鲁木齐排名与上期持平，分别居全国第 27 位和第 35 位。

- 贵阳和兰州金融生态环境得分分别为 62.10 分和 60.14 分，在全国分别排第 28 位和第 29 位。

8.2 成都金融中心评价

成都是四川省省会和西南地区唯一一个副省级城市,国家重要的高新技术产业基地、商贸物流中心和综合交通枢纽,西部地区重要的中心城市。历史上,“扬一益二”的繁荣经济积淀了深厚的金融发展土壤,孕育了中国最早的纸币“交子”。1993 年,国务院《西南和华南部分省区区域规划纲要》明确成都为西南地区金融中心。2010 年,《中共中央　国务院关于深入实施西部大开发战略的若干意见》提出支持成都建设区域性金融中心。2021 年 12 月 24 日,中国人民银行等国家部委与重庆市人民政府、四川省人民政府联合发布了《成渝共建西部金融中心规划》,提出将成渝建设成为立足西部,面向东亚和东南亚、南亚,服务共建“一带一路”国家和地区的西部金融中心,标志着成渝共建西部金融中心迈向实质性阶段。

1. 成都金融中心综合竞争力表现

自首期进入 CFCI 榜单以来,成都金融中心综合竞争力保持快速上升势头。近十年来,成都综合竞争力得分实现翻番,显示了巨大的增长动能;综合竞争力排名相较于第 5 期的第 8 位上升至本期的第 6 位。

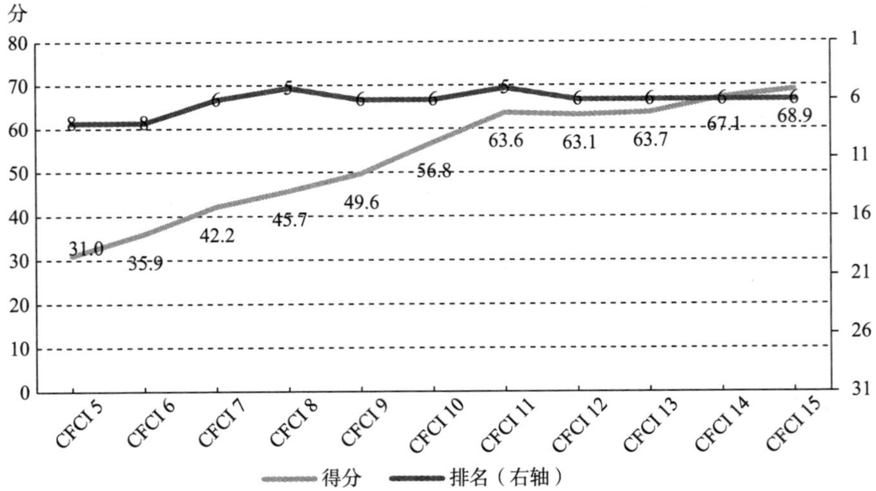

图 8.2.1　成都金融中心综合竞争力历期得分与排名

2022 年，成都实现金融业增加值 2445.2 亿元，金融业增加值三年平均增长率为 6.8%；年末金融机构本外币存款余额达到 53189 亿元，本外币贷款余额达到 53053 亿元，均居西部第 1 位；全年保费收入 1061 亿元，年末保险深度 5.1%，保险密度达到 4991 元/人（常住人口统计口径）。

表 8.2.1　成都在 CFCI 15 中的评价结果

评价分类	CFCI 15 得分	同比上期	得分增幅	CFCI 15 排名	排名变化
金融产业绩效	118.00	4.89	4.32%	6	1
金融机构实力	41.46	1.37	3.42%	8	0
金融市场规模	14.69	1.76	13.65%	9	3
金融生态环境	110.76	-1.13	-1.01%	5	0
金融人才环境	9.50	0.00	0.00%	7	0
金融商业环境	10.83	0.03	0.29%	5	0
国际化环境	4.20	-0.28	-6.29%	6	-1

在第 15 期 CFCI 一级分项指标评价方面，成都各项指标得分均有增加。就指标排名而言，整体保持平稳，金融市场规模排名上升 3 名，如表 8.2.1 所示。

2. 成都金融中心金融产业绩效表现

在金融产业绩效方面，成都在西部地区的巨大优势在于金融产业体量和业务规模，如图 8.2.2 所示。

- 成都金融业增加值在本区域仅次于重庆，并且保持较快增长，近三年平均增速均为本区域第 1，占 GDP 的比重达到 11.7%。
- 近年来成都对金融人才需求旺盛，2020 年成都金融从业人员约 15 万人，近三年平均增速为 5.8%。
- 2022 年成都本地证券交易量达 10.22 万亿元，远超本区域其他金融中心城市。
- 2022 年成都存贷款余额与 GDP 之比分别为 255.5%、254.8%。

3. 成都金融中心金融机构实力表现

在金融机构实力方面，成都的各分项指标均优于西部地区平均水平，如

图 8. 2. 3 所示。

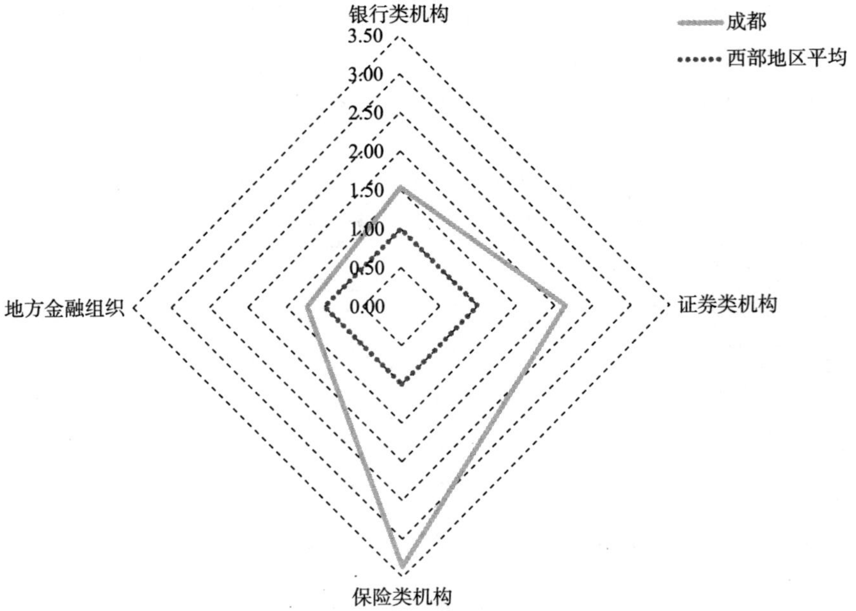

图 8. 2. 2　成都金融产业绩效同西部地区平均水平的比较

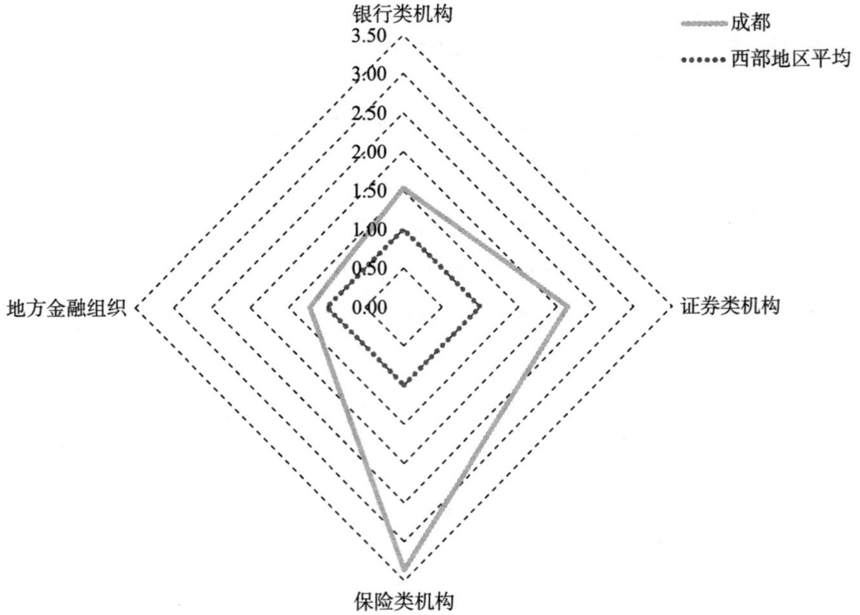

图 8. 2. 3　成都金融机构实力与西部地区平均水平的比较

- 成都金融机构资源丰富，综合实力较强，尤其是证券类机构在西部地区的领先优势明显。
- 成都拥有 4 家法人商业银行，2022 年资产总规模 17714 亿元，在西部地区仅次于重庆，远超西部其他金融中心。
- 成都拥有 4 家法人证券公司，2022 年资产总规模 2120 亿元，数量和规模均居西部地区首位。
- 成都拥有 4 家法人保险公司，2022 年资产总规模 4077 亿元。

4. 成都金融中心金融市场规模表现

在金融市场规模方面，成都的上市水平、区域股权市场与直接融资水平均优于西部地区平均水平，如图 8. 2. 4 所示。

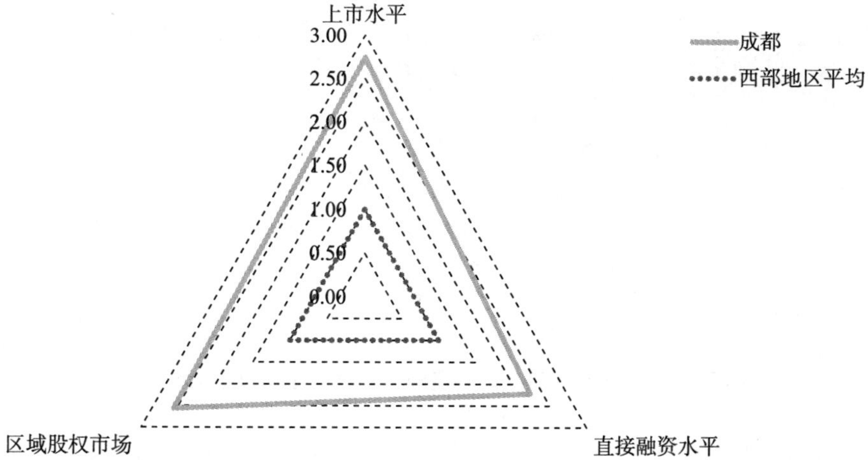

图 8. 2. 4　成都金融市场规模与西部地区平均水平的比较

- 截至 2022 年，成都 A 股上市公司数量为 113 家，新增 IPO 公司 15 家，新三板挂牌公司数为 132 家，均远超西部其他金融中心。
- 截至 2022 年，成都 A 股市场累计融资额为 2358. 1 亿元，居西部地区第 1 位。
- 截至 2022 年，成都区域股权市场拥有的挂牌公司数为 5835 家，远超西部其他金融中心。

5. 成都金融中心金融生态环境表现

在金融生态环境方面,成都在33个城市中排名第5,为西部地区排名最高的城市,并在金融人才环境、金融商业环境和国际化环境方面均有显著优势,如图8.2.5、图8.2.6和图8.2.7所示。

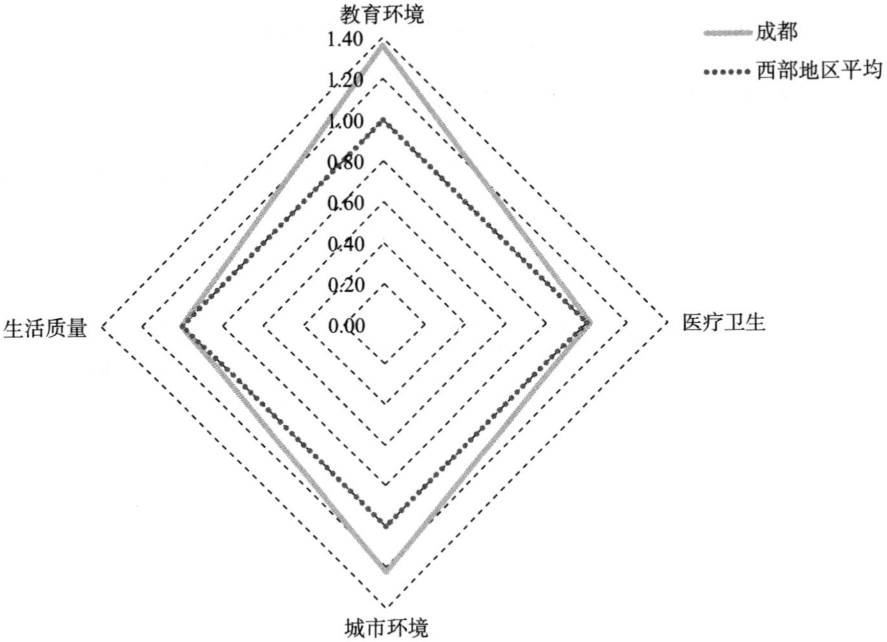

图8.2.5 成都金融人才环境与西部地区平均水平的比较

- 成都在教育环境方面存在比较优势,2022年拥有58所普通高校,116.4万名在校大学生。
- 成都医疗卫生环境也相对优越,2022年每万人拥有医院病床数为67.2张,每万人拥有的执业医师数为38.1人。
- 相对而言,成都的环境状况稍显不足。空气质量优良率为77.3%,居西部地区第7。

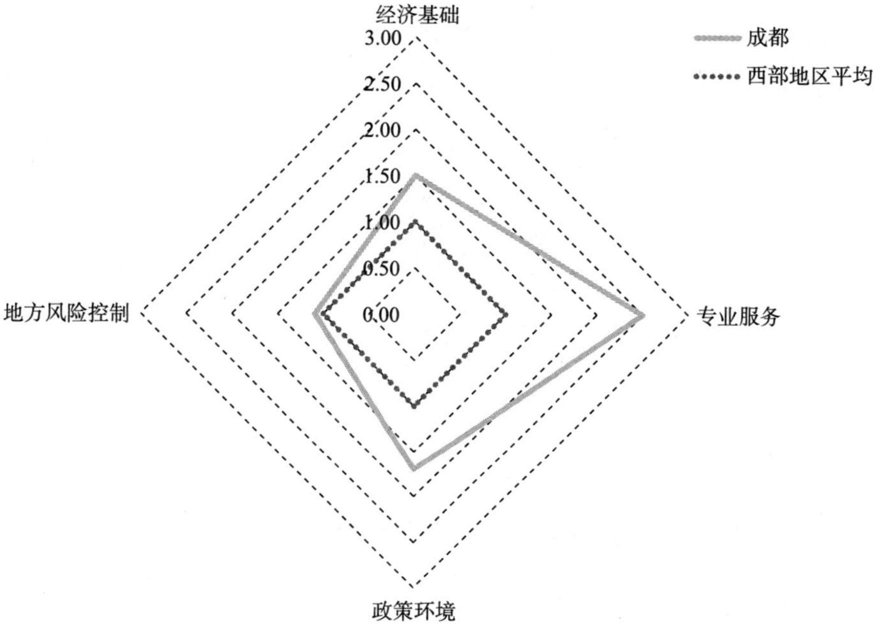

图 8.2.6　成都金融商业环境与西部地区平均水平的比较

- 在金融商业环境方面，成都在经济基础、专业服务、政策环境三个方面都具有明显优势。
- 2022 年成都实现地区生产总值 20818 亿元，排全国第 7 位，GDP 增速 8.6%，人均地区生产总值 93984 元。
- 截至 2022 年第一季度，成都拥有执业律师 18249 人、专业保险中介机构 686 家，均居西部地区第 1 位。
- 2022 年，成都地方政府负债率为 22.3%，地方政府债务率为 273%，均为西部地区最低。
- 在金融国际化程度方面，成都在机构国际化、经济外向度、国际影响力三个方面都具有明显优势。
- 2022 年成都外资金融机构营业性机构数和外资金融机构驻华代表处数分别为 42 家和 4 家，均居西部地区第 1 位。
- 2022 年成都实际利用外资总额 25.9 亿美元，居西部地区第 1 位；进出口总额 1240.9 亿美元，国际旅游(外汇)收入 0.4 亿美元。
- 2022 年成都接待入境旅游人数达 18 万人次，截至 2023 年第三季度

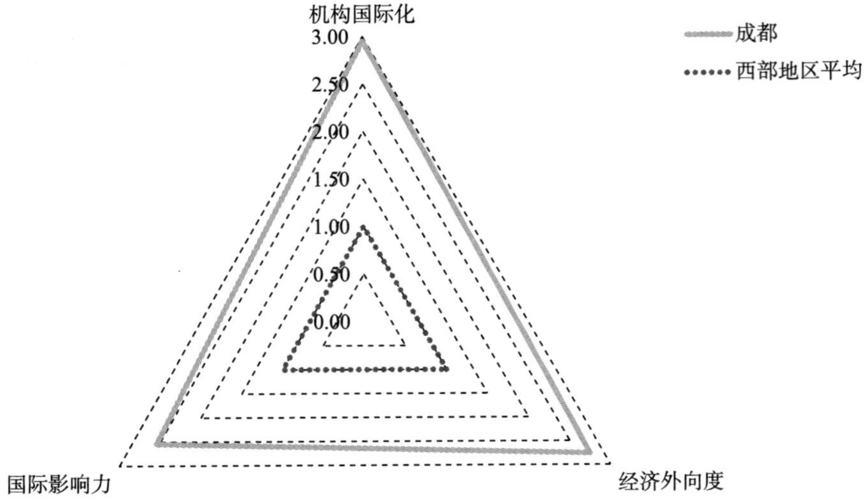

图 8.2.7　成都金融国际化环境与西部地区平均水平的比较

国际航班连通城市数量为 49 个。

8.3　重庆金融中心评价

重庆是我国中西部地区唯一的直辖市,是长江上游地区的经济、金融、科创、航运和商贸物流中心,西南地区最大的工商业城市,西部大开发重要的战略支点、“一带一路”和长江经济带的重要联结点以及内陆开放高地。2009 年,国务院颁布《关于推进重庆市统筹城乡改革和发展的若干意见》,强调要将重庆建设成为长江上游地区金融中心。2017 年,《重庆市建设国内重要功能性金融中心“十三五”规划》确立了打造国内重要功能性金融中心的战略目标。《重庆市金融改革发展“十四五”规划(2021—2025 年)》提出同时打造西部金融中心和内陆国际金融中心。2021 年,中国人民银行等国家部委与重庆市人民政府、四川省人民政府联合发布了《成渝共建西部金融中心规划》,提出了成渝共建西部金融中心的发展目标。

1. 重庆金融中心综合竞争力表现

自首期进入 CFCI 榜单以来，重庆金融中心综合竞争力稳步提升。第 15 期 CFCI 评价结果显示，重庆金融中心综合竞争力得分为 65.25 分，综合竞争力排名居全国第 7 位，西部地区第 2 位。近十来年，重庆综合竞争力得分倍增，增长势头良好。

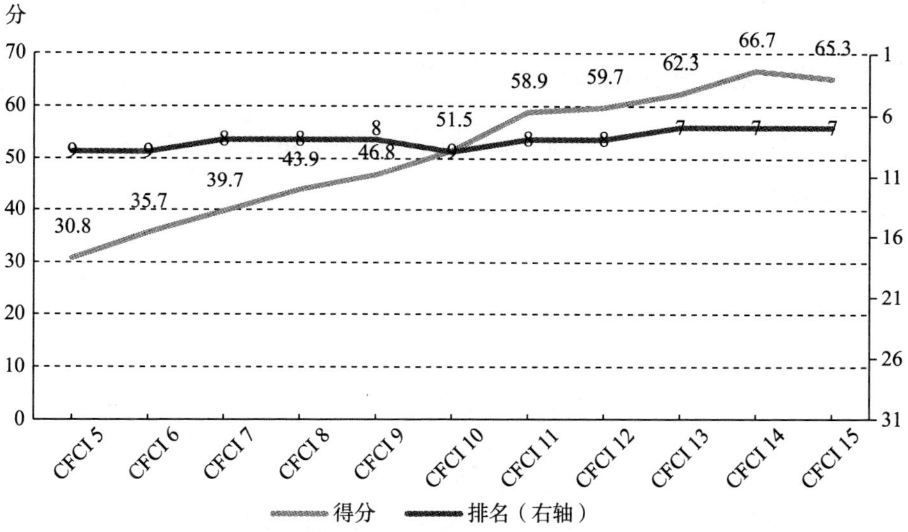

图 8.3.1　重庆金融中心综合竞争力历期得分与排名

2022 年，重庆实现金融业增加值 2491.0 亿元，占 GDP 比重为 8.6%；年末金融机构本外币存款余额达到 49567 亿元，金融机构本外币贷款余额达到 50052 亿元；全年保费收入 981 亿元，年末保险深度达到 3.4%，保险密度达到 3053 元/人（常住人口统计口径）。

表 8.3.1　重庆在 CFCI 15 中的评价结果

评价分类	CFCI 15 得分	同比上期	得分增幅	CFCI 15 排名	排名变化
金融产业绩效	113.34	-0.75	-0.66%	8	-2
金融机构实力	50.96	0.53	1.05%	7	0
金融市场规模	9.47	0.61	6.89%	13	4
金融生态环境	92.72	-7.19	-7.20%	9	-1

续表

评价分类	CFCI 15 得分	同比上期	得分增幅	CFCI 15 排名	排名变化
金融人才环境	8.91	0.12	1.39%	10	-1
金融商业环境	9.31	-0.60	-6.05%	12	-3
国际化环境	2.30	-1.11	-32.60%	13	-4

重庆金融机构实力和金融市场规模得分都有增加,金融产业绩效和金融生态环境得分有所下降,如表 8.3.1 所示。

2. 重庆金融中心金融产业绩效表现

在金融产业绩效方面,与西部地区的平均水平相比,重庆既有优势也有劣势,如图 8.3.2 所示。

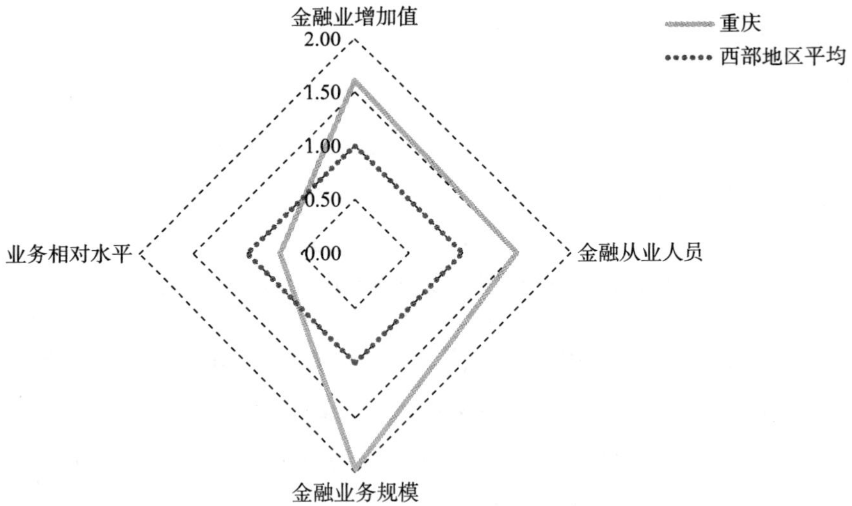

图 8.3.2　重庆金融产业绩效同西部地区平均水平的比较

- 重庆金融业增加值和金融从业人员长期保持西部地区第 1 的位置。重庆金融业增加值近三年平均增长率为 3.4%,占 GDP 的比重为 8.6%。
- 2022 年重庆存贷款余额与 GDP 之比分别为 170.2%、171.8%。
- 2022 年重庆股票基金交易量 6.27 万亿元,证券交易量在全国占比 1.3%。

3. 重庆金融中心金融机构实力表现

在金融机构实力方面，重庆在银行类机构、保险类机构和地方金融组织三个方面比较优势显著，如图 8.3.3 所示。

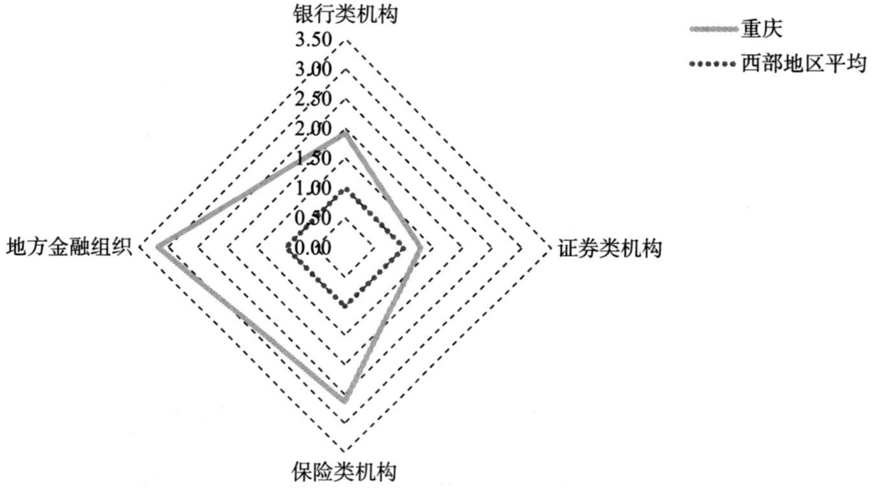

图 8.3.3 重庆金融机构实力与西部地区平均水平的比较

- 2022 年重庆拥有 4 家法人商业银行，资产总规模 23544 亿元，2440 家商业银行支行。
- 2022 年重庆拥有 2 家法人公募基金，资产管理规模 586 亿元，数量和规模均列西部地区第 1 位。
- 2022 年重庆拥有 5 家法人保险公司，排名西部第 1；法人保险公司资产规模 2581 亿元，排名西部地区第 2。
- 2022 年重庆小额贷款、融资租赁、融资担保、商业保理机构数量分别达 239 家、66 家、117 家、35 家，均居西部地区第 1 位。

4. 重庆金融中心金融生态环境表现

在金融生态环境方面，重庆在全国排第 9 位，在西部地区仅次于成都，如图 8.3.4 和图 8.3.5 所示。

- 重庆的教育资源较为丰富，2022 年拥有普通高等学校 70 所，普通高等学校在校学生 117.2 万人，均居西部地区第 1 位。

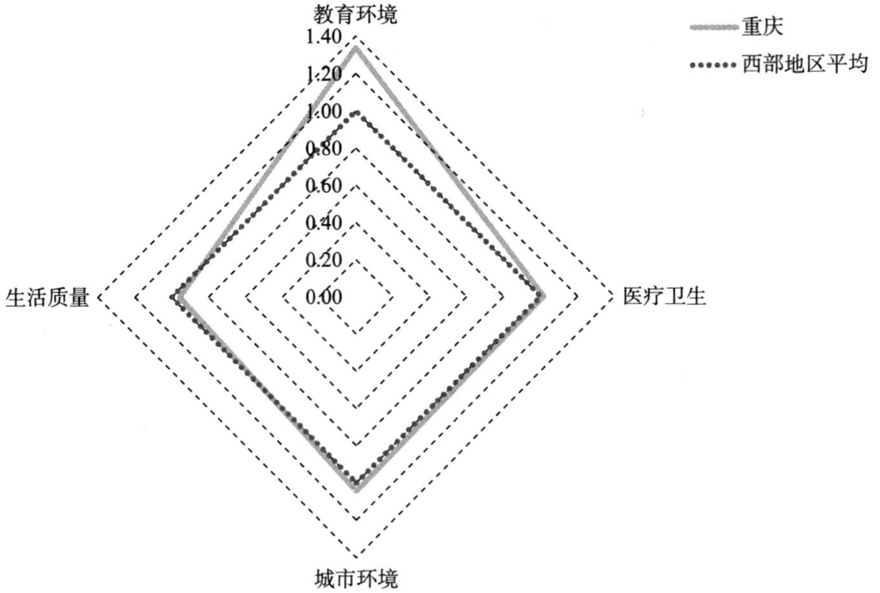

图 8.3.4　重庆金融人才环境与西部地区平均水平的比较

• 2022 年重庆每万人拥有医院病床数为 57.9 张,每万人拥有的执业医师数为 29.4 人。

• 2022 年重庆空气质量优良率为 91.0%,居西部地区第 4 位。

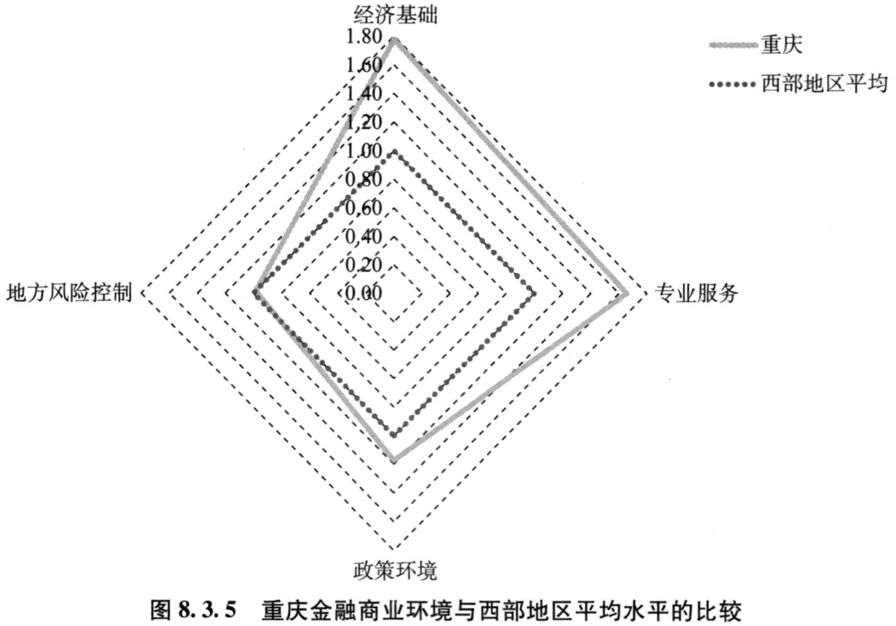

图 8.3.5　重庆金融商业环境与西部地区平均水平的比较

• 在金融商业环境方面，重庆在经济基础、专业服务、政策环境三个方面都具有优势。

• 2022年重庆实现地区生产总值29129亿元，GDP增速为2.6%，人均地区生产总值90650元。

• 截至2022年第一季度，重庆拥有执业律师14580人、专业保险中介机构410家。

• 2022年，重庆地方政府负债率为34.6%，地方政府债务率为441%。

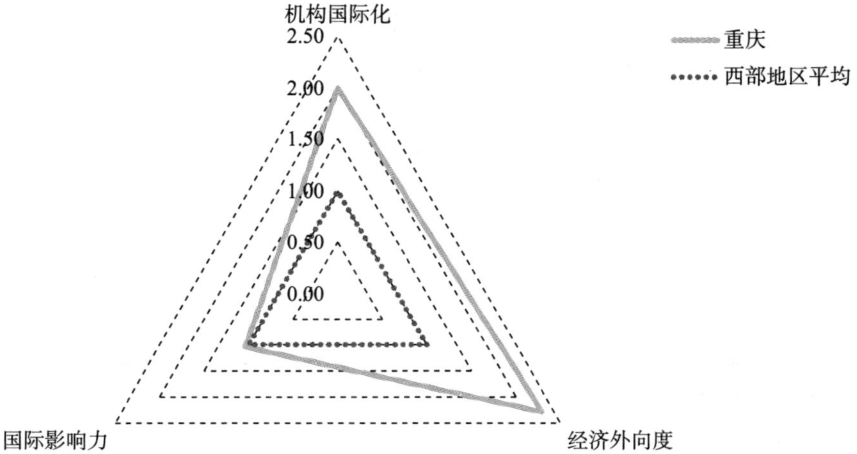

图8.3.6　重庆金融国际化环境与西部地区平均水平的比较

• 在金融国际化程度方面，重庆在机构国际化、经济外向度方面都具有明显优势。

• 2022年重庆外资金融机构营业性机构数和外资金融机构驻华代表处数分别为30家和1家。

• 2022年，重庆实际利用外资总额18.6亿美元，进出口总额1228.3亿美元，国际旅游（外汇）收入0.8亿美元。

• 2022年重庆接待入境旅游人数达9.9万人次，截至2023年第三季度国际航班连通城市数量为26个。

8.4 西安金融中心评价

西安是陕西省省会、副省级市、关中平原城市群核心城市、丝绸之路起点城市、“一带一路”核心区、中国西部地区重要的中心城市,联合国教科文组织确定的“世界历史名城”和公认的中国四大古都之一,国家重要的科研、教育、工业基地。2009 年,国务院发布《关中—天水经济区发展规划》,明确提出要把西安建设成为“国家重要的区域性金融中心”。2018 年西安金融工作会议确定大西安金融“三步走”目标,提出建设具有国际竞争力的丝路国际金融中心。

1. 西安金融中心综合竞争力表现

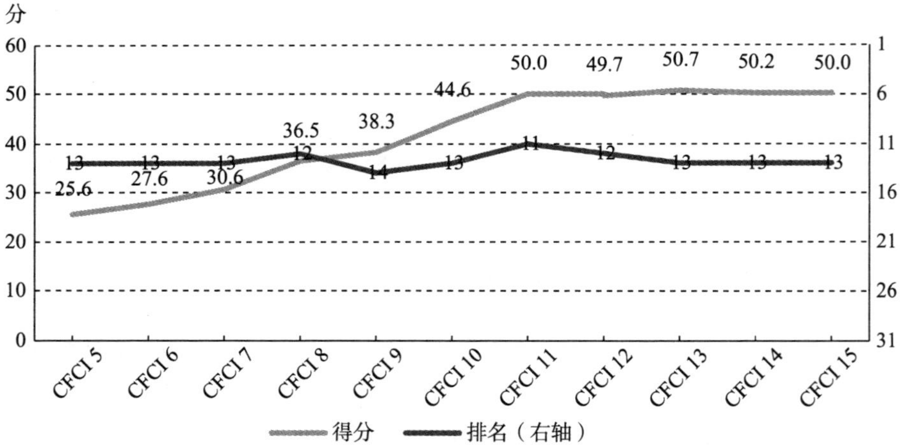

图 8.4.1 西安金融中心综合竞争力历期得分与排名

近十年来,西安金融中心综合竞争力得分基本保持稳步上升态势。CFCI 15 评价结果显示,西安金融中心综合竞争力得分为 50.00 分,综合竞争力排全国第 13 位,西部地区第 3 位。

2022 年,西安实现金融业增加值 1236.9 亿元,年末金融机构本外币存款余额达到 31763 亿元,金融机构本外币贷款余额达到 32247 亿元,全年保费收入 573 亿元,年末保险深度 5.0%,保险密度达到 4407 元/人(常住人口统计口径)。

表 8.4.1　西安在 CFCI 15 中的评价结果

评价分类	CFCI 15 得分	同比上期	得分增幅	CFCI 15 排名	排名变化
金融产业绩效	87.56	0.26	0.30%	11	1
金融机构实力	29.17	0.61	2.13%	12	0
金融市场规模	7.74	0.77	11.06%	18	2
金融生态环境	82.63	-3.03	-3.54%	16	-4
金融人才环境	8.15	0.00	0.01%	14	-1
金融商业环境	8.18	0.41	5.28%	16	1
国际化环境	1.96	-1.08	-35.55%	16	-3

在第 15 期 CFCI 一级分项指标评价方面，西安金融产业绩效、金融机构实力和金融市场规模得分均实现增加，金融生态环境得分有所下降。本期西安金融机构实力排名保持不变，金融产业绩效和金融市场规模分别上升 1 位和 2 位，金融生态环境排名下降 4 位。

2. 西安金融中心金融产业绩效表现

在金融产业绩效方面，西安各项分级指标较为均衡，并且全部领先西部地区平均水平，如图 8.4.2 所示。

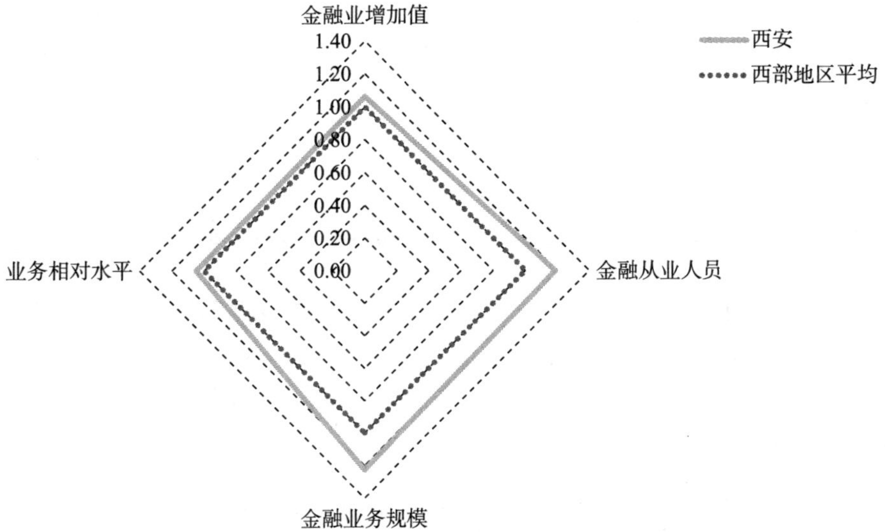

图 8.4.2　西安金融产业绩效与西部地区平均水平的比较

• 与重庆和成都相比,西安金融产业的总体规模还存在较大差距,但金融业增加值近三年平均增速达 6.5%,仅次于成都。

• 西安金融从业人员超过 15 万人,金融从业人员占常住人口比重为 1.16%。

• 2022 年西安存款余额占 GDP 比重达到 276.5%,贷款余额占 GDP 比重为 280.7%,证券交易量在全国占比为 0.9%。

3. 西安金融中心金融机构实力表现

在金融机构实力方面,西安的地方金融组织和保险类机构指标低于西部地区平均水平,如图 8.4.3 所示。

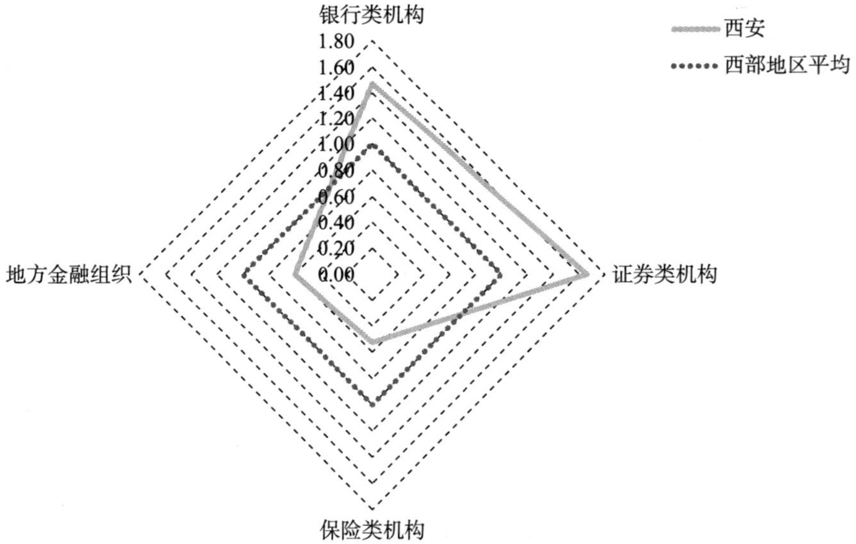

图 8.4.3 西安金融机构实力与西部地区平均水平的比较

• 2022 年西安拥有 6 家法人商业银行,资产总规模 12731 亿元;商业银行支行数量为 1875 家;法人信托公司 1 家,法人财务公司 3 家。整体在机构数量和种类上,具备较好的发展基础,但与同地区的成都和重庆相比,还存在一定差距。

• 2022 年西安拥有 3 家法人证券公司,资产总规模 1696 亿元;拥有公募基金 1 家,期货法人公司 3 家。

- 2022 年西安法人保险公司 2 家，资产总规模 196 亿元。
- 地方金融组织方面，小额贷款和融资担保机构相对较少，分别为 32 家和 36 家。

4. 西安金融中心金融市场规模表现

在金融市场规模方面，西安与西部地区的平均水平基本持平，上市水平和直接融资水平表现略微优越，如图 8.4.4 所示。

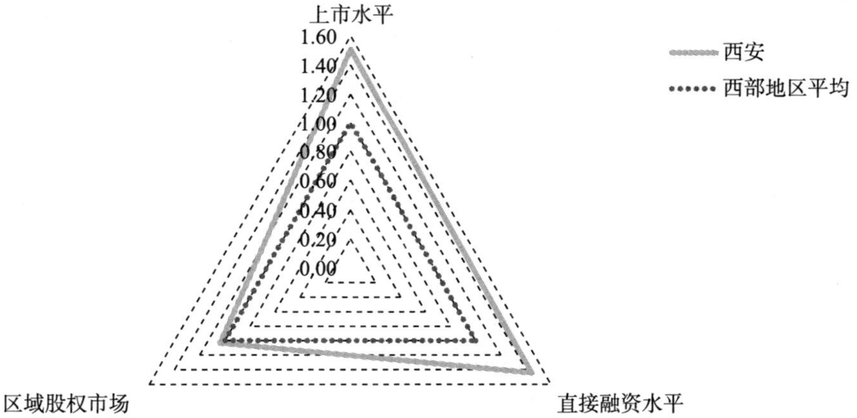

图 8.4.4 西安金融市场规模与西部地区平均水平的比较

- 截至 2022 年，西安 A 股上市公司数量为 56 家，新三板挂牌公司数为 108 家。
- 截至 2022 年，成都 A 股市场累计融资额为 2208.2 亿元，在西部地区仅次于成都和重庆。
- 截至 2022 年西安区域股权市场拥有的挂牌公司数为 1671 家。

5. 西安金融中心金融生态环境表现

在金融生态环境方面，西安在全国排名第 16 位，在西部地区排名第 3 位。其中，西安在金融国际化环境方面相对具有优势，如图 8.4.5、图 8.4.6 和图 8.4.7 所示。

- 在金融人才环境方面，西安的相对优势主要体现在教育环境上，2022 年西安拥有普通高等院校 63 所，普通高校在校生 101.3 万人。

• 在医疗卫生环境方面,2022 年西安每万人拥有医院病床数为 58. 1 张,每万人拥有的执业医师数为 35. 9 人。

• 西安城市环境状况并不理想,全年空气质量优良率仅为 52. 1%,居西部地区末位。

• 西安生活成本相对偏高,2022 年住房收入比达 5. 42,在西部地区仅次于成都。

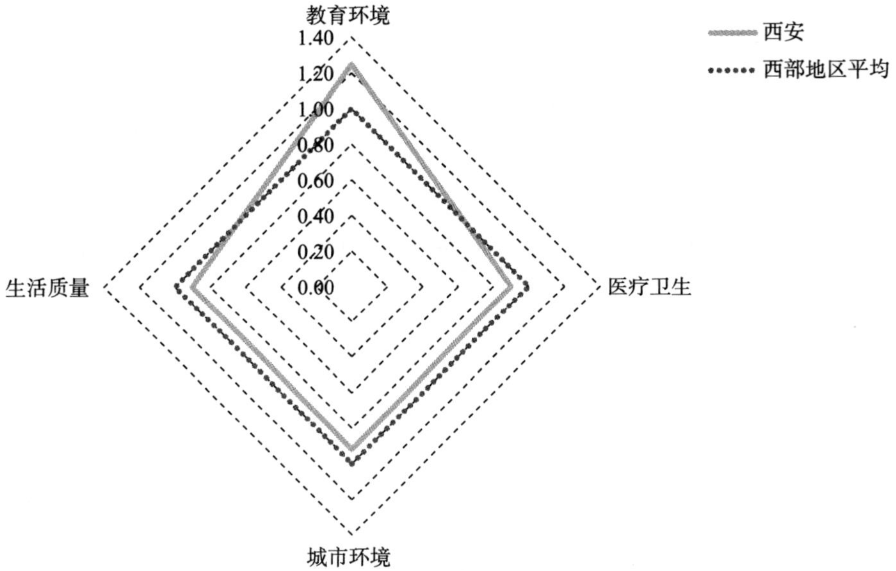

图 8. 4. 5 西安金融人才环境与西部地区平均水平的比较

• 2022 年西安实现地区生产总值 11487 亿元,在西部地区仅次于重庆和成都,GDP 增速达 4. 4%,人均地区生产总值 88386 元。

• 截至 2022 年第一季度,西安拥有职业律师 6712 人,居西部地区第 4 位;专业保险中介机构 459 家,居西部地区第 2 位。

• 地方风险控制方面需要加强,2022 年,西安地方政府负债率为 31. 6%,地方政府债务率为 424%,银行业不良贷款率为 1. 73%。

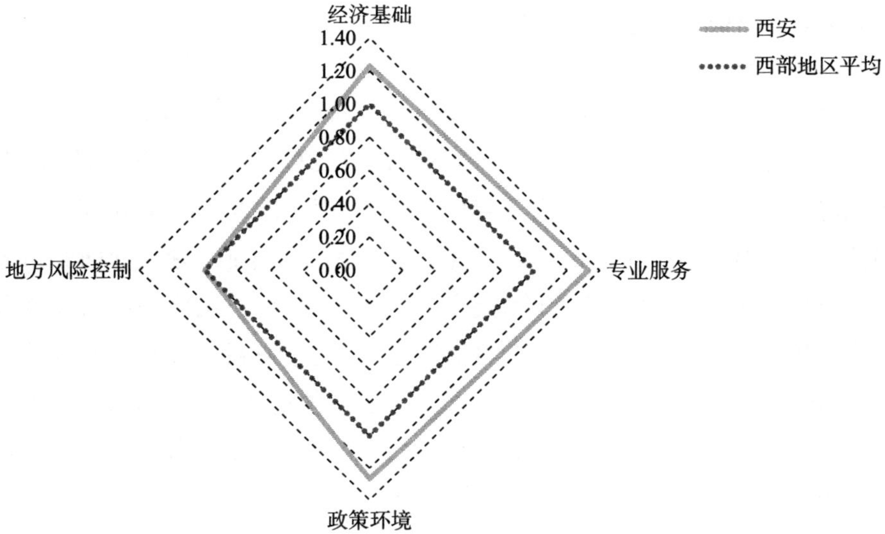

图 8.4.6　西安金融商业环境与西部地区平均水平的比较

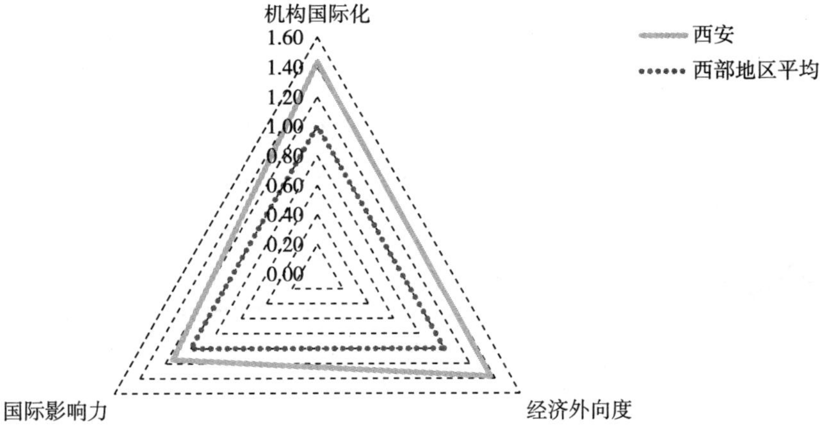

图 8.4.7　西安金融国际化环境与西部地区平均水平的比较

- 在金融国际化环境方面,西安在机构国际化、经济外向度、国际影响力三个方面都具有明显优势。
- 2022 年西安外资金融机构营业性机构数为 22 家,居西部地区第 3 位。
- 2022 年西安实际利用外资总额 11.7 亿美元,进出口总额 665.2 亿美元。

8.5 昆明金融中心评价

昆明是云南省省会,中国面向东南亚、南亚开放的门户城市,西部地区重要的中心城市之一。昆明浓缩了云南的区位优势,从两千多年前的“南方丝绸之路”以来,一直是东亚大陆与中南半岛、南亚次大陆各国进行经济贸易往来的陆路枢纽。2011 年,国务院《关于支持云南省加快建设面向西南开放重要桥头堡的意见》提出把昆明建设成为面向东南亚、南亚的区域性金融中心。2013 年,《云南省广西壮族自治区建设沿边金融综合改革试验区总体方案》出台,昆明区域性国际金融中心的功能定位更加明确。昆明在“十四五”金融业发展规划中进一步指出要加快推进面向南亚东南亚区域性国际金融服务中心。

1. 昆明金融中心综合竞争力表现

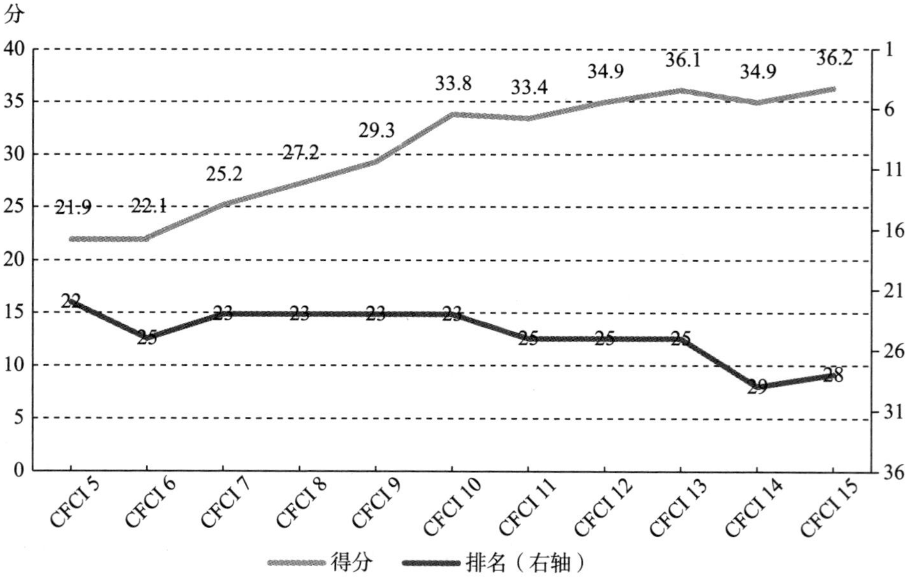

图 8.5.1 昆明金融中心综合竞争力历期得分与排名

第 15 期 CFCI 评价结果显示,昆明金融中心综合竞争力得分为 36.21 分,综合竞争力排名居全国第 28 位。近十年来,昆明综合竞争力得分增速较慢,与全国金融中心城市的差距被拉大。

2022 年，昆明实现金融业增加值 800.6 亿元，年末金融机构本外币存款余额达到 31764 亿元，金融机构本外币贷款余额达到 23868 亿元，全年保费收入 282 亿元，年末保险深度 3.7%，保险密度达到 3277 元/人。

表 8.5.1　昆明在 CFCI 15 中的评价结果

评价分类	CFCI 15 得分	同比上期	得分增幅	CFCI 15 排名	排名变化
金融产业绩效	57.06	-1.12	-1.92%	33	-2
金融机构实力	14.79	-0.52	-3.42%	29	-1
金融市场规模	2.73	-0.37	-12.04%	30	1
金融生态环境	78.34	8.26	11.79%	18	7
金融人才环境	8.97	0.14	1.62%	9	-1
金融商业环境	6.64	0.82	14.19%	22	9
国际化环境	1.73	0.86	98.89%	19	7

2. 昆明金融中心金融产业绩效表现

在金融产业绩效方面，昆明在西部地区存在一定的劣势，如图 8.5.2 所示。

- 昆明金融产业规模相对偏小，金融业增加值大幅落后成都、重庆和西安，金融从业人员 4.1 万人。
- 昆明金融产业也缺乏增长动力，金融业增加值近三年增长率为 2.2%，居西部地区倒数第 2 位。
- 2022 年，昆明存款余额占 GDP 比重达到 235.2%，贷款余额占 GDP 比重为 316.5%，证券交易量在全国占比为 0.3%。

3. 昆明金融中心金融机构实力表现

在金融机构实力方面，昆明在西部地区处于中下游水平，如图 8.5.3 所示。

- 2022 年昆明拥有 3 家法人商业银行，资产总规模 3713 亿元；商业银行支行为 900 家；法人信托公司 1 家，法人财务公司 3 家。
- 2022 年昆明拥有 2 家法人证券公司，资产总规模 615 亿元。

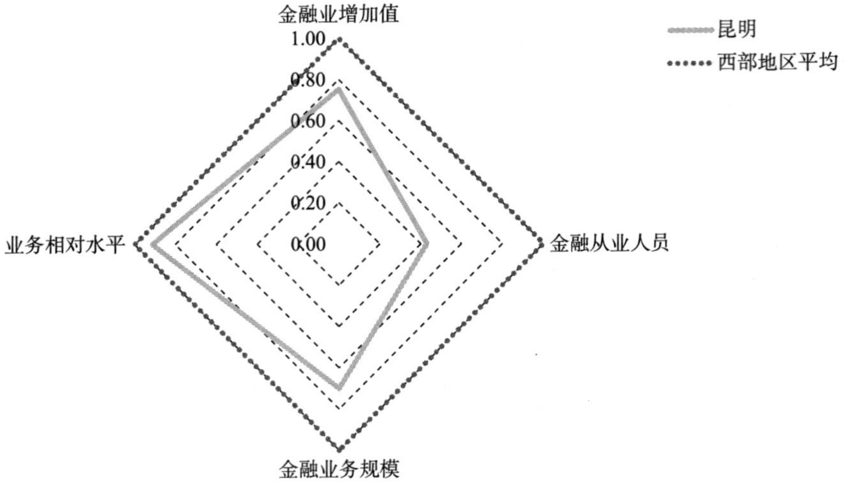

图 8.5.2　昆明金融产业绩效与西部地区平均水平的比较

- 昆明法人保险公司仅 1 家,资产总规模 100 亿元。
- 截至 2023 年第一季度,小额贷款机构 33 家,融资租赁机构 4 家,融资担保机构 40 家。

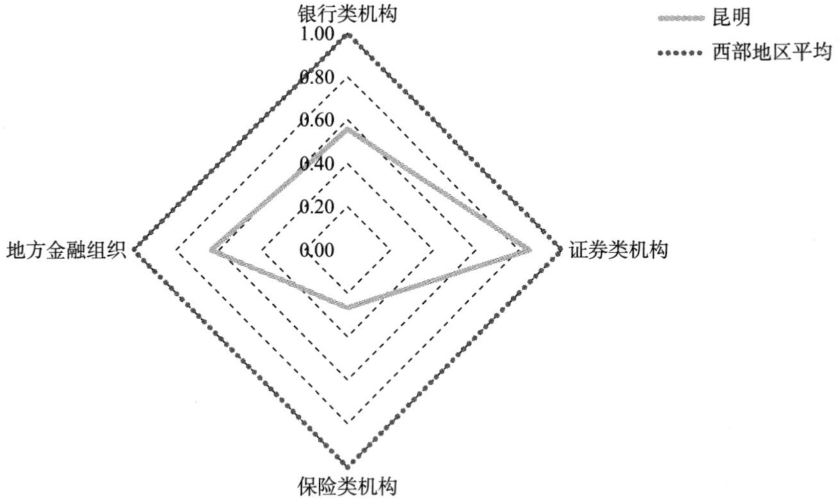

图 8.5.3　昆明金融机构实力与西部地区平均水平的比较

4. 昆明金融中心金融市场规模表现

在金融市场规模方面,昆明在西部地区处于劣势,如图 8.5.4 所示。

• 截至 2022 年,昆明 A 股上市公司数量为 32 家,新三板挂牌公司数为 41 家。

• 截至 2022 年,成都 A 股市场累计融资额为 1070.1 亿元。

• 截至 2022 年,昆明区域股权市场拥有的挂牌公司数仅 226 家。

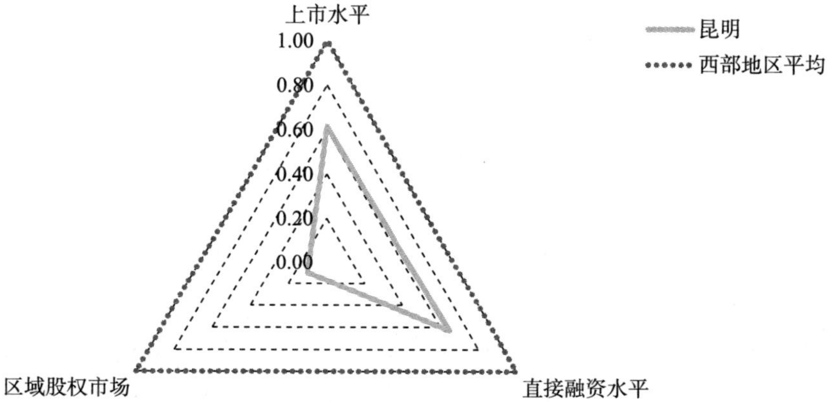

图 8.5.4　昆明金融市场规模与西部地区平均水平的比较

5. 昆明金融中心金融生态环境表现

在金融生态环境方面,昆明在全国各金融中心城市中排第 18 位,在人才环境方面具体相对优势,如图 8.5.5、图 8.5.6 和图 8.5.7 所示。

• 在金融人才环境方面,昆明的相对优势主要体现在医疗卫生、城市环境和教育环境上。

• 从环境状况看,昆明作为宜居城市,2022 年全年昆明空气质量优良率达到 100%。

• 2022 年,昆明拥有普通高等院校 52 所,普通高校在校生 77.7 万人。

• 在医疗卫生环境方面,2022 年昆明每万人拥有医院病床数为 76.3 张,居西部地区第 1 位;每万人拥有的执业医师数为 41.6 人,居西部地区第 1 位。

• 2022 年昆明住房收入比为 4.5,与重庆接近。

• 在金融商业环境方面,经济基础与政策环境方面略低于西部地区平均水平。

• 2022 年昆明实现地区生产总值 7541 亿元, GDP 增速达 3.0%,人均

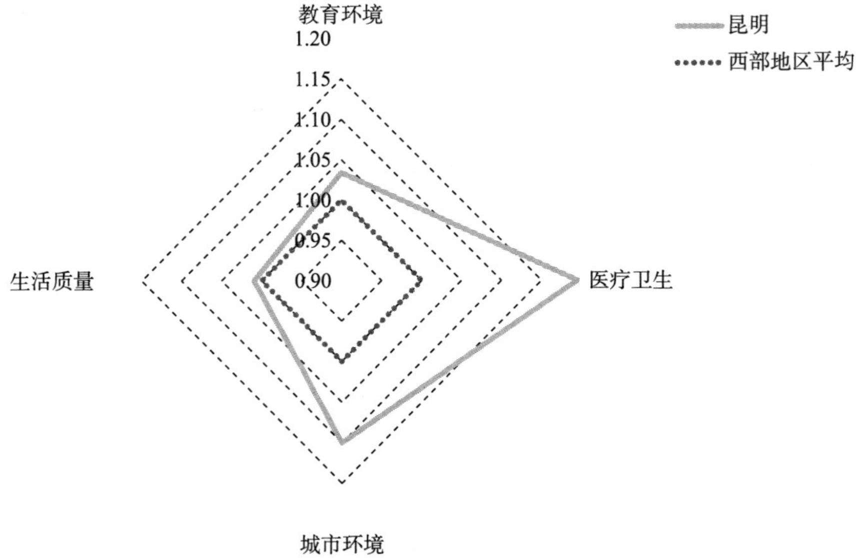

图 8.5.5　昆明金融人才环境与西部地区平均水平的比较

地区生产总值 87690 元。

- 截至 2022 年第一季度,昆明拥有职业律师 7023 人,居西部地区第 3 位;专业保险中介机构 303 家,居西部地区第 4 位。
- 2022 年昆明地方政府负债率、债务率分别为 29.6%和 324%。

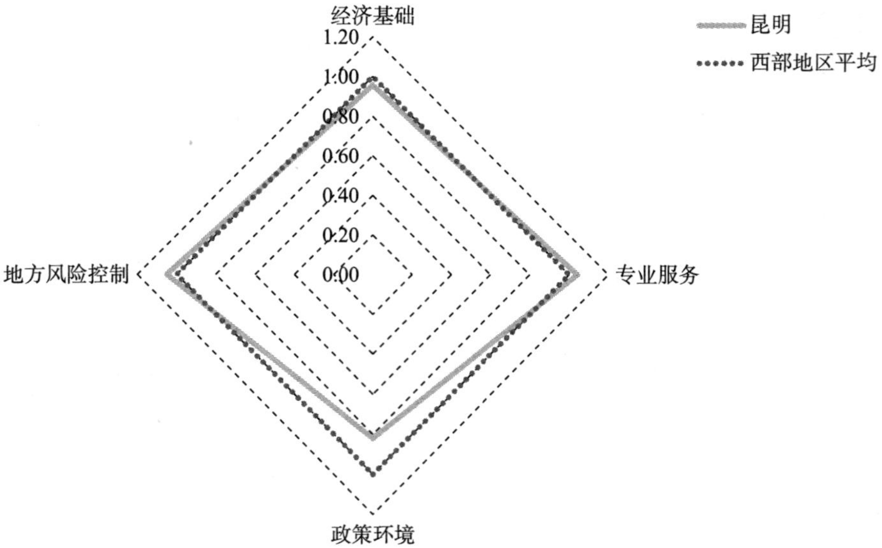

图 8.5.6　昆明金融商业化环境与西部地区平均水平的比较

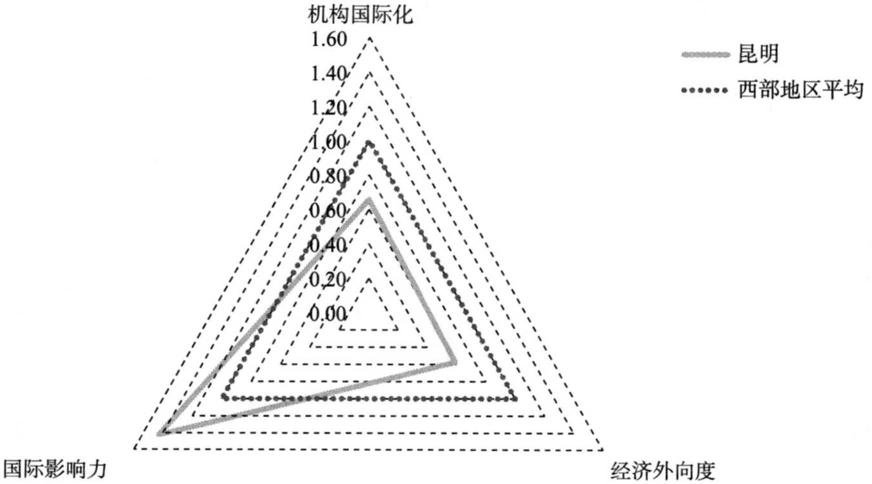

图 8.5.7　昆明金融国际化环境与西部地区平均水平的比较

- 在金融国际化环境方面，昆明在国际影响力方面具有明显优势。
- 2022 年，昆明外资金融机构营业性机构数为 10 家，居西部地区第 4 位。
- 2022 年，昆明实际利用外资总额 4.8 亿美元，进出口总额 287 亿美元，国际旅游（外汇）收入 0.5 亿美元。
- 2022 年，昆明的国际航班连通城市数量达 36 个，在西部地区仅次于成都。

8.6　南宁金融中心评价

南宁是广西壮族自治区首府，北部湾城市群核心城市、中国面向东盟十国国际大通道、内陆开放型经济带、西南出海综合交通枢纽城市，国家"一带一路"海上丝绸之路有机衔接的重要门户城市。2013 年，《云南省广西壮族自治区建设沿边金融综合改革试验区总体方案》出台，提出建设南宁区域性国际金融中心。2017 年，《广西金融业发展"十三五"规划》进一步明确将南宁打造成为依托广西、立足西南中南、服务中国—东盟自贸区及"一带一路"互联互通的区域性国际金融中心。《南宁市金融业发展"十四五"规划》提出要加快建成面向东盟的金融开放门户核心区。

1. 南宁金融中心综合竞争力表现

自第 4 期进入 CFCI 榜单以来,南宁金融中心综合竞争力得分实现稳步提升。本期南宁金融中心综合竞争力得分为 37. 06 分,排全国第 26 位。

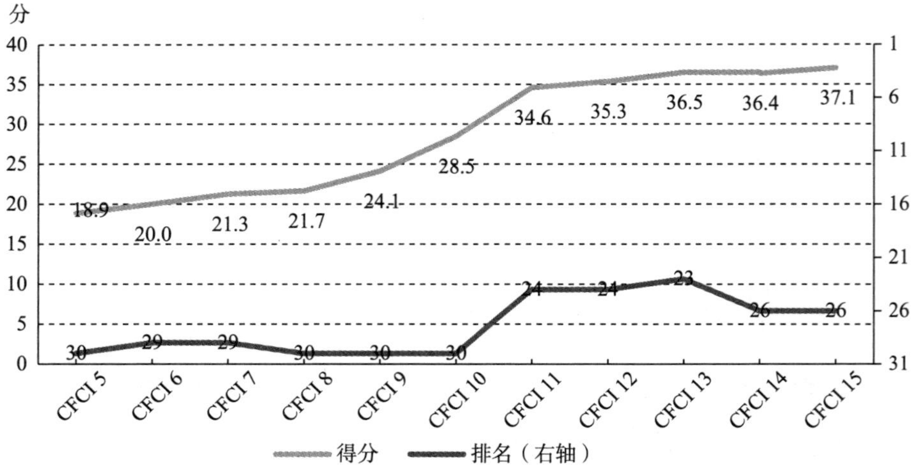

图 8. 6. 1 南宁金融中心综合竞争力历期得分与排名

2022 年,南宁实现金融业增加值 653 亿元,年末金融机构本外币存款余额达到 13146 亿元,金融机构本外币贷款余额达到 19878 亿元,全年保费收入 299 亿元,年末保险深度 5. 7%,保险密度达到 3362 元/人(常住人口统计口径)。

表 8. 6. 1 南宁在 CFCI 15 中的评价结果

评价分类	CFCI 15 得分	同比上期	得分增幅	CFCI 15 排名	排名变化
金融产业绩效	69. 58	3. 86	5. 87%	24	1
金融机构实力	16. 36	-0. 85	-4. 93%	28	-2
金融市场规模	3. 59	-2. 11	-36. 95%	26	-3
金融生态环境	65. 40	2. 37	3. 77%	27	1
金融人才环境	7. 80	-0. 02	-0. 28%	21	-1
金融商业环境	5. 73	0. 11	2. 02%	28	5
国际化环境	0. 96	0. 43	83. 27%	27	4

2. 南宁金融中心金融产业绩效表现

在金融产业绩效方面，南宁在西部地区处于劣势地位，如图 8.6.2 所示。

- 南宁金融产业规模不大，2022 年金融业增加值居西部地区第 5 位，金融从业人员 8.5 万人，居西部地区第 4 位，金融业占 GDP 比重为 12.5%。
- 2022 年，南宁金融机构本外币存款余额占 GDP 比重达到 251.9%，金融机构本外币贷款余额占 GDP 比重为 380.9%，证券交易量在全国占比为 0.3%。

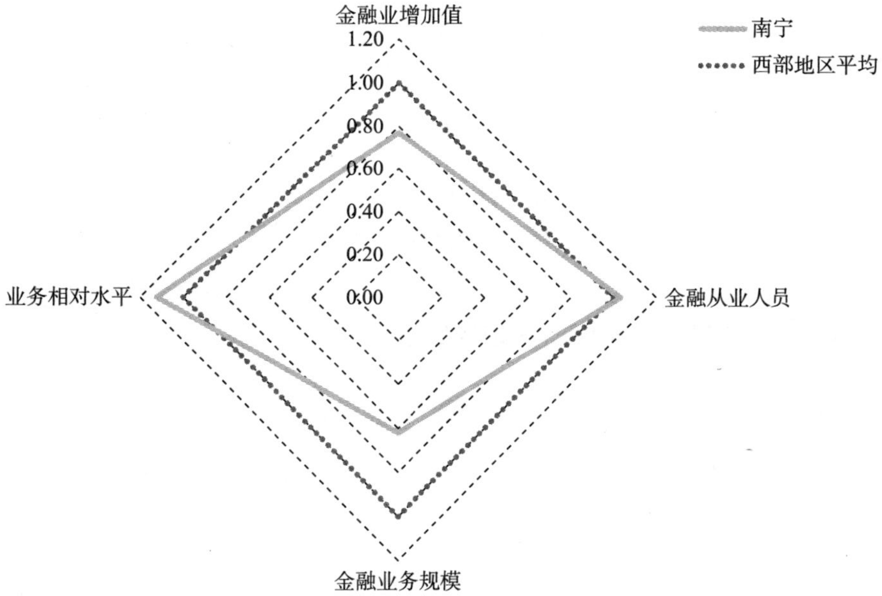

图 8.6.2　南宁金融产业绩效与西部地区平均水平的比较

3. 南宁金融中心金融机构实力表现

在金融机构实力方面，南宁除地方金融组织外，其他在西部地区均处于相对落后的地位，如图 8.6.3 所示。

- 南宁本地法人金融机构门类齐全，但整体规模实力不强，相较成都、重庆和西安均有不小的差距。
- 拥有 5 家法人商业银行，2022 年资产总规模 4411 亿元。
- 拥有 1 家法人证券机构，2022 年资产总规模 738 亿元。
- 拥有 2 家法人保险机构，2022 年资产总规模 159 亿元。

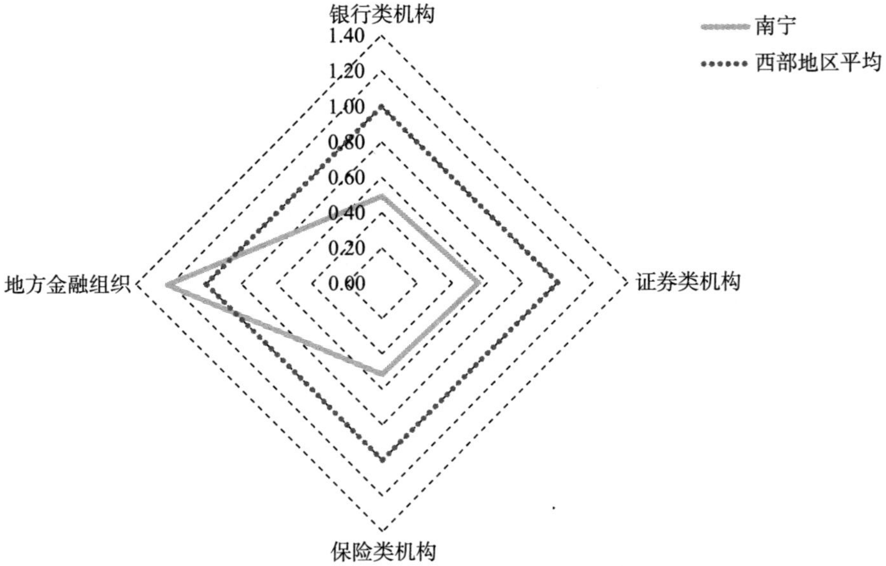

图 8.6.3　南宁金融机构实力与西部地区平均水平的比较

4. 南宁金融中心金融市场规模表现

在金融市场规模方面,南宁在上市水平和直接融资水平方面处于劣势,如图 8.6.4 所示。

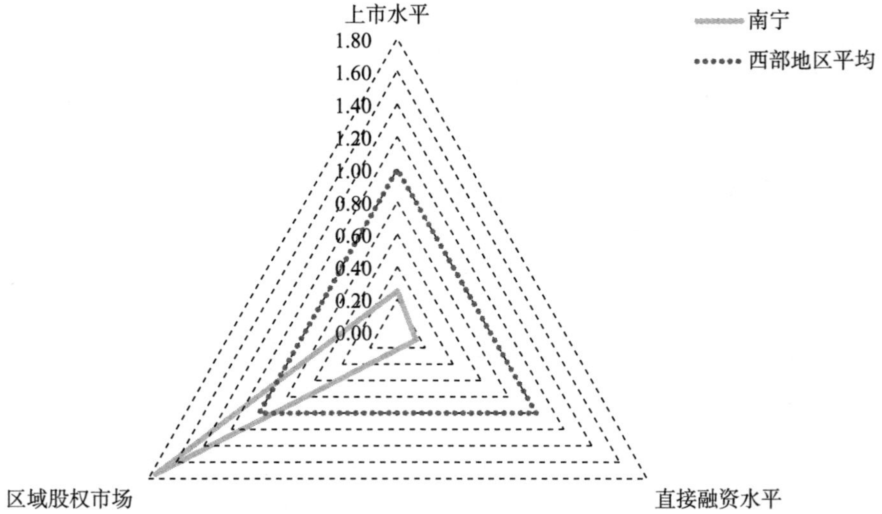

图 8.6.4　南宁金融市场规模与西部地区平均水平的比较

- 截至 2022 年，南宁 A 股上市公司数量为 15 家，新三板挂牌公司数为 24 家。
- 截至 2022 年，南宁 A 股市场累计融资额为 334.8 亿元。
- 截至 2022 年，南宁区域股权市场拥有的挂牌公司数为 207 家。

5. 南宁金融中心金融生态环境表现

在金融生态环境方面，南宁在全国中排第 27 位，整体环境有待提升。如图 8.6.5、图 8.6.6 和图 8.6.7 所示。

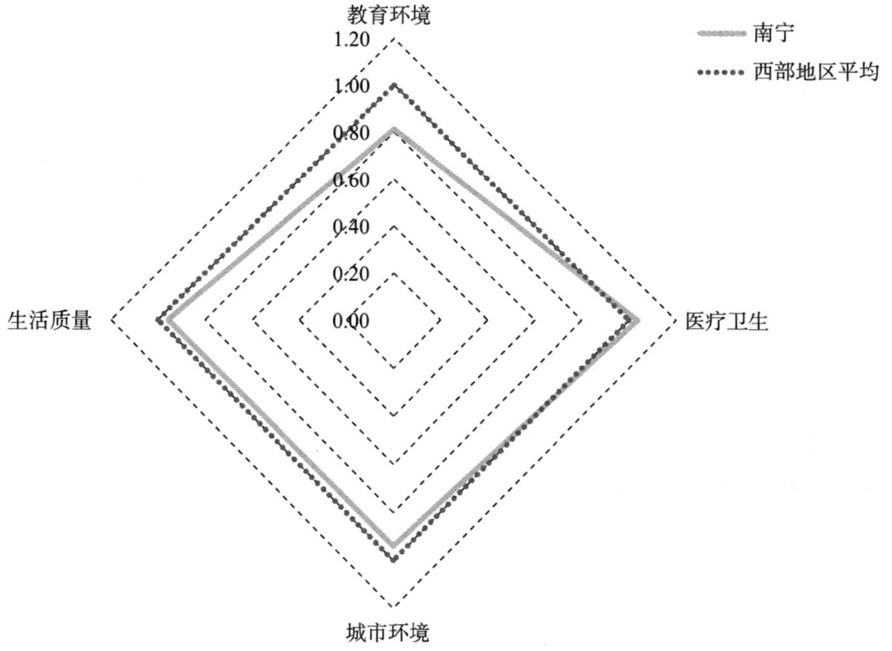

图 8.6.5　南宁金融人才环境与西部地区平均水平的比较

- 从城市环境状况看，2022 年南宁空气质量优良率达到 96.7%。
- 2022 年，南宁拥有普通高等院校 35 所，普通高校在校生 56.9 万人。
- 在医疗卫生环境方面，2022 年南宁每万人拥有医院病床数为 53.6 张，每万人拥有的执业医师数为 33 人。
- 在金融商业环境方面，南宁在经济基础和专业服务方面都存在较为明显的劣势。

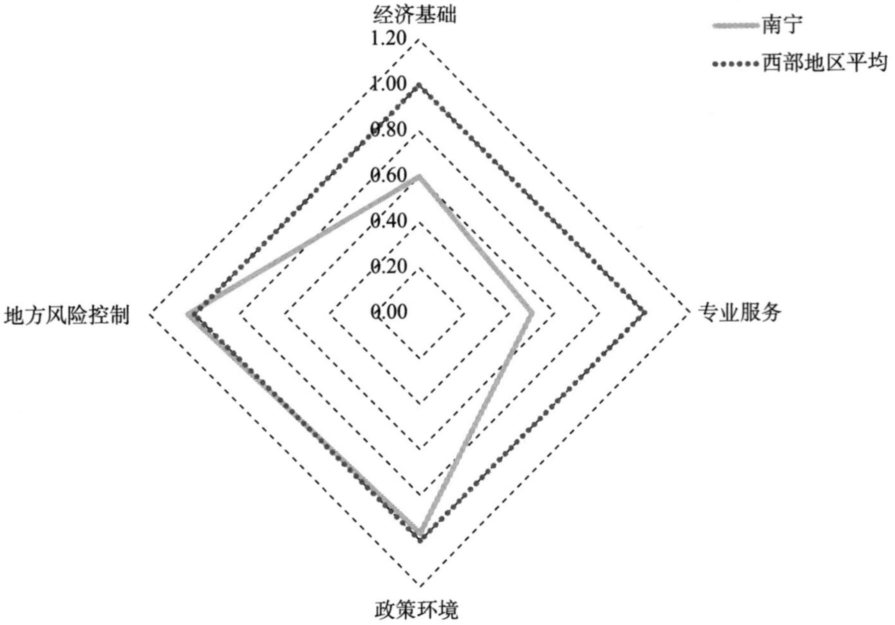

图 8.6.6　南宁金融商业环境与西部地区平均水平的比较

- 2022 年南宁实现地区生产总值 5218 亿元，GDP 增速 1.4%，人均地区生产总值 58688 元。
- 截至 2022 年第一季度，南宁拥有职业律师 3036 人，居西部地区第 6 位；专业保险中介机构 140 家，居西部地区第 5 位。
- 2022 年，南宁地方政府负债率为 25.5%，地方政府债务率为 339%。

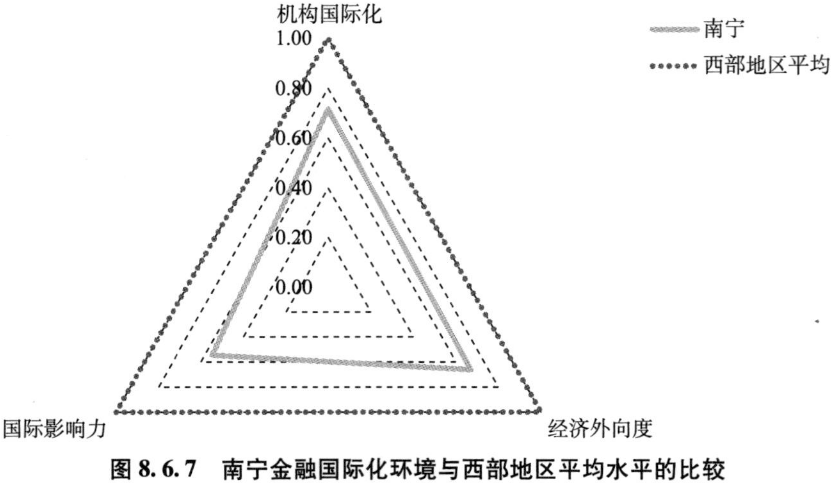

图 8.6.7　南宁金融国际化环境与西部地区平均水平的比较

- 在金融国际化环境方面，南宁各分项指标都存在较为明显的劣势。
- 2022 年，南宁外资金融机构营业性机构数为 11 家。
- 2022 年，南宁实际利用外资总额 7.5 亿美元，进出口总额 224.5 亿美元。

附录一　中国金融中心指数评价方法

CDI 中国金融中心指数(China Financial Center Index,CFCI)是在前人研究的结论基础上,综合运用产业发展、金融发展和城市发展等方面理论,充分考虑我国城市统计数据特征,并听取、借鉴大量来自政府部门和金融机构专业人士意见后,形成的一个目前适用于中国境内金融中心竞争力评价的动态评估指标体系。

一、研究框架:"钱才"集聚论

金融中心实际上是金融资源相对集聚的场所,其中金融资源包括金融资本、金融机构、金融市场、金融人才、金融信息等方面。因而,金融中心的建设机理很大程度也就是金融资源的集聚机理。

关于金融资源的集聚机理,我们在第三期指数报告提出了"钱才集聚论"(见附图 1.1):从本质上来说,金融中心的形成和发展可以归结为"钱才"集聚,"钱"指的是金融资本,"才"指的是金融人才。

"钱才"集聚可以全面地体现各类金融资源的集聚,"钱才"本身是最重要的两类金融资源,其他资源如金融机构、金融市场、金融信息、金融产品等都是"钱""才"的结合。

金融中心的"钱才"集聚论可以较好地解释金融中心形成和发展的客观规律。

"钱"即金融资本集聚方向是什么?资本有着逐利的本性,"钱"往高处流,即资本流向能够带来高盈利的地方。

"才"即金融人才集聚方向是什么?"才"往"两高"流,即人才流向高收入和高生活质量的地方。

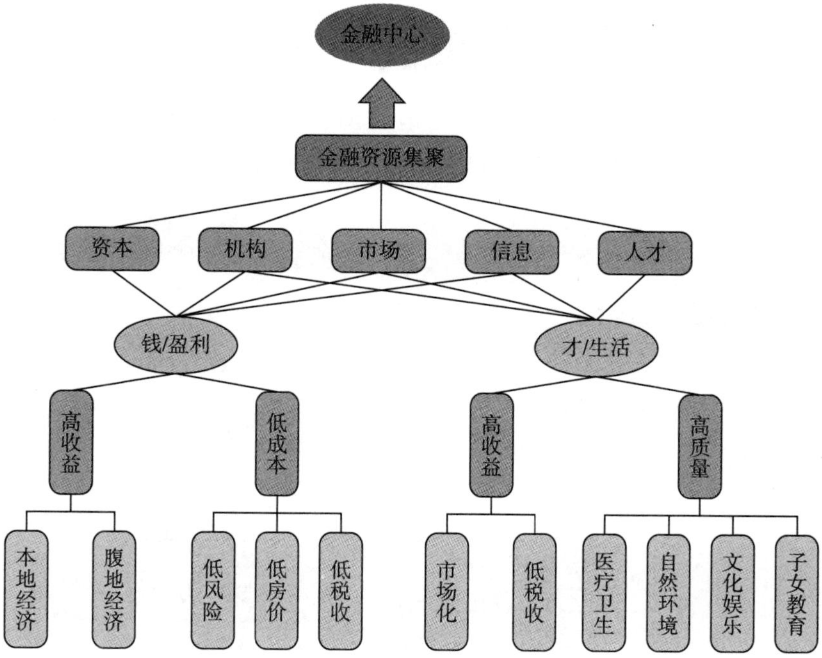

附图 1.1　金融中心的“钱才集聚论”

二、指标设计原则

设计科学合理的指标体系是开展金融中心竞争力评价的基础。在设计指标体系时，既要考虑金融竞争力构成的理论要素，评价指标对金融中心竞争力的代表性，也要考虑所选指标原始数据的可得性。CFCI 指标体系设计遵循以下原则：

（1）全面性原则。基于金融中心竞争力构成因素的复杂性，CFCI 指标体系设计尽可能全面地囊括可以反映金融中心竞争力的指标。一些指标之间也许存在一定的相容性或相关性，但为了能够全面地反映城市金融竞争力的不同方面，并不将这些指标排除。

（2）可操作性原则。基于我国城市统计工作的实际情况，有些理想的或理论上的评价指标很难获得有效的数据，在指标体系设计时需要考虑用其他指标来加以代替，以确保所确定的指标都能获得相应的统计数据。

(3)启示性原则。编制 CFCI 的目的除能够全面反映我国各金融中心发展概况之外,期望能够为更好地进行我国金融中心建设提供一定的启示,因此指标体系设计也围绕这一基本目的而展开。

(4)层次性原则。为了能够更好地发现和分析各金融中心城市金融业发展的优势和差距,在设计指标体系时需要对众多的指标进行归类,建立起分级、分层次的指标体系。

三、指标框架体系

CFCI 指标框架见附图 1.2。

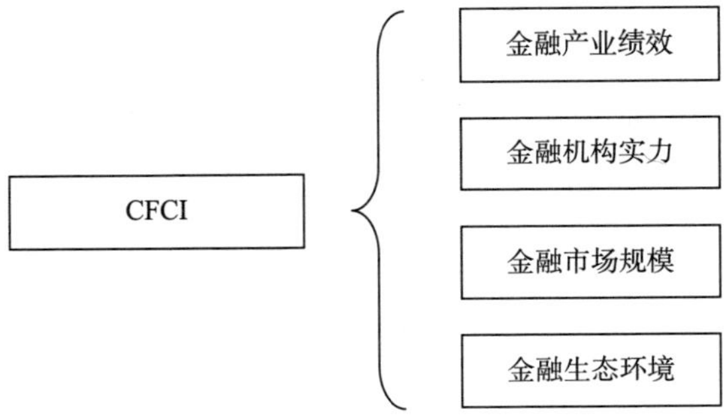

附图 1.2　CFCI 指标框架

基于“钱才集聚论”的框架模型,我们建立了中国金融中心竞争力评价体系。CFCI 一级指标体系有四个:金融产业绩效、金融机构实力、金融市场规模和金融生态环境,前三类为显示性指标,最后一类为解释性指标。“金融产业绩效”是金融产业发展的直接结果体现,也反映了一个城市进行金融中心建设给城市发展带来的利益;“金融机构实力”体现了一个金融中心金融市场主体发展概况及其金融业务开展的状况;“金融市场规模”体现了一个金融中心在国家或区域金融集中交易市场中的地位;“金融生态环境”则反映金融中心发展的基础和潜力。在本指数的四个一级指标中,“金融产业绩效”“金融机构实力”和“金融市场规模”是“钱才”集聚的“面相”,而“金融生态环境”是“钱才”集聚的“背影”,从而可以较全面地反映一个城市的金融产业发展水平和发展趋势。

（1）金融产业绩效。金融产业对一个城市的社会经济发展有着重要的推动力，根据产业经济的乘数理论，这一推动力的大小依赖于金融产业的直接产出，以及金融产业所控制的金融资源。本期我们将金融产业绩效划分为产出带动水平和业务发展水平两个评价维度，三级指标包括金融产业增加值、金融从业人员、金融业务规模、业务相对水平等，是金融竞争力的直接和综合体现。

（2）金融机构实力。金融机构通常包括银行、保险、证券三类机构，是城市金融产业的主体。有影响力的金融机构的集聚对于推动金融创新和城市金融业的发展能够起到支撑作用。一个城市金融机构的综合实力很大程度上反映了城市金融竞争力。此外，金融机构实力还反映了一个城市金融业务量的大小，如人民币存贷款余额等。

（3）金融市场规模。金融市场是金融工具交易的场所，也是金融创新的重要场所，主要包括货币市场、股票市场、债券市场、黄金市场、外汇市场、衍生品市场和产权交易市场等。金融市场的规模和交易活跃程度是吸引和会聚金融交易者、金融机构和金融人才的重要因素，对于提升城市金融辐射力起着至关重要的作用。

（4）金融生态环境。城市金融业发展不仅有赖于金融产业本身，更与城市社会经济发展的各方面息息相关。城市金融业发展的外部环境统称为金融生态环境，是城市金融竞争力的解释性因素。CFCI 评价体系中，金融生态环境是构成综合竞争力的四大一级指标之一，主要通过衡量金融人才环境、商业环境以及国际化环境来反映金融业发展所需的外部环境优良度。

四、具体指标设计

第 15 期 CFCI 对指标体系进行了小幅的优化和调整，将“本地证券交易量”调整为“本地股票基金交易量”，将“证券交易量与 GDP 之比”调整为“证券交易量在全国占比”，指标总数与上期保持一致，目前指标体系的二级、三级和四级指标如附表 1.1 所示，共有四级指标 95 个。

附表 1.1　CFCI 四级指标体系

一级	二级	三级(四级)
金融产业绩效	产出带动水平	金融业增加值(金融业增加值及其近三年平均增长率、金融业增加值占 GDP 比例)
		金融从业人员(金融从业人员数及其近三年平均增长率、从业人数占常住人口比例)
	业务发展水平	金融业务规模(金融机构本外币存贷款余额、本地股票基金交易量、保费收入)
		业务相对水平(存贷款余额与 GDP 之比,本地证券交易量在全国占比,保险深度,保险密度)
金融机构实力	银行类机构	商业银行(本地法人商业银行数量、法人商业银行资产总规模、商业银行支行数)
		其他非银信贷类机构(法人信托公司、法人财务公司、汽车金融公司、消费金融公司)
	证券类机构	证券公司(本地法人机构数量、资产规模、证券营业部数量、证券公司专项业务子公司数)
		公募基金管理公司(本地法人机构数量、资产管理规模)
		期货公司(本地法人机构数量、资产规模)
		私募基金(管理人数、基金产品数)
	保险类机构	本地法人保险机构(法人保险公司数量、资产规模、保险类资管公司)
	地方金融组织	小额贷款机构数
		融资租赁机构数
		融资担保机构数
		商业保理机构数
金融市场规模	货币市场	同业拆借市场(成交金额)、回购市场(交易额)、票据市场(贴现总额)
	股票市场	市场规模(上市公司数量、上市公司总市值、成交金额)、市场融资能力(股票发行额)
	债券市场	银行间债券市场(现券交易额)、交易所债券市场(现券交易额)
	黄金、外汇及衍生品市场	黄金市场(黄金交易额),外汇市场(日均成交额),金融衍生品市场(股指期货成交额),商品衍生品市场(商品期货交易额)
	资本市场利用	上市水平(A 股上市公司数、新三板挂牌公司数、新增 IPO 公司数)
		直接融资水平(本地 A 股市场累计融资额、年度新增融资规模)
	区域要素市场	区域股权(挂牌企业数量、市场筹资规模)

续表

一级	二级	三级(四级)
金融生态环境	人才环境	教育环境(普通高等学校在校学生数、普通高等学校数、“双一流”高校数、每一普通中学专任教师负担学生数、每一小学专任教师负担学生数)
		医疗卫生(具备器官移植资质的医院数、每万人拥有医院病床数、每万人拥有医生数)
		城市环境(人均公园绿地面积、空气质量优良率、城市交通健康指数,每百万人城市轨道交通里程)
		生活质量(金融从业人员年均收入、城镇居民家庭人均消费支出、住宅房价收入比)
	商业环境	经济基础(地区生产总值、人均地区生产总值、GDP 增速)
		专业服务(执业律师数、注册会计师数、专业保险中介机构数量)
		政策环境(金融业发展促进政策支持力度、产业政策友好度)
		地方风险控制(地方政府负债率、地方政府债务率、近三年违约债券余额占比、银行业不良贷款率)
	国际化程度	机构国际化(外资金融机构营业性机构数、外资金融机构代表处数)
		经济外向度(实际利用外资、进出口总额、国际旅游收入)
		国际影响力(入境游客接待数、国际航班起降架次、金融中心国际知名度)

五、数据处理方法

确定指标体系后,我们通过多种渠道搜集城市数据,并对数据进行标准化和指标赋权,最终计算出 CFCI。

(1)数据来源。CFCI 所采用的客观数据,以各城市公布的统计年鉴数据为基础,结合使用金融监管机构和金融机构的统计数据。

(2)数据标准化。CFCI 对各项指标“锚定”一个基准值,各城市在该项所获标准化得分取决于城市指标原始值与锚定基准值之间的比例关系。也即:

对于正指标(即数值越大越好的指标):

标准化得分=指标原始值/锚定基准值

对于逆指标(即数值越小越好的指标):

标准化得分=锚定基准值/指标原始值

(3)指标赋权。各指标对上级指标的贡献权重由众多专家打分确定。给 CFCI 各指标赋权专家包括各地政府金融办人员、金融监管机构人员、金融机构从业人士、金融业知名专家以及 CDI 课题组成员。

(4)计算指数。将各城市相关指标的标准化得分与指标权重相乘并加总,即可得 CFCI,包括综合竞争力指数和分项竞争力指数。

(5)指数更新。CFCI 研究秉持客观公正原则以及可持续、包容性理念,在计量分析模型总体保持不变的基础上,每期对相关评价指标的统计方法和权重进行优化调整,保持评价结果的科学性、连续性和一致性。

六、样本城市

本期 CFCI 样本城市共有 36 个,均来自中国大陆地区城市,不含港澳台地区城市。本期新增海口、太原、呼和浩特、贵阳和兰州等 5 个城市,布局情况如下所示①。

- 全国性金融中心有 3 个,分别是上海、北京和深圳。
- 东北区域,包括辽宁、吉林和黑龙江三省,有 4 个样本城市,分别是大连、沈阳、长春和哈尔滨。
- 北部沿海区域,包括北京、天津、河北、山东二市两省,有 4 个样本城市,分别是天津、济南、青岛和石家庄。
- 东部沿海区域,包括上海、江苏、浙江一市两省,有 6 个样本城市,分别是杭州、南京、苏州、宁波、无锡和温州。
- 南部沿海区域,包括福建、广东、海南三省,有 4 个样本城市,分别是广州、厦门、福州和海口。
- 中部区域,主要覆盖黄河中游和长江中游的地区,包括山西、河南、内蒙古、湖北、湖南、江西、安徽六省一区,有 7 个样本城市,分别是武汉、长沙、郑州、合肥、南昌、太原和呼和浩特。
- 西部区域,云南、贵州、四川、重庆、广西、甘肃、青海、宁夏、陕西、西

① 根据国务院发展研究中心发展战略和区域经济研究部的课题报告《中国(大陆)区域社会经济发展特征分析》提出的划分中国(大陆)区域新方法,分为六大区域。

藏、新疆共六省一市四区，有 8 个样本城市，分别是成都、重庆、西安、昆明、南宁、乌鲁木齐、贵阳和兰州。

除此之外，本期结合金融中心城市发展特点，选取了一些有代表性的城市作为后续研究的样本候选观察城市，包括常州、徐州、嘉兴、台州、泉州、珠海等，在后续适当时机加入评价样本范围中。

附录二　主要指标说明

金融从业人员：本指标体系采用单位从业人员统计口径，即指在各级国家机关、党政机关、社会团体及企事业单位中工作，取得工资或其他形式的劳动报酬的全部人员。包括在岗职工、再就业的离退休人员、民办教师以及在各单位中工作的外方人员和港澳台方人员、兼职人员、借用的外单位人员和第二职业者。不包括离开本单位仍保留劳动关系的职工。

金融业增加值三年平均增长率：该指标选用最近三年的金融业增加值同比增长率（按照可比价格计算），按照算术平均法计算。

本地证券交易量与 GDP 之比：本地证券交易量指地区所在的所有证券营业部当年证券交易量之和。

境内股票累计融资量与 GDP 之比：境内股票市场主要指沪、深 A 股市场，累计融资量包括公开发行和后续增发的部分，数据来源于上交所和深交所公示的历年股票筹资发行信息。

商业银行：包括大型商业银行、股份制商业银行、城市商业银行、农村商业银行和外资银行。

商业银行支行数量：数据来自银保监会金融许可证查询系统。

商业银行不良贷款率：除直辖市及个别计划单列市有该项统计数据外，其他自身无该项统计数据的城市皆以当年银保监会年报公布的全省数据替代。

外资银行在本地的营业性机构：统计口径为当地外资银行分行数与支行数的总和。

本地法人证券公司：总部注册地在本地的证券公司，信息来自证券业协会官方网站公示。

基金管理公司资产管理规模：基金资产净值，数据来自中国证券投资基金业协会。

保险深度:当地保费收入占该地区生产总值(GDP)的比重,计算公式为

保险深度=保费收入/地区生产总值

保险密度:指按当地人口计算的人均保险费额,本文计算公式为

保险密度=保费收入/常住人口

黄金交易额:仅为黄金成交金额,不包括铂金和白银。

普通高等学校:以当年教育部公布的数据为准。

人均公园绿地面积:以当地常住人口数量为统计口径。

住宅房价收入比计算公式为

住宅房价收入比=住宅销售均价/(3×在岗职工平均工资)×100

人均地区生产总值:以常住人口统计口径计算。

本地上市公司数量:包括境内和境外可查询到的上市公司数量。

城市交通健康指数:引用来自高德地图《中国主要城市交通分析报告2019》关于城市道路交通健康指数的计算结果。

金融中心国际知名度:直接引用全球金融中心指数(GFCI 27)的最新评价结果。

附录三　CFCI 15 原始数据

序号	四级指标	年份	全国性金融中心			东北区域金融中心				北部沿海区域金融中心			
			北京	上海	深圳	长春	大连	哈尔滨	沈阳	济南	青岛	石家庄	天津
1	金融业增加值数额/亿元	2022	8196. 7	8626. 3	5138. 0	571. 4	674. 5	685. 7	535. 7	1029. 8	990. 9	827. 3	2197. 3
2	金融业增加值三年平均增长率/%	2022	5. 4	7. 0	8. 3	4. 8	2. 9	3. 0	2. 0	7. 9	6. 9	7. 8	3. 4
3	金融业增加值占当地 GDP 的比例/%	2022	19. 7	19. 3	15. 9	8. 5	8. 0	12. 5	7. 0	8. 6	6. 6	11. 7	13. 5
4	金融从业人员总数/万人	2020	66. 1	43. 7	26. 4	6. 9	8. 5	7. 7	7. 0	9. 3	11. 4	9. 1	18. 0
5	金融从业人员三年平均增长率/%	2020	5. 2	7. 1	32. 0	11. 6	6. 3	−1. 9	0. 7	2. 8	12. 5	19. 3	−9. 0
6	金融从业人员占常住人口比重/%	2020	3. 03	1. 77	1. 50	0. 76	1. 14	0. 82	0. 77	0. 99	1. 10	0. 81	1. 32
7	金融机构本外币存款余额/亿元	2022	218629	192293	123401	16851	18911	16474	20855	25941	24993	19861	40488
8	金融机构本外币贷款余额/亿元	2022	97820	103139	83423	17122	14235	14397	20777	26112	26783	15776	42495
9	本地股票基金交易量/万亿元	2022	52. 58	97. 73	50. 24	1. 30	2. 54	1. 65	2. 67	3. 70	3. 93	1. 66	4. 58
10	保费收入/亿元	2022	2759	2095	1528	306	401	379	418	632	503	604	670

续表

序号	四级指标	年份	全国性金融中心			东北区域金融中心				北部沿海区域金融中心			
			北京	上海	深圳	长春	大连	哈尔滨	沈阳	济南	青岛	石家庄	天津
11	存款余额与 GDP 之比/%	2022	525.4	430.6	381.0	249.9	224.3	300.1	271.0	215.7	167.5	279.7	248.2
12	贷款余额与 GDP 之比/%	2022	235.1	231.0	257.6	253.9	168.8	262.2	270.0	217.1	179.5	222.2	260.5
13	证券交易量在全国占比/%	2022	10.6	19.7	10.1	0.3	0.5	0.3	0.5	0.7	0.8	0.3	0.9
14	保险深度/%	2022	6.6	4.7	4.7	4.5	4.8	6.9	5.4	5.3	3.4	8.5	4.1
15	保险密度/(元/人)	2022	12629	8462	8649	3376	5379	4035	4568	6712	4864	5382	4917
16	本地法人商业银行数量/个	2022	22	26	9	11	2	12	5	9	2	9	7
17	本地法人商业银行资产总规模/亿元	2022	1820916	284937	167930	10864	6148	10984	14116	22146	9644	5694	31724
18	商业银行支行数量/家	2022	3332	3300	1773	1178	1164	1195	1165	1109	1166	1227	2145
19	本地法人信托公司数/家	2022	11	7	2	2	1	1	0	1	1	1	2
20	本地法人财务公司数/家	2022	74	22	9	2	1	3	0	11	5	4	5
21	汽车金融公司数量/家	2022	7	7	0	1	0	0	0	1	0	0	2
22	消费金融公司数量/家	2022	4	3	1	0	0	1	1	0	1	1	1
23	本地法人证券公司数量/个	2022	17	19	17	2	1	1	2	1	2	1	1
24	本地法人证券公司资产总规模/亿元	2022	21804	30817	32696	797	87	275	139	1989	561	438	639
25	证券营业部数量/家	2023H1	518	801	459	67	84	75	95	85	124	67	147
26	证券公司专项业务子公司/家	2022	2	15	5	0	0	0	0	0	0	0	0
27	本地法人公募基金数量/个	2022	22	65	32	0	0	0	0	0	1	0	1
28	公募基金资产管理规模/亿元	2022	35322	95004	68068	0	0	0	0	0	50	0	10607

续表

序号	四级指标	年份	全国性金融中心			东北区域金融中心				北部沿海区域金融中心			
			北京	上海	深圳	长春	大连	哈尔滨	沈阳	济南	青岛	石家庄	天津
29	本地法人期货机构数量/家	2022	19	36	14	2	0	2	0	2	1	1	7
30	法人期货机构资产规模/亿元	2022	1918	5375	2801	4	0	0	0	297	0	0	36
31	私募基金管理人数量/家	2023H1	3593	3980	3420	44	55	43	52	192	379	58	358
32	私募基金数量/只	2023H1	24446	43851	21640	128	266	88	136	752	2500	132	2194
33	本地法人保险公司数量/家	2022	57	41	22	2	3	1	2	3	1	0	7
34	本地法人保险公司资产规模/亿元	2022	124542	47540	60539	92	2972	68	44	227	26	0	7692
35	保险类资产管理公司/家	2022	17	9	5	0	1	0	0	0	0	0	1
36	小额贷款机构数量/家	2023H1	125	113	125	49	65	58	51	35	38	48	109
37	融资租赁机构数量/家	2023H1	174	1,459	2,020	11	2	5	6	35	26	6	1,800
38	融资担保机构数量/家	2023H1	56	30	92	63	90	27	33	25	29	62	51
39	商业保理机构数量/家	2023H1	57	440	3,609	—	1	—	2	25	26	—	655
40	同业拆借成交金额/万亿元	2022	0	146. 80	0	0	0	0	0	0	0	0	0
41	回购交易额/万亿元	2022	0	1374. 60	0	0	0	0	0	0	0	0	0
42	商业票据贴现总额/万亿元	2022	0	19. 50	0	0	0	0	0	0	0	0	0
43	交易所上市公司数量/家	2022	162	2174	2743	0	0	0	0	0	0	0	0
44	交易所上市公司总市值/亿元	2022	2110	463787	324219	0	0	0	0	0	0	0	0
45	股票市场成交金额/亿元	2022	1980	962556	1282538	0	0	0	0	0	0	0	0
46	股票发行筹资额/亿元	2022	167	8477. 18	6039	0	0	0	0	0	0	0	0

续表

序号	四级指标	年份	全国性金融中心			东北区域金融中心				北部沿海区域金融中心			
			北京	上海	深圳	长春	大连	哈尔滨	沈阳	济南	青岛	石家庄	天津
47	银行间债券市场现券交易额/万亿元	2022	0	271. 2	0	0	0	0	0	0	0	0	0
48	交易所债券市场现券交易额/亿元	2022	0	21. 83	16. 08	0	0	0	0	0	0	0	0
49	黄金交易额/亿元	2022	0	151796	0	0	0	0	0	0	0	0	0
50	外汇市场日均成交额/亿美元	2022	0	945	0	0	0	0	0	0	0	0	0
51	股指期货市场成交额/万亿元	2022	0	132. 77	0	0	0	0	0	0	0	0	0
52	商品期货市场成交额/万亿元	2022	0	181. 16	0	0	123. 58	0	0	0	0	0	0
53	本地 A 股上市公司数/家	2022	458	417	406	29	30	31	28	43	64	22	70
54	新三板挂牌公司数/家	2022	844	477	329	28	53	42	41	101	65	56	125
55	年度新增 IPO 公司数/家	2022	43	36	36	0	1	2	3	2	5	2	7
56	本地 A 股市场累计融资额/亿元	2022	27223. 4	16973. 3	10672. 2	1005. 3	1604. 1	926. 4	616. 6	1141. 6	736. 2	1530. 3	2049. 0
57	年度新增股票融资规模/亿元	2022	2124. 4	1549. 3	1114. 8	31. 4	26. 5	132. 7	106. 8	54. 8	61. 0	126. 4	247. 6
58	区域股权市场拥有的挂牌公司数/家	2023H1	751	3279	7089	38	19	1213	1435	0	2217	2068	1083
59	市场筹资金额/亿元	2019	65. 6	279. 4	206. 1	0. 0	0. 0	40. 4	49. 3	0. 0	86. 1	153. 9	46. 2
60	普通高等学校在校学生数/万人	2022	103. 8	66. 1	15. 5	55. 3	40. 1	82. 8	54. 4	67. 1	47. 2	68. 2	68. 7
61	普通高等学校数/所	2022	92	64	14	41	31	49	45	43	24	44	57
62	“双一流”高校数/所	2022	34	15	1	2	2	4	2	1	2	0	6
63	每一普通中学专任教师负担学生数/人	2022	7. 0	10. 6	13. 4	9. 1	11. 1	11. 6	10. 8	11. 7	11. 3	15. 7	11. 7

续表

序号	四级指标	年份	全国性金融中心			东北区域金融中心				北部沿海区域金融中心			
			北京	上海	深圳	长春	大连	哈尔滨	沈阳	济南	青岛	石家庄	天津
64	每一小学专任教师负担学生数/人	2022	17.9	14.0	18.3	16.3	18.3	13.7	16.2	16.1	16.4	18.0	15.6
65	具备器官移植资质的医院数/所	2023H1	17	12	2	1	2	2	3	6	2	2	4
66	每万人拥有医院病床数/张	2022	57.7	59.8	37.2	66.8	68.9	94.7	80.4	70.1	56.6	51.6	45.5
67	每万人拥有的执业医师数/人	2022	57.2	34.4	26.7	37.5	32.2	29.8	39.6	46.7	39.8	33.0	38.5
68	人均公园绿地面积/平方米	2020	16.2	8.4	11.4	5.8	6.0	5.2	8.9	8.4	10.2	4.5	8.8
69	空气质量优良率/%	2022	78.4	87.1	92.1	92.1	92.6	69.9	87.7	65.5	88.5	64.1	73.2
70	城市交通健康指数/%	2022	60.0	61.7	57.3	57.5	57.9	63.3	58.5	57.8	60.0	66.2	65.3
71	每百万人城市轨道交通里程/公里	2022	39.8	37.8	32.1	13.7	31.7	8.3	23.7	8.9	31.3	6.6	21.5
72	日航班次数/个	2022	722	896	646	170	182	225	228	216	263	146	165
73	金融业从业人员年均薪酬/元	2020	260508	330125	279904	108167	102199	88012	109273	130997	121019	95448	149568
74	城镇居民家庭人均消费支出/元	2022	45617	48111	44793	32336	33023	28459	36541	23844	32497	26906	31324
75	住宅房价收入比	2022	12.30	13.16	16.55	3.49	5.39	3.65	4.08	5.00	6.17	5.36	7.32
76	地区生产总值/亿元	2022	41611	44653	32388	6745	8431	5490	7696	12028	14921	7101	16311
77	人均地区生产总值/元	2022	190500	180351	183377	74399	113155	58436	84135	127748	144272	63265	119672
78	GDP 增速/%	2022	0.7	-0.2	3.3	-4.5	4.0	2.5	3.5	3.1	3.9	6.4	1.0
79	执业律师数/人	2022H1	41396	33003	19996	2927	4662	2972	6484	7321	7120	3951	8385
80	注册会计师（CPA）数/人	2022	8612	7122	3655	1027	924	1129	1294	1821	996	1029	1598
81	专业保险中介机构数量/家	2022H1	838	507	430	445	68	306	535	497	484	441	267

续表

序号	四级指标	年份	全国性金融中心			东北区域金融中心				北部沿海区域金融中心			
			北京	上海	深圳	长春	大连	哈尔滨	沈阳	济南	青岛	石家庄	天津
82	金融业发展促进政策支持力度/分	2022	5.9	4.6	7.0	3.0	3.8	1.5	3.7	6.1	4.1	1.5	2.2
83	产业政策友好度/分	2022	6.5	6.1	10.0	2.4	7.6	2.7	4.3	9.3	5.6	1.9	5.1
84	地方政府负债率/%	2022	25.4	19.1	6.4	34.4	30.2	52.8	24.8	22.1	20.6	28.6	53.0
85	地方政府债务率/%	2022	178	110	49	376	345	793	247	264	225	311	404
86	近三年违约债券余额占比/%	2022	0.76	0.37	0.38	0.58	8.68	0.71	58.00	0.00	0.00	13.18	1.72
87	银行业不良贷款率/%	2022	0.78	0.79	1.62	2.92	5.38	2.40	6.65	0.90	1.19	2.47	1.67
88	外资金融机构营业性机构数/家	2022	123	187	69	3	21	11	29	28	30	14	46
89	外资金融机构驻华代表处数/家	2020	140	88	16	0	5	0	1	1	3	0	2
90	当年实际利用外资总额/亿美元	2022	174.1	239.5	109.7	3.1	20.3	1.5	39.2	31.4	55.1	19.3	59.5
91	当年进出口总额/亿美元	2022	5465.0	6272.4	5461.9	164.7	712.5	57.5	211.3	328.4	1355.5	183.6	1267.6
92	当年国际旅游(外汇)收入/亿美元	2022	4.4	17.2	4.8	0.3	0.6	0.0	0.3	0.3	0.0	0.0	3.3
93	接待入境旅游者人数/万人次	2022	24.1	62.6	55.1	6.8	4.5	3.7	3.4	10.9	2.5	0.9	4.0
94	国际航班连通城市数量/个	2023Q3	91	83	44	6	19	13	14	10	24	7	18
95	金融中心国际知名度/分	2023	727	733	728		670				688	0	665

序号	四级指标	年份	东部沿海区域金融中心						中部区域金融中心						
			杭州	南京	宁波	苏州	温州	无锡	长沙	合肥	南昌	武汉	郑州	太原	呼和浩特
1	金融业增加值数额/亿元	2022	2407.0	2200.0	1266.8	2218.3	587.0	1291.6	1010.6	1166.7	729.4	1929.0	1433.0	529.8	280.6
2	金融业增加值三年平均增长率/%	2022	8.2	6.7	7.6	7.1	7.8	6.2	6.6	7.5	3.7	6.0	3.5	4.4	2.8
3	金融业增加值占当地 GDP 的比例/%	2022	12.8	13.0	8.1	9.3	7.3	8.7	7.2	9.7	10.1	10.2	11.1	9.5	8.4
4	金融从业人员总数/万人	2020	11.6	7.4	8.5	8.9	6.4	4.9	9.5	12.5	5.5	5.7	7.9	7.7	2.3
5	金融从业人员三年平均增长率/%	2020	0.0	8.9	0.0	12.5	0.0	5.2	10.5	11.2	17.7	−10.3	−2.8	31.2	6.3
6	金融从业人员占常住人口比重/%	2020	0.94	0.78	0.89	0.69	0.66	0.65	0.91	1.30	0.84	0.41	0.62	1.42	0.66
7	金融机构本外币存款余额/亿元	2022	69592	49531	31303	44501	19140	24439	27883	23097	16110	35754	29032	18288	7754
8	金融机构本外币贷款余额/亿元	2022	62306	48760	32986	45247	18117	19880	29853	23566	18949	44384	34337	18162	10559
9	本地股票基金交易量/万亿元	2022	18.41	9.41	6.29	5.81	3.61	3.51	4.35	3.14	3.05	6.81	4.94	1.69	0.44
10	保费收入/亿元	2022	1076	957	416	850	334	493	578	389	277	865	723	308	144
11	存款余额与 GDP 之比/%	2022	371.1	292.9	199.3	185.7	238.4	164.6	199.6	192.3	223.6	189.5	224.4	328.3	232.9
12	贷款余额与 GDP 之比/%	2022	332.2	288.4	210.0	188.9	225.6	133.9	213.8	196.2	263.1	235.3	265.5	326.0	317.2
13	证券交易量在全国占比/%	2022	3.7	1.9	1.3	1.2	0.7	0.7	0.9	0.6	0.6	1.4	1.0	0.3	0.1
14	保险深度/%	2022	5.7	5.7	2.6	3.5	4.2	3.3	4.1	3.2	3.8	4.6	5.6	5.5	4.3
15	保险密度/(元/人)	2022	8694	10087	4326	6583	3448	6578	5548	4042	4241	6296	5633	5659	4064
16	本地法人商业银行数量/家	2022	11	9	11	6	14	4	8	7	8	4	9	7	3
17	本地法人商业银行资产总规模/亿元	2022	57938	54574	31484	14027	11168	4978	17827	18420	6887	14300	21556	7868	2254
18	商业银行支行数量/家	2022	1655	1297	1439	1528	1092	1022	1283	872	952	1588	1399	933	492

续表

序号	四级指标	年份	东部沿海区域金融中心						中部区域金融中心						
			杭州	南京	宁波	苏州	温州	无锡	长沙	合肥	南昌	武汉	郑州	太原	呼和浩特
19	本地法人信托公司数/家	2022	4	2	1	1	0	1	1	2	2	2	2	1	1
20	本地法人财务公司数/家	2022	7	3	1	3	1	5	4	1	3	5	3	2	2
21	汽车金融公司数量/家	2022	1	0	0	0	0	0	1	1	0	0	0	0	0
22	消费金融公司数量/家	2022	1	1	1	1	0	0	1	0	0	1	1	1	0
23	本地法人证券公司数量/家	2022	3	2	1	1	0	2	3	2	2	2	1	1	2
24	本地法人证券公司资产总规模/亿元	2022	2677	8982	67	1360	0	750	2696	2034	583	2572	502	829	489
25	证券营业部数量/家	2023H1	284	161	170	205	114	153	139	101	91	200	114	66	27
26	证券公司专项业务子公司/家	2022	2	0	0	0	0	0	0	0	0	0	0	0	0
27	本地法人公募基金数量/家	2022	1	0	1	0	0	0	0	0	0	0	0	0	0
28	公募基金资产管理规模/亿元	2022	526	0	2710	0	0	0	0	0	0	0	0	0	0
29	本地法人期货机构数量/家	2022	10	5	1	1	0	1	2	3	1	2	2	2	0
30	法人期货机构资产规模/亿元	2022	1809	124	114	90	0	0	57	120	23	77	24	0	0
31	私募基金管理人数量/家	2023H1	1312	419	679	453	43	148	244	138	53	354	132	38	28
32	私募基金数量/只	2023H1	9575	2185	5456	2314	451	551	1228	602	261	1225	475	132	80
33	本地法人保险公司数量/家	2022	3	3	1	1	0	1	1	1	1	4	1	1	0
34	本地法人保险公司资产规模/亿元	2022	2071	1047	16	303	0	180	312	132	44	5012	62	39	0
35	保险类资产管理公司/家	2022	0	0	1	0	0	0	0	0	0	0	0	0	0

续表

序号	四级指标	年份	东部沿海区域金融中心						中部区域金融中心						
			杭州	南京	宁波	苏州	温州	无锡	长沙	合肥	南昌	武汉	郑州	太原	呼和浩特
36	小额贷款机构数量/家	2023H1	51	66	33	93	41	63	44	45	34	105	50	10	23
37	融资租赁机构数量/家	2023H1	83	22	30	32	—	5	3	8	13	15	20	—	2
38	融资担保机构数量/家	2023H1	80	25	33	38	13	22	49	25	25	73	53	20	13
39	商业保理机构数量/家	2023H1	1	13	2	17	—	8	2	6	9	6	8	—	—
40	同业拆借成交金额/万亿元	2022	0	0	0	0	0	0	0	0	0	0	0	0	0
41	回购交易额/万亿元	2022	0	0	0	0	0	0	0	0	0	0	0	0	0
42	商业票据贴现总额/万亿元	2022	0	0	0	0	0	0	0	0	0	0	0	0	0
43	交易所上市公司数量/家	2022	0	0	0	0	0	0	0	0	0	0	0	0	0
44	交易所上市公司总市值/亿元	2022	0	0	0	0	0	0	0	0	0	0	0	0	0
45	股票市场成交金额/亿元	2022	0	0	0	0	0	0	0	0	0	0	0	0	0
46	股票发行筹资额/亿元	2022	0	0	0	0	0	0	0	0	0	0	0	0	0
47	银行间债券市场现券交易额/万亿元	2022	0	0	0	0	0	0	0	0	0	0	0	0	0
48	交易所债券市场现券交易额/亿元	2022	0	0	0	0	0	0	0	0	0	0	0	0	0
49	黄金交易额/亿元	2022	0	0	0	0	0	0	0	0	0	0	0	0	0
50	外汇市场日均成交额/亿美元	2022	0	0	0	0	0	0	0	0	0	0	0	0	0
51	股指期货市场成交额/万亿元	2022	0	0	0	0	0	0	0	0	0	0	0	0	0
52	商品期货市场成交额/万亿元	2022	0	0	0	0	0	0	0	0	0	0	96. 77	0	0

续表

序号	四级指标	年份	东部沿海区域金融中心						中部区域金融中心						
			杭州	南京	宁波	苏州	温州	无锡	长沙	合肥	南昌	武汉	郑州	太原	呼和浩特
53	本地 A 股上市公司数/家	2022	215	118	114	197	35	112	84	75	29	76	37	18	8
54	新三板挂牌公司数/家	2022	187	117	85	259	52	132	73	64	22	162	98	46	13
55	年度新增 IPO 公司数/家	2022	15	14	8	25	7	9	6	8	1	5	4	0	1
56	本地 A 股市场累计融资额/亿元	2022	3922. 5	4099. 6	2373. 6	3149. 3	428. 0	1724. 5	2616. 3	1297. 7	706. 7	2281. 2	738. 3	228. 7	137. 5
57	年度新增股票融资规模/亿元	2022	359. 9	181. 5	280. 4	627. 0	82. 6	227. 7	154. 7	98. 9	16. 1	100. 6	33. 1	0. 0	5. 4
58	区域股权市场拥有的挂牌公司数/家	2023H1	1593	174	3707	0	0	0	1043	318	233	6389	856	1350	850
59	市场筹资金额/亿元	2019	8. 5	48. 3	3. 2	0. 0	0. 0	0. 0	90. 2	153. 9	228. 8	185. 5	21. 2	0. 0	0. 0
60	普通高等学校在校学生数/万人	2022	61. 4	97. 3	19. 1	29. 3	14. 7	16. 6	84. 9	73. 9	81. 5	133. 3	139. 6	57. 6	26. 3
61	普通高等学校数/所	2022	47	51	14	25	11	13	57	54	54	83	67	38	24
62	“双一流”高校数/所	2022	2	13	1	1	0	1	4	3	1	7	1	2	1
63	每一普通中学专任教师负担学生数/人	2022	11. 4	10. 7	12. 4	11. 4	12. 3	11. 3	13. 6	12. 6	9. 8	11. 9	11. 9	11. 2	10. 9
64	每一小学专任教师负担学生数/人	2022	16. 9	15. 2	18. 2	16. 9	16. 7	16. 6	18. 9	17. 5	25. 4	19. 3	19. 6	17. 7	20. 1
65	具备器官移植资质的医院数/所	2023H1	7	3	2	1	1	1	5	3	3	7	6	5	1
66	每万人拥有医院病床数/张	2022	71. 1	67. 4	48. 9	53. 4	48. 8	66. 7	76. 7	65. 6	60. 7	62. 0	76. 9	84. 8	65. 2
67	每万人拥有的执业医师数/人	2022	46. 9	42. 8	37. 4	31. 8	36. 4	33. 8	35. 3	33. 9	30. 0	34. 7	41. 7	48. 4	36. 2
68	人均公园绿地面积/平方米	2020	8. 2	11. 7	5. 0	4. 1	3. 1	5. 5	5. 1	6. 4	5. 9	14. 0	8. 3	8. 7	11. 8

续表

序号	四级指标	年份	东部沿海区域金融中心						中部区域金融中心						
			杭州	南京	宁波	苏州	温州	无锡	长沙	合肥	南昌	武汉	郑州	太原	呼和浩特
69	空气质量优良率/%	2022	83.3	79.7	89.0	81.4	95.1	78.9	82.7	86.0	85.8	80.5	60.8	66.0	90.1
70	城市交通健康指数/%	2022	64.7	62.1	65.4	68.1	65.4	66.8	56.8	65.9	67.8	62.3	66.1	66.4	69.9
71	每百万人城市轨道交通里程/公里	2022	41.7	49.1	19.2	19.7	5.5	14.8	20.1	17.7	19.6	37.1	21.5	4.3	13.8
72	日航班次数/个	2022	522	345	154	103	145	103	313	156	135	315	259	151	136
73	金融业从业人员年均薪酬/元	2020	145804	160386	145804	230522	145804	128216	150223	96286	113374	170733	200535	123171	131683
74	城镇居民家庭人均消费支出/元	2022	50336	43629	42997	47451	49176	45298	42936	32964	32515	37418	28936	24948	31172
75	住宅房价收入比	2022	10.70	8.49	7.83	6.90	7.48	5.37	3.61	6.58	4.63	6.03	5.40	4.10	4.06
76	地区生产总值/亿元	2022	18753	16908	15704	23958	8030	14851	13966	12013	7204	18866	12935	5571	3329
77	人均地区生产总值/元	2022	151527	178144	163280	185565	82961	198254	134024	124695	110177	137320	100832	102505	93748
78	GDP 增速/%	2022	1.5	2.1	3.5	2.0	3.7	3.0	4.5	3.5	4.1	4.0	1.0	3.3	2.6
79	执业律师数/人	2022H1	11912	9795	3618	6368	2833	3436	10457	6625	3385	9376	13982	4034	1813
80	注册会计师(CPA)数/人	2022	3427	2332	764	1227	312	703	1952	1471	716	2921	2310		
81	专业保险中介机构数量/家	2022H1	448	460	121	223	128	177	303	268	154	408	403	155	94
82	金融业发展促进政策支持力度/分	2022	4.9	3.0	3.0	3.9	1.5	1.3	3.0	1.8	2.9	5.6	2.3	3.4	3.4
83	产业政策友好度/分	2022	7.6	8.1	6.9	7.1	4.6	7.4	6.9	7.9	6.4	6.8	3.6	5.7	5.7
84	地方政府负债率/%	2022	19.6	17.7	18.4	7.4	32.8	12.6	20.5	15.8	20.6	33.4	22.8	17.6	30.9
85	地方政府债务率/%	2022	154	173	167	71	401	156	241	225	306	399	241	232	449

续表

序号	四级指标	年份	东部沿海区域金融中心						中部区域金融中心						
			杭州	南京	宁波	苏州	温州	无锡	长沙	合肥	南昌	武汉	郑州	太原	呼和浩特
86	近三年违约债券余额占比/%	2022	0.00	0.36	0.00	0.82	0.00	0.00	0.00	0.77	0.00	1.00	0.27	0.00	0.00
87	银行业不良贷款率/%	2022	0.63	0.70	0.98	0.70	0.65	0.70	1.18	0.76	1.32	1.31	1.37	1.60	5.97
88	外资金融机构营业性机构数/家	2022	39	48	14	29	0	8	15	17	9	32	22	7	3
89	外资金融机构驻华代表处数/家	2020	2	1	0	5	0	0	0	0	0	0	0	0	0
90	当年实际利用外资总额/亿美元	2022	78.1	48.5	37.3	74.2	6.1	38.3	35.3	12.1	4.2	20.4	12.0	3.1	4.1
91	当年进出口总额/亿美元	2022	1124.7	943.0	1883.9	3866.0	438.5	1106.5	497.6	542.8	200.1	525.2	902.4	218.1	27.2
92	当年国际旅游(外汇)收入/亿美元	2022	0.9	2.3	0.1	4.7	0.0	0.9	0.1	0.1	0.6	2.2	0.2	0.1	0.2
93	接待入境旅游者人数/万人次	2022	18.2	11.6	3.2	24.7	0.6	5.0	3.8	1.1	2.8	31.2	5.5	0.5	1.4
94	国际航班连通城市数量/个	2023Q3	38	21	16	7	12	7	18	9	7	18	20	7	6
95	金融中心国际知名度/分	2023	658	604											

序号	四级指标	年份	南部沿海区域金融中心						西部区域金融中心					
			广州	福州	厦门	海口	成都	重庆	昆明	西安	南宁	乌鲁木齐	贵阳	兰州
1	金融业增加值数额/亿元	2022	2596.0	1269.6	893.8	243.0	2445.2	2491.0	800.6	1236.9	653.0	624.4	540.6	429.8
2	金融业增加值三年平均增长率/	2022	6.9	5.9	6.0	4.0	6.8	3.4	2.2	6.5	5.2	3.9	3.8	0.6
3	金融业增加值占当地 GDP 的比例/%	2022	9.0	10.3	11.5	11.4	11.7	8.6	10.6	10.8	12.5	16.0	11.0	12.9
4	金融从业人员总数/万人	2020	22.3	6.8	6.1	6.5	15.0	28.9	4.1	15.1	8.5	4.8	4.0	5.2
5	金融从业人员三年平均增长率/%	2020	22.8	6.2	17.1	19.3	5.8	11.2	4.2	9.6	13.8	17.6	12.6	15.7
6	金融从业人员占常住人口比重/%	2020	1.19	0.80	1.15	2.22	0.71	0.90	0.47	1.16	0.95	1.18	0.65	1.17
7	金融机构本外币存款余额/亿元	2022	80500	21259	16167	6399	53189	49567	17741	31763	13146	11967	14416	10109
8	金融机构本外币贷款余额/亿元	2022	68900	23048	17319	7073	53053	50052	23868	32247	19878	10603	19266	10109
9	本地股票基金交易量/万亿元	2022	16.90	6.77	5.78	0.83	10.22	6.27	1.68	4.37	1.32	1.36	0.90	1.14
10	保费收入/亿元	2022	1545	404	270	135	1061	981	282	573	299	218	183	145
11	存款余额与 GDP 之比/%	2022	279.1	172.7	207.2	299.8	255.5	170.2	235.2	276.5	251.9	307.4	292.9	302.4
12	贷款余额与 GDP 之比/%	2022	238.9	187.3	222.0	331.3	254.8	171.8	316.5	280.7	380.9	272.3	391.5	302.4
13	证券交易量在全国占比/%	2022	3.4	1.4	1.2	0.2	2.1	1.3	0.3	0.9	0.3	0.3	0.2	0.2
14	保险深度/%	2022	5.4	3.3	3.5	6.3	5.1	3.4	3.7	5.0	5.7	5.6	3.7	4.3
15	保险密度/(元/人)	2022	8246	4780	5095	4583	4991	3053	3277	4407	3362	5343	2946	3282
16	本地法人商业银行数量/个	2022	3	8	4	3	4	4	3	6	5	4	8	3
17	本地法人商业银行资产总规模/亿元	2022	54453	96940	15938	2670	17714	23544	3713	12731	4411	4060	14145	9276
18	商业银行支行数量/家	2022	2231	1155	584	351	2039	2440	900	1875	861	658	836	686

续表

序号	四级指标	年份	南部沿海区域金融中心						西部区域金融中心					
			广州	福州	厦门	海口	成都	重庆	昆明	西安	南宁	乌鲁木齐	贵阳	兰州
19	本地法人信托公司数/家	2022	3	1	1	0	2	2	1	3	0	3	1	1
20	本地法人财务公司数/家	2022	10	3	2	2	4	3	3	4	1	1	2	3
21	汽车金融公司数量/家	2022	1	0	0	0	0	1	0	1	0	0	0	0
22	消费金融公司数量/家	2022	1	0	1	0	2	3	0	1	0	0	0	0
23	本地法人证券公司数量/家	2022	4	2	2	2	4	1	2	3	1	1	1	1
24	本地法人证券公司资产总规模/亿元	2022	6989	3210	132	350	2120	810	615	1696	738	202	457	288
25	证券营业部数量/家	2023H1	288	133	109	29	213	202	71	145	54	40	51	46
26	证券公司专项业务子公司/家	2022	1	1	0	0	0	0	0	0	0	1	0	0
27	本地法人公募基金数量/家	2022	3	2	1	0	1	2	0	1	1	1	0	0
28	公募基金资产管理规模/亿元	2022	878	3546	328	0	0	586	0	200	820	189	0	0
29	本地法人期货机构数量/家	2022	6	3	2	2	3	4	2	3	0	2	0	1
30	法人期货机构资产规模/亿元	2022	1379	386	261	53	113	396	21	104	0	15	0	9
31	私募基金管理人数量/家	2023H1	818	155	338	122	334	160	57	223	54	39	53	33
32	私募基金数量/只	2023H1	5719	1283	2404	532	1475	654	158	1066	313	199	209	61
33	本地法人保险公司数量/家	2022	5	1	2	1	4	5	1	2	2	1	1	1
34	本地法人保险公司资产规模/亿元	2022	1234	21	69	57	4077	2581	100	196	159	25	120	43
35	保险类资产管理公司/家	2022	0	0	0	0	0	0	0	0	0	0	0	0

续表

序号	四级指标	年份	南部沿海区域金融中心						西部区域金融中心					
			广州	福州	厦门	海口	成都	重庆	昆明	西安	南宁	乌鲁木齐	贵阳	兰州
36	小额贷款机构数量/家	2023H1	111	12	18	53	70	239	33	32	108	13	15	19
37	融资租赁机构数量/家	2023H1	40	23	40	8	17	66	4	—	9	15	6	7
38	融资担保机构数量/家	2023H1	44	38	25	19	67	117	40	36	29	15	51	16
39	商业保理机构数量/家	2023H1	4	7	27	13	11	35	—	—	4	5	1	—
40	同业拆借成交金额/万亿元	2022	0	0	0	0	0	0	0	0	0	0	0	0
41	回购交易额/万亿元	2022	0	0	0	0	0	0	0	0	0	0	0	0
42	商业票据贴现总额/万亿元	2022	0	0	0	0	0	0	0	0	0	0	0	0
43	交易所上市公司数量/家	2022	0	0	0	0	0	0	0	0	0	0	0	0
44	交易所上市公司总市值/亿元	2022	0	0	0	0	0	0	0	0	0	0	0	0
45	股票市场成交金额/亿元	2022	0	0	0	0	0	0	0	0	0	0	0	0
46	股票发行筹资额/亿元	2022	0	0	0	0	0	0	0	0	0	0	0	0
47	银行间债券市场现券交易额/万亿元	2022	0	0	0	0	0	0	0	0	0	0	0	0
48	交易所债券市场现券交易额/亿元	2022	0	0	0	0	0	0	0	0	0	0	0	0
49	黄金交易额/亿元	2022	0	0	0	0	0	0	0	0	0	0	0	0
50	外汇市场日均成交额/亿美元	2022	0	0	0	0	0	0	0	0	0	0	0	0
51	股指期货市场成交额/万亿元	2022	0	0	0	0	0	0	0	0	0	0	0	0
52	商品期货市场成交额/万亿元	2022	0.02	0	0	0	0	0	0	0	0	0	0	0

续表

序号	四级指标	年份	南部沿海区域金融中心						西部区域金融中心					
			广州	福州	厦门	海口	成都	重庆	昆明	西安	南宁	乌鲁木齐	贵阳	兰州
53	本地 A 股上市公司数/家	2022	146	54	63	24	113	69	32	56	15	32	23	20
54	新三板挂牌公司数/家	2022	230	64	90	19	132	79	41	108	24	19	26	14
55	年度新增 IPO 公司数/家	2022	15	3	3	0	15	6	2	9	0	3	1	1
56	本地 A 股市场累计融资额/亿元	2022	3694.3	3269.4	987.9	1392.7	2358.1	2265.2	1070.1	2208.2	334.8	2146.8	663.4	510.6
57	年度新增股票融资规模/亿元	2022	271.8	146.4	220.9	122.7	351.1	172.7	62.2	155.9	0.0	119.4	61.9	20.3
58	区域股权市场拥有的挂牌公司数/家	2023H1	17524	559	316	0	5835	2010	226	1671	207	66	460	259
59	市场筹资金额/亿元	2019	23.4	5.6	1.3	0.0	4.1	102.3	0.0	23.9	127.4	2.7	0.0	0.0
60	普通高等学校在校学生数/万人	2022	94.0	45.9	21.2	18.9	116.4	117.2	77.7	101.3	56.9	25.1	46.9	61.2
61	普通高等学校数/所	2022	83	35	16	13	58	70	52	63	35	24	35	28
62	“双一流”高校数/所	2022	7	1	1	1	7	2	1	7	1	1	1	1
63	每一普通中学专任教师负担学生数/人	2022	12.4	14.6	12.7	14.0	11.8	13.7	12.4	13.1	14.3	13.4	13.3	9.6
64	每一小学专任教师负担学生数/人	2022	17.9	18.3	18.3	17.3	16.9	15.2	16.6	17.6	17.5	20.1	19.6	17.7
65	具备器官移植资质的医院数/所	2023H1	15	5	4	2	4	6	5	3	6	3	2	4
66	每万人拥有医院病床数/张	2022	53.6	47.2	40.3	60.8	67.2	57.9	77.3	58.1	53.6	72.5	45.8	67.5
67	每万人拥有的执业医师数/人	2022	36.7	34.5	35.2	40.1	38.1	29.4	41.6	35.9	33.0	40.9	38.6	35.8
68	人均公园绿地面积/平方米	2020	17.2	6.2	10.2	8.5	5.9	9.2	5.8	6.1	5.3	10.8	7.4	6.6

续表

序号	四级指标	年份	南部沿海区域金融中心						西部区域金融中心					
			广州	福州	厦门	海口	成都	重庆	昆明	西安	南宁	乌鲁木齐	贵阳	兰州
69	空气质量优良率/%	2022	83.8	97.5	97.5	97.3	77.3	91.0	100.0	52.1	96.7	78.1	100.0	82.5
70	城市交通健康指数/%	2022	56.8	61.2	62.9	54.9	56.8	56.7	61.4	54.7	68.1	62.8	62.8	62.2
71	每百万人城市轨道交通里程/公里	2022	33.2	13.1	18.5	0.0	30.7	14.4	19.3	23.0	14.1	6.6	12.0	19.6
72	日航班次数/个	2022	730	159	274	290	767	520	531	345	182	246	231	159
73	金融业从业人员年均薪酬/元	2020	289767	144855	145888	107735	196160	125400	182110	108142	101962	148762	198013	105183
74	城镇居民家庭人均消费支出/元	2022	46825	37181	45165	26418	32171	30574	39231	27431	22438	33456	31347	29465
75	住宅房价收入比	2022	11.51	9.33	16.13	6.68	5.74	4.64	4.50	5.42	4.42	2.92	2.99	4.37
76	地区生产总值/亿元	2022	28839	12308	7803	2135	20818	29129	7541	11487	5218	3893	4921	3344
77	人均地区生产总值/元	2022	153939	145694	146998	72619	97882	90650	87690	88386	58688	95366	79113	75725
78	GDP 增速/%	2022	1.0	4.4	4.4	1.3	2.8	2.6	3.0	4.4	1.4	0.3	2.0	0.8
79	执业律师数/人	2022H1	18512	4859	4371	2416	18249	14580	7023	6712	3036	1978	5253	2395
80	注册会计师(CPA)数/人	2022	3465	970	952		3519	1794	1397	1745	801	595		
81	专业保险中介机构数量/家	2022H1	747	162	126	102	686	410	303	459	140	114	71	46
82	金融业发展促进政策支持力度/分	2022	6.6	3.6	6.4	3.4	5.8	4.2	2.8	4.6	3.3	0.4	3.4	3.4
83	产业政策友好度/分	2022	7.0	2.4	9.8	5.7	9.1	6.1	4.6	6.1	5.6	0.7	5.7	5.7
84	地方政府负债率/%	2022	16.1	14.9	22.7	35.3	22.3	34.6	29.6	31.6	25.5	36.0	52.9	29.8
85	地方政府债务率/%	2022	247	245	201	361	273	441	324	424	339	371	610	360

续表

序号	四级指标	年份	南部沿海区域金融中心						西部区域金融中心					
			广州	福州	厦门	海口	成都	重庆	昆明	西安	南宁	乌鲁木齐	贵阳	兰州
86	近三年违约债券余额占比/%	2022	0.37	1.56	0.00	45.46	1.03	0.62	0.26	0.00	0.87	0.26	0.00	0.36
87	银行业不良贷款率/%	2022	1.07	1.15	1.00	5.39	1.19	1.48	1.40	1.73	1.40	1.15	1.43	4.50
88	外资金融机构营业性机构数/家	2022	70	27	22	3	42	30	10	22	11	2	1	0
89	外资金融机构驻华代表处数/家	2020	8	2	3	0	4	1	0	0	0	0	0	0
90	当年实际利用外资总额/亿美元	2022	85.4	11.0	22.1	20.3	25.9	18.6	4.8	11.7	7.5	0.4	2.3	0.3
91	当年进出口总额/亿美元	2022	1639.5	543.7	1371.6	90.0	1240.9	1228.3	297.0	665.2	224.5	76.4	88.3	25.1
92	当年国际旅游(外汇)收入/亿美元	2022	10.7	0.4	1.8	0.0	0.4	0.8	0.5	1.0	0.0	0.0	0.0	0.0
93	接待入境旅游者人数/万人次	2022	36.3	6.9	27.4	1.8	18.0	9.9	3.0	15.2	0.9	0.9	2.1	0.6
94	国际航班连通城市数量/个	2023Q3	66	18	27	17	49	26	36	29	14	18	7	8
95	金融中心国际知名度/分	2023	708				693							

后　记

本期 CFCI 数据资料得到了各地金融监督管理部门的大力支持，综合开发研究院（中国·深圳）的相关同事给予了研究支持，格拉斯哥大学杨仪斌同学参与了本期数据收集整理工作，在此一并致以衷心的感谢。

本期参与主体报告编制工作的研究人员还包括刘国宏、张建森、余凌曲、胡彩梅、余鹏、张佩、肖钦、梁姣姣、彭晓钊、陈材杰、余洋、陈珂、庄正、徐宏飞等。

在 CFCI 评价过程中，各城市统计数据的准确获得是编制工作的最大困难，一些城市统计年鉴出版时间滞后，也直接影响本指数发布时间的及时性。为了更及时地获取数据并听取社会各界对本指数的意见，CDI 特别建立了中国金融中心信息网（http://www.cfci.org.cn），衷心希望各城市的统计部门和金融主管部门能够积极参与指数评价工作，提供更及时准确的数据，并提出修正完善意见，同时也欢迎相关专业人士加入本指数的编委会，直接参与指数编制工作。

CFCI 课题组联系方式如下：

网站：http://www.cfci.org.cn

联系人：张祥

电话：0755-82470464

传真：0755-82470202

E-mail：zx@cdi.org.cn